公民科「公共」
「公共の扉」をひらく
授業事例集 改訂版

編著 | 東京都高等学校「倫理」「公共」研究会

清水書院

公民科「公共」
「公共の扉」をひらく 授業事例集

1 新科目「公共」をどう扱うか
- 「公共」の基本的性格と実践に向けた課題 …………………………………… 8
- 「公共」と道徳教育
  —「社会科における道徳教育」の要である「公民科」の中核としての役割を— …… 16
- 「公共」の新しい授業方法と評価 …………………………………………… 22
- Column　大学入学共通テストと公共 …………………………………… 30

2 「公共の扉」授業事例集
- 事例1　あなたの自我のエネルギーバランスは？（エゴグラム・チェック） …… 思 32
- 事例2　青年期の課題　—主体的に生きることと生きがい— ………………… 38
- 事例3　あなたにとっての美とは何か？ ………………………………………… 46
- Column　生成AIとアート ……………………………………………………… 52
- 事例4　伝統や礼の意義　—孔子の思想を手がかりに考える— ……………… 54
- 事例5　宗教と食文化をめぐって ………………………………………………… 62
- Column　食文化と各宗教のタブー ……………………………………………… 67
- 事例6　さまざまな死生観と人生 ………………………………………………… 72
- 事例7　働くということはどういうことか？ …………………………………… 78
- Column　労働をめぐるトピック ………………………………………………… 84
- 事例8　公共性と人権について考える …………………………………………… 86
- Focus　公共哲学とシティズンシップ教育 ……………………………………… 91
- 事例9　文化祭を成功させるには？　—社会契約説から考える— ……… 思 92
- 事例10　多くの人を救うために一人の人間を殺してもよいか？ ……… 思 98
- 事例11　比べられる世界と比べられない世界 …………………………… 思 102
- Column　義務論と功利主義だけ？ ……………………………………………… 107
- 事例12　情報化社会を生きる …………………………………………………… 108
- 事例13　自然と人間は共生できるか？　—持続可能な社会をつくる環境倫理— …… 思 114
- 事例14　グローバル社会の倫理　—倫理や価値は共有できるのか— ……… 126
- 事例15　ホールケーキの分け方から公平・公正を考える
　　　　　—アリストテレスの正義論を活用して— …………………… 思 132

思 思考実験の授業事例

事例16	多数決への問いから始める民主主義の基本原理 —プラトンによる哲人政治への考察から—	思 138
事例17	男らしさ，女らしさとは？ —男女が対等に参画する社会—	144
Column	思考実験	150

3 新しい手法を用いた授業事例集

事例A	一人はみんなのために？（哲学対話入門）	思 152
事例B	コンセンサスゲームで「対話による合意」を考える	思 160
Column	全会一致主義と多数決主義	165
事例C	最後通牒ゲームと独裁者ゲームからさぐる公平性と利他性	思 166
事例D	協力するってどんなこと？ —なぞの宝島—	思 172
事例E	哲学ウォーク —哲学者・思想家の言葉とともに世界を歩く—	思 182
Focus	子どものための哲学	189
Column	評価の観点	190
付録	本書と高等学校学習指導要領との対照表	192
	高等学校学習指導要領　公民科　公共	193

高等学校学習指導要領（平成30年3月告示）との対照表

公共〔内容〕			2．「公共の扉」授業事例集																		3．新しい手法を用いた授業事例集				
			事例1	事例2	事例3	事例4	事例5	事例6	事例7	事例8	事例9	事例10	事例11	事例12	事例13	事例14	事例15	事例16	事例17	事例A	事例B	事例C	事例D	事例E
A(1)	ア	(ア)	●	●																				
		(イ)			●	●	●	●																●
		(ウ)							●	●														
	イ	(ア)									●										●		●	
A(2)	ア	(ア)										●	●											
		(イ)												●	●									
		(ウ)				●								●										
	イ	(ア)										●								●		●		
A(3)	ア	(ア)												●	●						●			
		(イ)						●									●	●						
	イ	(ア)													●									

3

新科目「公共」
『「公共の扉」をひらく　授業事例集』の発刊に寄せて

　「公共」が新学習指導要領で新履修科目として位置付けられます。その解説では「公共的な空間における人間としての在り方生き方」において「行為の結果である個人や社会全体の幸福を重視する考え方とその行為の動機となる人間的責務としての公正などを重視する考え方について理解させる。その際，思考実験などを通して……多面的・多角的に考えていくことが重要である」と示されています。このことについて，形式的に思想を当てはめてパズルを解くように結果を検討するのではなく，人間の本質を探求し多面的・多角的に考えてゆくプロセスが本書の授業事例で取り上げられている大切な視点です。

　また，アダム・スミスは，『道徳感情論』において，共感を道徳感情の土台に据えて，「人間は他人の中で他人とともに生きていく社会的動物であり，そうした中でおのずと共感の幅は広がり，奥行が深くなり，幸福に近づいていく」と考えていました。そこに道徳の意味も存在しているように思います。ところが現代では，この共感の意味が見直しを求められてきています。それはロボット化の時代を迎え「孤独の中の新たな親密さ」が生まれてきているからです。

　「バロは日本で開発された初めての癒しのロボットで，人の声がする方向を感知して人と目を合わせ，人間にどう扱われるかによって影響を受ける「心理状態」と呼ぶべきものを持っている。ある老女は，バロに触れると，バロからの温かい反応からロボットにさらに愛情を注ぐ。彼女がバロに慰めを感じているとしても，当のロボットは何も理解していないということははっきりしている。彼女は，自分以外の何かと親密さを味わっているが，実は一人ぼっちだ」（シェリー・タークル著『つながっているのに孤独　―人生を豊かにするはずのインターネットの正体』ダイヤモンド社，2018）。さらに著者は「私たちはテクノロジーに多くを期待し，人間同士の関係に多くを期待しなくなってしまった」と述べています。

　2015年野村総合研究所は，10年から20年後，今ある仕事の約49％がAIやロボットなどに代替されるという試算を発表しました。こうした新しい社会の動きの中で，人間はどう生きるべきなのでしょうか。あらゆる成功を瞬時に弾き出す人工知能に対して，リスクを前にひるまず失敗を繰り返しつつ歩んだり，自然と共存しながら，その美しさに感動できる非合理的な「人間」の尊厳について考えてゆくことも，これからの「公共」という科目の重要な使命でもあると思います。今回の「授業事例集」は，こうした使命感に基づく実践の集大成でもあります。是非授業等でご活用いただきますようお願い申し上げます。

東京都高等学校公民科「倫理」「現代社会」研究会　会長

山本　正

＊上記［新科目「公共」『「公共の扉」をひらく　授業事例集』の発刊に寄せて］の内容と所属は，本書初版の2018年刊行時のまま。

改訂にあたって

　平成 30 年版の高等学校学習指導要領の改訂によって「現代社会」が廃され，「公共」が必修となることが明示されました。私たちは，文部科学省による「改訂の方向性」（2017 年）が公表された段階から，教科指導をめぐる議論と研究を重ね，それを踏まえて，まず内容 A「公共の扉」の授業事例集をまとめることにしました。

　「公共の扉」では，内容 B および C，さらに選択科目「政治・経済」「倫理」への入口として，「主体的・対話的な学び」のために「学習活動の質の向上」が求められており，授業方法にも新しい工夫が求められています。そのため，これまでいわゆる倫理的分野の授業を持つ機会がなかった教員にとっても，利用しやすい授業事例集が求められると考え，2018 年 11 月に本書初版本を出版しました。

　本書では，これまでの「現代社会」や「倫理」の授業実践研究の蓄積を生かして，新学習指導要領の理念に沿って「公共」のためにアレンジした授業事例を 17 例，さらに新しい授業方法に焦点を合わせた授業事例を 5 例，すぐに授業に使えるように提示しました。

　幸い本書は好評を博し，初版が売り切れ増刷となりました。また，続編として内容 B の授業事例集（『新科目「公共」「公共の扉」を生かした 13 主題の授業事例集』2023 年刊）も出版することができました。

　このたび出版から 6 年を経て，実際に先生方が授業をする上で，より一層使いやすくなることを目指して，改訂版を出版することにしました。

　本書初版本との大きな違いは，(1) 資料の更新や，社会情勢の変化に対応したコラムを追加したこと，(2) 学習指導要領との対応がよくわかるように項目の見出しなどを工夫したことです。

　この改訂版を手に取られた先生方の授業に，役立てていただけることを願っています。

2025 年 3 月

東京都高等学校公民科「倫理」「現代社会」研究会
『「公共の扉」をひらく授業事例集』編集委員
坂口克彦・村野光則・和田倫明

本研究会は令和 4 (2022) 年に　東京都高等学校公民科「倫理」「現代社会」研究会　から，東京都高等学校「倫理」「公共」研究会　に名称を変更いたしました。

本書の使い方

　第1章では新科目「公共」について，および公民科全体の改正について，3つの視点からそのポイントを解説している。

　第1に，「『公共』の基本的性格と実践に向けた課題」として，元国立教育政策研究所の工藤文三先生による総合的な分析，第2に，日本道徳教育学会会長の押谷由夫先生による「『公共』と道徳教育」についての論考，そして第3に，「『公共』の新しい授業方法と評価」を東京工業高等専門学校の村瀬智之先生に論じていただいた。

　この3篇を通して，新しい科目「公共」に対する，私たちの取り組み方をどのように方向付けるかを明らかにしようとしている。

　第2章及び第3章は，「公共の扉」の実際の授業を想定し，第2章では17の授業事例を学習指導要領の項目順に，第3章では特に「新しい授業方法」に焦点を当てた5本の授業事例を提示している。目次及びタイトルに思考実験マーク＊のある事例は，思考実験を重視した事例になっている。各事例は，最初に，**指導のねらい**を示した後，**学習内容・授業方法等の概説**で学習指導要領との対応関係を説明し，つづいて**学習指導案**を提示している。

　学習指導案には，1時間構成のものと，2時間構成のものとがあるが，内容を抽出したり再構成したりして，学校や生徒の状況に合わせて年間計画に組み込んでアレンジして使いやすいよう，授業展開が組み立てられている。その際には評価の観点である 知識 技能 思考 表現 主体 の表示を参考にしていただきたい。また，授業で実際に使用することを想定した資料やワークシートを，原稿スペースに合わせて，できるだけ多く配置している。これも，適宜アレンジして使われることが好ましい。

　最後に，**学習内容のまとめと評価**，**他の授業例／発展的な授業例**，**レポート・小論文課題例**，**ディベートテーマ例**，**公共・道徳・倫理との関連**，**〈参考資料〉**などの事項が，テーマや教材に応じて置かれているので，参考にしていただきたい。

　ここに示された授業案どおりに実施されるというよりは，内容の難易度や授業の構成をそれぞれの生徒の状況に合わせて，適切に組み替えたり加除してご活用いただきたい。

　付録には，「高等学校学習指導要領　公民科　公共」，および本書所収の授業事例との対照表も掲載しているので，随時参照されたい。

＊目次には **思**，事例タイトルには **思考実験** のマークを配置した。

1 新科目「公共」を どう扱うか

　本章では，高等学校学習指導要領（平成 30 年 3 月告示）で示された「公民科」の新科目「公共」について，高校教育現場でどのように取り扱っていくことが可能なのか，3 つの視点から論考をお願いしました。

　1 つめは社会科教育・公民科教育の観点から，高校での現場経験を経て，長く国立教育政策研究所で政策提言され，日本公民教育学会・日本社会科教育学会会長を歴任された工藤文三先生に全体分析をしていただきました。

　2 つめは道徳教育の観点から，文部科学省教科調査官・同省教科書調査官・日本道徳教育学会会長を歴任された押谷由夫先生に，今次改訂で言及された「公共」と道徳教育との関わりについて論じていただきました。

　3 つめは哲学分野の観点から，新進気鋭の研究者である村瀬智之先生に，とくに近年注目されており，今次学習指導要領改訂でも言及された「哲学対話」の導入およびその評価について論じていただきました。

「公共」の基本的性格と
実践に向けた課題

工藤文三（浦和大学こども学部特任教授，国立教育政策研究所名誉所員）

はじめに

　平成30年の学習指導要領の改訂で高等学校公民科に科目「公共」が新設され，平成34（令和4）年度から年次進行で実施されることとなった。一般に，一定の教育目標と内容を科目として設定する際，当該科目を性格付ける枠組みには，外的な規定性と内的な規定性がある。前者の外的な規定性には，その科目を必要とする背景や教育課程における位置付け，中学校教育との関連などが挙げられる。一方，内的な規定性には，当該科目を貫く目標，内容，方法の独自性や取り扱う指導内容の範囲や構成の在り方などが挙げられる。最終的には，これらの規定性を持ちながら，科目の教育指導を通じて，どのような資質・能力が育成されていくのかが問われることになる。以下では，このような視点から，新設科目「公共」の基本的性格と今後の展開に向けた課題を整理してみたい。

1 「公共」新設の背景

　教育内容のまとまりとして科目等が設置される背景には，様々なものがある。昭和53年の改訂で新設された「現代社会」は，高等学校進学率の上昇に伴って，各教科の低学年に共通履修科目を設置する要請から生まれたという背景がある。平成10・11年に新設された総合的な学習の時間は，環境教育や国際理解教育等教科など，横断的な教育充実の要請や，学校主体のカリキュラム開発の動きを基底にしたものであった。

　「公共」の新設については，政党の政策として掲げられた経緯がある。自由民主党の「自民党政策集 J－ファイル2010」には，「道徳教育や市民教育，消費者教育等の推進を図るため，新科目「公共」を設置します」と記されている。その後自由民主党の文部科学部会プロジェクトチームで新科目「公共」について検討が行われ，平成25年6月に提言がなされたとの報道がある[1]。

　その後，平成26年11月に学習指導要領の改訂に向けた中央教育審議会への諮問がなされるが，そこには，選挙権年齢の引き下げの動きなども踏まえて，次のように新たな科目の在り方について言及がなされた。

　「国家及び社会の責任ある形成者となるための教養と行動規範や，主体的に社会に参画し自立して社会生活を営むために必要な力を，実践的に身に付けるための新たな科目等の在り方」

　この諮問を受けて，中央教育審議会教育課程企画特別部会は平成27年8月に論点整理を公表しており，次のように「公共」の設置の検討を記している。

　「家庭科や情報科をはじめとする関係教科・科目等とも連携しながら，主体的な社会参画に必要な力を，人間としての在り方生き方の考察と関わらせながら実践的に育む科目「公共（仮称）」の

設置を検討する。」

「公共」の方向性として，「主体的な社会参画に必要な力」を「実践的に育む」ことが示されている。

その後，平成28年12月に答申がまとめられ，「公共」の設置が明確にされた。「公共」については，次のようにさらに詳しく性格付けがなされた。

「現代社会の諸課題を捉え考察し，選択・判断するための手掛かりとなる概念や理論を，古今東西の知的蓄積を踏まえて習得するとともに，それらを活用して自立した主体として，他者と協働しつつ国家・社会の形成に参画し，持続可能な社会づくりに向けて必要な力を育む」科目とされた。ここには自立した主体として国家・社会に参画する力を育むため，選択・判断の手掛かりとしての概念や理論を活用するという構図が提示されている。

なお，以上みてきた経緯と並んで平成18年に改正された教育基本法には，第二条の教育の目標として「公共の精神に基づき，主体的に社会の形成に参画し，その発展に寄与する態度を養う」が追加された。また，平成19年公布の憲法改正国民投票法が平成26年に一部改正され，投票権が18歳以上とされるとともに，平成27年には公職選挙法が改正され，選挙権年齢も18歳以上とされた。

以上みてきたことから，「公共」の新設は，選挙権年齢の引き下げ等の環境変化の中で，主体的に社会参画するための力をより実践的に育むことをねらいにしているとみることができる。

2 学習指導要領における「公共」の位置付け

教科・科目については他の教科・科目等と区別され，独自の目標と内容を備えて教育指導が展開されるが，その際，当該教科・科目は教育課程全体が目指すねらいや教育課程編成の考え方に規定される。特に各教科・科目の目標・内容の示し方や学習指導の考え方は，教育課程全体から要請される枠組みに依存する。

このような視点から平成30年改訂の高等学校学習指導要領のうち，科目「公共」の教育指導を規定する内容としては次の3点が挙げられる。

第1は，教育課程が目指す資質・能力の三つの柱が総則に示されると同時に，各教科・科目に貫く形で設定されたことである。「公共」について，その目標は「概念や理論」の理解，「活用」や「議論」する力，「態度」や「自覚」などのように区分して示された。また，各大項目についても，「身に付ける」べき「事項」が，「知識」や「知識及び技能」，「思考力，判断力，表現力等」として示された。

第2は，教育課程全体を通じて，「主体的・対話的で深い学び」の実現を目指す授業改善が示されたことである。生徒が自ら課題を追究する学習やその過程で，様々な主体と対話的に学ぶと同時に，学びの質を深めることがその趣旨である。また，指導計画の作成に当たっては，この学びを単元程度のまとまりにおいて展開することが示された。

第3は，各教科・科目等の特質に応じた「見方・考え方」を「働かせる」ことが，目標に示されると同時に，「深い学び」を実現するためにも求められたことである。公民科の見方・考え方は

9

「社会的な見方・考え方」,「公共」の見方・考え方は,「人間と社会の在り方についての見方・考え方」,倫理は「人間としての在り方生き方についての見方・考え方」,政治・経済は「社会の在り方についての見方・考え方」とされた。ちなみに,「社会的な見方・考え方」は,小・中学校社会科,地理歴史科,公民科に共通する見方・考え方である。

　その他,社会に開かれた教育課程の実現や学校段階間の円滑な接続,障がいのある生徒への組織的・計画的な指導等が示された。さらに高等学校における道徳教育について,公民科の「公共」と「倫理」並びに特別活動が,人間としての在り方生き方に関する中核的な指導の場面であることに配慮すべきとされた。

3 「公共」の基本的性格

　科目の性格をその内部から規定するものとしては,その科目が目指す資質・能力像や指導内容の構成,想定される学習活動が挙げられる。これらを契機としながら,どのような教育的仮説で目標とする資質・能力を育成しようとしているのかが,科目の性格のポイントになる。

（1）「公共」が目指す資質・能力像

　「公共」の目標を整理すると,次のような能力像が明らかになる。目標として①,②,③の3項目が示されている。それぞれを構成している目標の性格は次のとおりである。

　目標①は,次の理解目標と技能目標から構成されている。

・「現代の諸課題を捉え考察し,選択・判断するための手掛かりとなる概念や理論について理解する」

・「諸資料から,倫理的主体などとして活動するために必要となる情報を適切かつ効果的に調べまとめる技能」

　目標②は,思考・判断する力,議論する力を挙げている。

・「現実社会の諸課題の解決に向けて,選択・判断の手掛かりとなる考え方や公共的な空間における基本的原理を活用して,事実を基に多面的・多角的に考察し公正に判断する力」

・「合意形成や社会参画を視野に入れながら構想したことを議論する力」

　目標③は,態度と自覚に関する目標となっている。

・「よりよい社会の実現を視野に,現代の諸課題を主体的に解決しようとする態度」

・「多面的・多角的な考察や深い理解を通して涵養される,現代社会に生きる人間としての在り方生き方についての自覚」

・「公共的な空間に生き国民主権を担う公民として,自国を愛し,その平和と繁栄を図ることや,各国が相互に主権を尊重し,各国民が協力し合うことの大切さについての自覚」

　これらの目標記述から,「公共」における学習では,現代社会の諸課題や現実社会の諸課題とその解決が学習対象となっていることが分かる。そのために,課題を捉えたり考察したりするための概念や理論を理解したり,課題解決に向けて議論したりする力の育成が求められている。

（2）「公共」の内容構成

「公共」の内容構成は表のように「Ａ」，「Ｂ」，「Ｃ」の三つの大項目で構成され，「Ａ」における学習を「Ｂ」及び「Ｃ」の学習の基盤とする関係となっている。

学習指導要領「公共」の内容の整理
― 項目ごとの「着目」する対象と「活動」，身に付ける「事項」―

項目		着目	活動	身に付ける知識・技能，思考力，判断力，表現力等
A 公共の扉	（1）公共的な空間を作る私たち	公共的な空間と人間との関わり，個人の尊厳と自主・自律，人間と社会の多様性と共通性などに着目	社会に参画する自立した主体とは何かを問い，現代社会に生きる人間としての在り方生き方を探求する活動	ア　知識　（ア）（イ）（ウ） イ　思考力，判断力，表現力等　（ア）
	（2）公共的な空間における人間としての在り方生き方	主体的に社会に参画し，他者と協働することに向けて，幸福，正義，公正などに着目	課題を追究したり解決したりする活動	ア　知識及び技能　（ア）（イ）（ウ） イ　思考力，判断力，表現力等　（ア）
	（3）公共的な空間における基本的原理	自主的によりよい公共的な空間を作り出していこうとする自立した主体となることに向けて，幸福，正義，公正などに着目	課題を追究したり解決したりする活動	ア　知識　（ア）（イ） イ　思考力，判断力，表現力等　（ア）
B 自立した主体としてよりよい社会の形成に参画する私たち		自立した主体としてよりよい社会の形成に参画することに向けて，現実社会の諸課題に関わる具体的な主題を設定し，幸福，正義，公正などに着目	他者と協働して主題を追究したり解決したりする活動	ア　知識及び技能　（ア）（イ）（ウ）（エ） イ　思考力，判断力，表現力等　（ア）
C 持続可能な社会づくりの主体となる私たち		持続可能な地域，国家・社会及び国際社会づくりに向けた役割を担う，公共の精神をもった自立した主体となることに向けて，幸福，正義，公正などに着目	現代の諸課題を探究する活動	ア

ア 「Ａ　公共の扉」について

　「Ａ　公共の扉」は三つの中項目で構成され，それぞれにおける学習の性格は次のとおりである。「（1）公共的な空間を作る私たち」においては，「私たち」とあるように，一人一人の主体について人間としての在り方生き方を探求することが学習内容になる。また，学習活動としては，「人間としての在り方生き方を探求する活動」が展開される。具体的には「ア（ア）」においては，青年期に生きる高校生が自分自身を問い直して，人間としての在り方生き方について考えることとされている。「ア（イ）」においては，社会的存在としての人間の理解，自らの価値観の形成に伝統や文化，先人の取組などが関わっていることに気付かせる。「ア（ウ）」は，生徒自身のキャリア形成と社会形成との関わりについて理解させる内容となっている。

　なお，「公共的な空間」とはどのような空間を指すのかについては，本文に「国家・社会などの公共的空間」という表記があることから，とりあえずは「国家・社会」と捉えて差し支えないのであろうか。ただ，「社会」のみをあてた方が適当な場面もあると考える。

　「（2）公共的な空間における人間としての在り方生き方」については，「課題を追究したり解決したりする活動を通して」指導することを求めている。課題として「環境保護」や「生命倫理」が挙げられている。「ア（ア）」においては，行為選択の考え方として，結果としての幸福を重視する考え方と，行為の動機や義務を重視する考え方について理解することとされている。思想史の文脈からいえば，功利主義とカントの動機説，義務論との考え方に該当する。「ア（イ）」では，「ア（ア）」の考え方を活用する学習が求められている。「ア（ウ）」は，課題を追究・解決する学習活動の中で，先哲の資料を含む情報の収集・活用能力の育成を求めている。この中項目では，「イ（ア）」に示されているように，「思考実験」などの活動を挙げていることが特色である。

　「（3）公共的な空間における基本的原理」では，「（2）」が「人間としての在り方生き方」とされていたのに対して，ここでは「基本的原理」とされている。「基本的原理」の内容については，「ア（ア）」と「ア（イ）」に示されている。一つは「人間の尊厳と平等」「協働の利益と社会の安定性の確保」であり，さらに「人間の尊厳と平等，個人の尊重，民主主義，法の支配，自由・権利と責任・義務」が挙げられている。いずれも近代社会の政治理念として挙げられたものである。

イ 「Ｂ　自立した主体としてよりよい社会の形成に参画する私たち」について

　大項目Ａが，社会を生きる主体の在り方や公共空間における基本的な考え方について学習する趣旨であったのに対して，大項目Ｂは「よりよい社会の形成に参画」する視点からの学習が中心となっている。この大項目では，「現実社会の諸課題に関わる具体的な主題を設定し」，主題を追究したり解決したりする学習活動を行うこととされている。「ア（ア）」では，社会における様々な諸課題が法や規範を通して調整されていることへの理解が求められている。ここでは社会における法の役割を理解させ，法的な思考を身に付けさせることが学習の一つのねらいになる。「ア（イ）」には，地方自治，国家主権，国際社会などがやや羅列的に示され，扱いにくい印象であるが，従来の政治に関わる課題についての学習が行われる。「政治参加と公正な世論の形成」が最初に位置付けられていることから分かるように，政治的事象を対象的に捉え学習していくのではなく，政治的主体の育成を目指していることがうかがえる。「ア（ウ）」は，主に経済と福祉に関する内容である

12

が，従来のように企業や市場から学習を開始するのではなく，「職業選択」や「雇用と労働問題」のように社会参加の主体に関わる事項から学習する構成となっている。

ウ 「C　持続可能な社会づくりの主体となる私たち」について

大項目Ａ，大項目Ｂの学習を受けて，「地域」「国家・社会」「国際社会」のレベルでよりよいその在り方を創造し，その形成に向けた主体の育成を目指すことが趣旨となっている。学習活動について，大項目Ｂでは「他者と協働して主題を追究したり解決したりする活動」であったが，大項目Ｃでは「現代の諸課題を探究する活動」とされている。

4　教育実践に向けて解決すべき課題

「公共」の性格を，学習指導要領の示す目標や内容構成を整理しながら確認してきたが，実際に指導計画を作成し，授業実践に具体化するためには次のような課題があると考える。

（1）指導内容や事項が指し示す内容が分かりにくいこと

一般に「公共」という用語の意味するところが多義的であるにもかかわらず，この名称を科目名としたため，目標や内容の基本コンセプトに曖昧な面が見られることである。一般に一定の教育内容を基に科目を構成する場合，教育内容の選択の考え方や内容の配列・編成の考え方が必要である。科目「公共」は初めての科目であることもあり，国家・社会の有為な担い手の育成とその主体育成については強調されているが，実質的な指導内容や事項に判然としない部分が残る。また，用いられている用語の指示する内容が分かりにくいことも指導計画を作成する際に課題となる。

例えば，多用されている「公共的な空間」とはどのような位相の「空間」なのか。大項目Ａ（以下「Ａ」）「（1）」「イ（ア）」には「国家・社会などの公共的な空間」という表現があるが，「国家・社会」とほぼ同義なのかどうか。同義とした場合，なぜあえて「公共的な空間」という用い方をしたのか。「国家」や「国際」は「公共的な空間」といえるのかどうか。なお，『高等学校学習指導要領解説　公民編』においては，「地域社会あるいは国家・社会などにおける人間と人間とのつながりや関わり並びにそれによって形成される社会システムそのものの両者を合わせ表した場」という説明がなされている。実際の授業で「公共的な空間」という語を用いるとした場合，この説明で生徒にその意味を理解させることは困難であると考えられる。

次に，「Ａ」「（3）」の「公共的な空間における基本的原理」についてである。ここに示されている「人間の尊厳と平等」や「法の支配」などは，近代の民主社会における社会構成の理念とされてきたものである。これまでの「現代社会」では「民主政治」という用語が用いられてきたが，「公共」では「公共的な空間における」といったように漠然とした用語で示されることとなった。

さらに「Ａ」「（1）」の「ア（ア）」についても，青年期にある高校生が「自らの体験などを振り返る」学習を求めているが，この一文は抽象的な表現になっており，実質的な指導事項が分かりにくく，「自らの体験などを振り返る」ことの学習上の意義が明確になりにくい。その他「協働」の語の用い方，「現代社会の諸課題」と「現実社会の諸課題」を区別して用いることの理由も，指導計画作成に何らかの課題を残す可能性がある。

（2）教育的仮説の在り方

　教育指導は一般的に，一定のねらいを実現するために必要な内容を取り上げ，適切な方法と組み合わせて教育実践を展開し，その結果としてねらいを達成するという仮説に立っている。その意味で，新科目「公共」のねらいは，どのような内容と方法を組み合わせることによって実現されるかという点が重要である。

　まず，「公共」は三つの大項目によって構成され，特に大項目Ａ（以下「Ａ」）については，大項目Ｂ（以下「Ｂ」），大項目Ｃ（以下「Ｃ」）の「学習の基盤を養うよう指導すること」や「Ａ」における事項を「踏まえて」「Ｂ」以降の学習を行うことが示されている。この構造は，内容構成及び取り扱いの順序として示された教育的な仮説といえる。「Ａ」「（1）」は全体の導入としての役割を果たすと考えられるが，「（2）」や「（3）」をどのように「踏まえて」「Ｂ」，「Ｃ」の学習に生かすのかが問われる。特に内容の「（2）」の「ア（ア）」に示される価値に関わる考え方の生かし方，「（3）」の「ア」に示される二つの「知識」としての「基本的原理」をどのように生かすのかが問われる。ただ，「Ｂ」には，様々なレベルの課題が設定されることが予想され，これらの「基本的原理」のみでよいのかは疑問である。「基本的原理」はやや政治社会の観点から捉えた考え方であり，経済的側面からの「基本的原理」に当たる事項は設定されていない。

　次に，「公共」の一つの特色は，「現代社会に生きる人間としての在り方生き方を探求する活動」「課題を追究したり解決したりする活動」その他の「活動」が位置付けられていることである。また，「思考実験など概念的な枠組みを用いて考察する活動」も示されている。一定の課題を取り上げ，これらの「活動」を展開することによって，知識や技能，思考力，判断力，表現力等を養い，「よりよい社会の形成に参画する」「自立した主体」を育成するとの教育的仮説に立っていると考えられる。指導計画の作成や授業構成に当たっては，これらの課題と活動の組み合わせを具体的に検討していく必要がある。また，「幸福，正義，公正」については，「現代社会」において大項目「1 私たちの生きる社会」で「社会の在り方を考察する基盤として，幸福，正義，公正などについて理解させる」ことが示されていた。今回の「公共」では「幸福，正義，公正などに着目して」とされている。これらの三つの価値概念に「着目して」，課題を追究・解決する活動を行うことはどのような意義があるのか。「思考実験」の際の枠組みとしてこれらの概念を用いることが想定されるが，そのことの教育効果や意義はどのような点にあるのか。この点も従前の「現代社会」における成果と課題を整理しつつ，明確にしていくことが必要と考える。

（3）人間としての在り方生き方に関する教育と「公共」

　高等学校における道徳教育は，高校生の発達段階などを踏まえ「人間としての在り方生き方に関する教育を学校の教育活動全体を通じて行うことによりその充実を図る」とされてきた。平成30年の改訂では，「第7款　道徳教育に関する配慮事項」が新設され，全体計画の作成に加えて「道徳教育推進教師」を中心に全教師が協力して道徳教育を推進すること，また，「公民科の「公共」及び「倫理」並びに特別活動が，人間としての在り方生き方に関する中核的な指導の場面であることに配慮すること」が示された。

　ところで，これまで「人間としての在り方生き方に関する教育」ではぐくむ資質の具体像や取り

扱う内容の範囲や構成，育成方法については，必ずしも十分な検討と共通理解が図られてきたわけではない。「中核的な指導場面」とされた「公共」「倫理」「特別活動」それぞれにおける「人間としての在り方生き方に関する教育」の違いや特質についてもあいまいなままといえる。「公共」における人間としての在り方生き方に関する内容は，「Ａ」の「（1）」「（2）」が該当すると見なされる。ただここでは，「価値観」や「行為の結果」「行為の動機」「幸福」「公正」「義務」等の用語が示されているが，「公共的な空間」や社会的な課題への価値判断学習の色彩が強く，生徒自身が自らの在り方や自分の生き方を深めるための価値や倫理を追求する色彩は弱い。いずれにしても道徳教育の「推進」を実質化するためには「人間としての在り方生き方に関する教育」の内実とカリキュラムを明確にすることが必要と考える。

（4）「公共」のコンセプトをどこに求めるべきか

　現代社会における公共に関わる課題には，次のようなものがあると考える。一つは，社会生活に必要な交通や通信，エネルギー，教育，安全，医療，福祉，防災，環境保全その他の機能を，どのように公的に担うのかという点である。社会的機能の担い方には，行政が全面的に担う場合，一部受益者負担で担う場合，その他の公的セクターが担う場合，私的なセクターが担う場合などが想定される。具体的な課題として，例えば，人口が減少する地域において交通や医療などの基礎的な機能をどのように担っていくのかは，切実な課題となっている。

　また，私的な選択とその社会的帰結との関係を問うことも公共に関する中核的な課題である。条件によっては両者がジレンマの関係になることがある。さらに，生徒にとって身近な生活において「公共」や「公益」の言葉が各所で用いられている。「公共事業」「公共施設」「公共工事」「公共サービス」「公共の福祉」「公益法人」「公益事業」「公益性」等々。本来科目「公共」はこれらの事象に関わる課題を正面から取り上げることが「公共」の本来の姿と考えるが，現代社会の政治や経済，国際に関する諸課題，人間としての在り方等を幅広く含むという要請を持たされると，「公共」の性格がこのコンセプトからずれてしまいかねない。これらの点も，生徒がこの科目をどのように理解し，受け止めるかという点にも関わって実践的な課題といえる。

おわりに

　以上，「公共」の性格と教育実践に向けた課題を述べてきたが，新科目「公共」の教育実践に期待したいことは次の点である。一つは，現代社会と人間としての在り方生き方に関わる切実な課題を取り上げ，社会形成の当事者の視点から追究し，解決を目指す科目としていくことである。この点で，これまでの「現代社会」の取組の成果を継承することも必要である。二つ目は，課題を取り上げ，追究・解決していく活動を展開する際にも，諸科学及び学術の成果を活用できるようにすることである。「公共」を支える諸科学の成果や知見を用いて課題を追究することが，「見方・考え方」を働かせることであることを明確にしておきたい。

〈出典〉
1）　産経新聞　平成25年6月17日付

「公共」と道徳教育

―「社会科における道徳教育」の要である「公民科」の中核としての役割を―

押谷由夫（昭和女子大学名誉教授）

はじめに　―高等学校における道徳教育の特異性―

　戦後の道徳教育は，学校教育全体で行うことを基本として，特に新設された「社会科」を中心に行われることになった。これは小学校から高等学校まで同様であった。ところが，「社会科」を中心とした道徳教育では効果が上がらず，昭和33年に小学校と中学校において「道徳の時間」が設置された。それにあわせて，高等学校においては昭和35年から「社会科」の科目として「倫理・社会」が創設された。ここで，小学校・中学校と高等学校とでは，道徳教育の充実方策の方向性を異にしたのである。つまり，小学校・中学校では「学校教育全体の道徳教育の要」として「道徳の時間」が位置づけられたが，高等学校では「社会科における道徳教育の要」として「倫理・社会」が位置づけられたのである。

　高等学校の道徳教育が混乱していくのは，「倫理・社会」は「社会科」における道徳教育の要であるのに，学校教育全体における道徳教育の要の役割も果たそうとしていることにあったといってよい。つまり，小学校・中学校では，「社会科」のダブルスタンダード（二重基準）を克服するために「道徳の時間」が設けられたが，高等学校では依然として「倫理・社会」にダブルスタンダードを求めたのである。その延長線上に，「社会科」からの「公民科」の独立や，「倫理」「現代社会」の分離・新設，そして今回の「公共」の新設があるといえる。

　このような実態を踏まえつつ，では，新設される「公共」は，道徳教育の充実という視点からどのように捉え，ダブルスタンダードを克服し，科目としての充実を図っていけばよいのかについて述べてみたい。

1　道徳教育と社会科，公民科，「倫理・社会」「倫理」「現代社会」「公共」の関係

（1）昭和33年（小学校・中学校），同35年（高等学校）改訂の学習指導要領から

　戦後，学習指導要領の試案が発行され，学習指導要領にもとづく学校教育が展開されるようになった。その後，試行錯誤を経て，日本独自の教育課程が確立したのは昭和33年改訂の学習指導要領で，GHQの統治から独立して制定した，わが国初めての全面改訂の学習指導要領である。この中で，「道徳教育」と「社会科」は，どのように規定されているのかを確認したい。

　道徳教育については，小学校，中学校，高等学校の「第1章　総則」に「道徳教育」の項を設けて「本来，学校の教育活動全体を通じて行うことを基本とする」こと，道徳教育の目標は，「人間尊重の精神を一貫して失わず，この精神を，家庭，学校その他各自がその一員であるそれぞれの社会の具体的な生活の中に生かし，個性豊かな文化の創造と民主的な国家および社会の発展に努め，

進んで平和的な国際社会に貢献できる日本人を育成すること」と示されている。そして，小学校と中学校においては，「各教科，特別教育活動および学校行事等における道徳教育と密接な関連を保ちながら，これを補充し，深化し，統合し，またはこれとの交流を図り，児童（生徒）の望ましい道徳的習慣，心情，判断力を養い，社会における個人のあり方についての自覚を主体的に深め，道徳的実践力の向上を図るように指導する」ことと明記している。

「社会科」はどうか。小学校，中学校，高等学校ともに，目標は5項目挙げられている。最も重要なのは1項目目だとされる。その記述は，小学校，中学校などの学校段階的に示されており，高等学校では，「自他の人格や個性を尊重して，基本的人権や公共の福祉を重んずることが，社会生活の基本であることについての認識を深め，民主主義の諸原則を人間生活に実現しようとする態度とそれに必要な能力を養う」と示されている。

そして，小学校にのみ「社会科は，社会生活に対する正しい理解を得させることによって，児童の道徳的判断力の基礎を養い，望ましい態度や心情の裏づけをしていくという役割をになっており，道徳教育について特に深い関係をもつものである。したがって，社会科の指導を通して育成される判断力が，「道徳の時間」において児童の道徳性についての自覚としていっそう深められ，この自覚がふたたび社会科における学習に生きてはたらくように指導することが望ましい」と明記している。また，第1学年の「指導上の留意事項」の中で，社会的な認識の発展で，道徳的な習慣形成や心情の育成を目指すべきであることが示されている。

高等学校で新設された「社会科」の科目「倫理・社会」は，目標の1項目目を「人間尊重の精神に基づいて，人間や社会のあり方について思索させ，自主的な人格の確立を目ざし，民主的で平和的な国家や社会の形成者としての資質を養う」とし，内容には，「（1）人間性の理解，（2）人生観・世界観，（3）現代社会と人間関係」を挙げている。そして，「指導計画作成および指導上の留意事項」では，「中学校『道徳』の内容に関連する事項を取り扱う場合にも，理論的考察に重点をおき，さらに高等学校ホームルームにおける指導とも関連させて，倫理的関心を高める」と記している。以上から明らかなように，小学校・中学校における「道徳の時間」の設置は，「社会科」から道徳教育を独立させたのではなく，「社会科」は「社会科における道徳教育」に専念し，「道徳の時間」は，「社会科における道徳教育」も含み込んで，全教育活動と関連を密にしながら道徳教育の要の役割が果たせるようにしようとしたのである。

それに対して高等学校では，このような小学校・中学校における道徳教育を踏まえて，「社会科における道徳教育」を充実させるべく，倫理的・公民的分野を中心とした「倫理・社会」を「社会科」の科目として新設したということになる。そしてその延長で，特別活動などの体験活動との連携を求めていると捉えられる。

（2）平成元年改訂の学習指導要領から

昭和33年以来，大幅な道徳教育改革が行われたのは平成元年の学習指導要領改訂が初めてである。ここにおいて，道徳教育は，幼稚園で「道徳性の芽生え」の指導，小学校では「人間としての在り方」，中学校では「人間としての生き方」，高等学校では「人間としての在り方生き方」の指導を充実させるという，一貫した方針が示された。そして，道徳教育の目標に「生命に対する畏敬の

念」の育成が加えられ，小学校・中学校の道徳教育では，指導内容が4つの関わりごとに，発達段階に応じて重点的に表示されている（指導内容の再構成重点化）。4つの関わりとは，主に「自分自身」「他の人」「自然や崇高なもの」「集団や社会」である。道徳性の発達は，道徳的価値意識を育みながら4つの関わりを豊かにしていくことであると示している。そのことで，「道徳の時間」と日常生活や他の教育活動との連携がより考えられやすくなった。

　高等学校では，「社会科」が新たに「地理歴史科」と「公民科」に分けられた。そして，高等学校全体で取り組む道徳教育の中核である「人間としての在り方生き方」教育の中心科目として，「公民科」の「倫理」「現代社会」が位置づけられている。「公民科」の目標は，「広い視野に立って，現代の社会について主体的に考察させ，理解を深めさせるとともに，人間としての在り方生き方についての自覚を育て，民主的，平和的な国家・社会の有為な形成者として必要な公民としての資質を養う」となっている。「現代社会」の内容には「（1）現代社会における人間と文化，（2）環境と人間生活，（3）現代の政治・経済と人間，（4）国際社会と人類の課題」を挙げている。「倫理」の内容は，「（1）青年期と人間としての在り方生き方，（2）現代社会と倫理，（3）国際化と日本人としての自覚」である。

　ここで確認したいことは，道徳教育と「社会科」との関連である。小学校・中学校では，道徳教育と「社会科」の位置づけは変わっていないが，高等学校においては，「公民科」の新設により「社会科における道徳教育」の充実とともに，より広い視野から，人間としての在り方生き方を追い求める道徳教育が求められていると捉えることができる。単純化していえば，「人間としての在り方」を「倫理」を中心に，「人間としての生き方」を「現代社会」を中心に指導し，それらを統合させて公民的資質を深める，ということになる。

（3）平成29年（小学校・中学校），同30年（高等学校）改訂の学習指導要領から

　今回の学習指導要領の改訂は2030年の社会を想定し，生き抜くための資質・能力の育成を中心として，教育課程の改善が図られた。その資質・能力の柱を3つ挙げている。①個別の知識・技能，②思考力・判断力・表現力等，③学びに向かう力，人間性等，である。③学びに向かう力とは学びの目的であり，突き詰めれば人間としてよりよく生きることにつきる。つまり，すべての教育活動で，それぞれの特質に応じて「人間としてよりよく生きる」ための学びを充実させるということである。各教科等の目標は，それぞれの特質に応じてこの3つの柱をもとに明記されている。

　この視点から道徳教育の目標を見ると，「人間としての在り方生き方（高等学校）〔※小学校では「自己の生き方」，中学校では「人間としての生き方」になっている〕を考え，主体的な判断の下に行動し，自立した人間として他者と共によりよく生きるための基盤となる道徳性を養う」となっている。ここには，道徳教育が目指す人間像が示されている。人間としての自分らしい生き方をしっかり考えながら，その生き方を具体的な生活の中で主体的に追い求め，試行錯誤しながら自己を形成し，みんなと共によりよい社会を創っていける人間である。

　小学校・中学校では，その要の役割を担う教科として「特別の教科　道徳」が新設された。また，道徳教育の要である「特別の教科　道徳」の目標は，人間らしさの本質である「道徳的諸価値について理解を深めること」と「自己を見つめること」と「物事を（広い視野から）多面的・多角

的に考えること」とを相互に絡ませながら，人間としての自分の生き方についての考えを深められるようになることを求めている。この「特別の教科　道徳」の学びを要として，日常生活や様々な学習活動において，自分らしい生き方を具体的に追い求められるようにしていくのが，学校教育全体における道徳教育ということになる。

　では，高等学校ではどうか。「人間としての在り方生き方」を指導の中核として，「公民科」に新たに「公共」が設けられた。「公民科」「倫理」「公共」ともに，資質・能力の上記3つの柱に即して目標が書かれている。

　それぞれの目標の（3）（③学びに向かう力，人間性等についての記述）を比較してみると，「公民科」では「よりよい社会の実現を視野に，現代の諸課題を主体的に解決しようとする態度を養うとともに，多面的・多角的な考察や深い理解を通して涵養される，人間としての在り方生き方についての自覚や，国民主権を担う公民として，自国を愛し，その平和と繁栄を図ることや，各国が相互に主権を尊重し，各国民が協力し合うことの大切さについての自覚などを深める」となっている。「公共」では，「公民科」と2カ所変わっており，「人間としての在り方生き方」が「現代社会を生きる人間としての在り方生き方」に，「国民主権を担う公民として」が「公共的な空間に生き国民主権を担う公民として」になっている。「倫理」では，「公民科」の記述を焦点化して，「人間としての在り方生き方に関わる事象や課題についての主体的追究」「他者と共によりよく生きる自己を形成しようとする態度の育成」「現代社会に生きる人間としての在り方生き方についての自覚」が挙げられている。「政治・経済」では，「よりよい社会の実現のために現実社会の諸課題を主体的に解決しようとする態度」の育成が強調されている。

　「公共」の内容は「A　公共の扉」「B　自立した主体としてよりよい社会の形成に参画する私たち」「C　持続可能な社会づくりの主体となる私たち」，「倫理」の内容は「A　現代に生きる自己の課題と人間としての在り方生き方」「B　現代の諸課題と倫理」，「政治・経済」の内容は「A　現代の日本における政治・経済の諸課題」「B　グローバル化する国際社会の諸課題」である。

　また「公民科」の「各科目にわたる指導計画の作成と内容の取扱い」では，「科目の特質に応じた見方・考え方を働かせ，社会的事象等の意味や意義などを考察し，概念などに関する知識を獲得したり，社会との関わりを意識した課題を追究したり解決したりする活動の充実を図ること」を中心とした，学習の方法についての記述になっている。道徳教育との関連は述べられていない。

　「公共」と「倫理」の「内容の取扱い」では，共通して「中学校社会科及び特別の教科である道徳，高等学校公民科に属する他の科目，この章に示す地理歴史科，家庭科及び情報科並びに特別活動などとの関連を図る」ことが明記されている。「政治・経済」では「中学校社会科及び特別の教科である道徳」と「特別活動」の文言が省かれている。しかし，「など」という文言があるため，それらは当然含まれると捉えられる。

2　道徳教育の視点から「公共」にいかに取り組むか

　以上を踏まえて，新設された「公共」にどのように取り組むかについて，道徳教育の充実という視点から提案してみたい。

（1）教育の目的と道徳教育，「社会科」「公民科」「公共」「倫理」は密接な関係にあることを理解する

　戦後の教育は，日本国憲法の理念に則り，教育基本法や学校教育法に掲げられた目標を目指して取り組まれる。では，日本国憲法ではどのような人間を育てることが求められているのか。いうまでもなく，世界の平和と人類の福祉（一人一人の幸せ）を実現するという，「崇高な目標」をもって生きる人間である。特に道徳教育と社会科は，このことを正面から追い求める教育を行うのである。また，日本の教育の指針を示す教育基本法には，「人格の完成を目指す」ことが教育の目的（第一条）であり，幼児期からその基盤づくりを行い（第十一条），生涯にわたって人格を磨き続けて豊かな人生を送ることができ，生涯にわたって学習の成果を生かすことができる社会にしていく（第三条）ことを明記している。そして，その人格を育てるのに，人間としてよりよく生きるための徳の育成を基盤として知と体を育むことが示されている（第二条）。

　高等学校の道徳教育の目標と「公民科」「公共」「倫理」の目標を見ると，今確認した日本国憲法，教育基本法が求める人間像が，それぞれ「道徳性の育成」と「公民的資質・能力の育成」に集約されていると捉えることができる。「道徳性の育成」は，「人間としてどう生きるか」を追い求めるのに対して，「公民的資質・能力の育成」は，「公民としてどう生きるか」を追い求めることになる。私たちがどう生きるかを問われるのは，現実の社会においてであり，道徳教育と社会科は最も密接につながるのである。他の教科も当然道徳教育と密接に関わるが，社会科の場合は，目標と内容全体が道徳教育と密接に関わることになる。

（2）「公民科」を「社会科における道徳教育」の要と捉え，「公共」をその中核として機能するようにする

　では，「公民科」や「公共」「倫理」における道徳教育をどう捉えるか。まず，「公民科」を「社会科における道徳教育」の要と捉えることである。「地理歴史科」も「公民科」も目標は「公民的資質・能力の育成」である。これは以前の「社会科」と同じである。つまり，「公民科」の本来の役割を果たすためには，「社会科における道徳教育」の要の役割を果たすということである。そのために，「公民科」の科目である「公共」と「倫理」と「政治・経済」をどのように関連させて，「社会科における道徳教育」の要の役割を果たせるようにするのかを考えるのである。

　では，「公民科」の科目である「公共」「倫理」「政治・経済」はどのような位置づけであり，どのように関連をもたせていけばよいのか。その中で「公共」が中核的な役割を果たすには，どのようなことが求められるのかを考えてみたい。

　まず，3つの科目の位置づけである。「公共」は，必修の科目になったことから，「公民科」の中核，言い換えれば「社会科における道徳教育」の中核に位置づけられると捉えられる。そのための学習内容として，大きく次の二つを指摘できる。

①「自分が公共的な空間に生きていること」，そして「みんなとともに公共的な空間を作る存在であること」について，現実を分析することから主体的・実感的に理解する。

②「どのように生きることで，そのような公共的な空間を作ることができるのか」，「どのように現実社会の諸課題に対峙することで，社会に参画していくのか」，さらに「現代の諸課題を探究する活動を通して，持続可能な社会づくりの主体となっていけるのか」について，日本国憲法の求める「崇高な理念」を目指して主体的に学ぶ。

では,「倫理」はどうか。人間としての在り方生き方について,特に現代の倫理的課題(生命,自然,科学技術などと人間との関わりから見出される課題)を取り上げている。その追究や解決に向けて,人間の存在と価値の理解,他者,生命や自然,集団や社会などとの関わり(小学校・中学校における道徳の指導内容に示される4つの関わりと同じ)で生きていることの理解,先哲の考えなど広い視野から,また国際化の視点から日本の特徴的な心情や考え方,人間観,自然観,宗教観などを捉え直すことをもとにしながら,主体的に学んでいくことを求めている。

「政治・経済」では現代日本における政治・経済の諸課題を取り上げ,その追究や解決に向けて,具体的な法の内容やそれを具体化する政治の仕組みや実態,経済活動の原理や仕組み,現代の国際政治・経済についての理解をもとにしながら,主体的に学んでいくことを求めている。

つまり「公民科」は,様々な社会的諸課題に対して,主体的に追究し,解決に向けてともに取り組むことのできる力を育てるのである。その社会的諸課題の追究や解決の方向は,人間社会の一員としてどう生きるか,どのような社会を創っていくかということである(憲法に示される「崇高な理念」の実現)。その中核的な学びの場としての「公共」では,公共的空間にいる自分と責任を自覚し,どのように公共的空間を作っていき,現実の社会に関わり,持続可能な社会を創っていくのかについて,主体的に学んでいくのである。そのことを踏まえて,「倫理」においては社会の倫理的課題に対して,先哲の考えや国際化の視点をもち,日本人の心情や考え方,人間観,自然観,宗教観などをもとに,主体的に追究し解決を図っていく。「政治・経済」では,政治経済の諸問題を取り上げながら,グローバルな視点から法や政治の仕組み,経済の原理や仕組み等をもとに追究し,自分の考えをもてるようにしていくのである。また「公共」は,「地理歴史科」の学びとも意図的に響き合わせる必要がある。そうでないと,「社会科における道徳教育の要」である「公民科」の中核としての役割を果たしているとはいえないのである。

「地理歴史科」には,「地理総合」「地理探究」「歴史総合」「日本史探究」「世界史探究」の各教科が設置されている。これらは,公民的資質・能力を「地理」「歴史」の側面から育んでいくものである。「地理」「歴史」において,全体的な理解とともに,現代社会を生き,持続可能な社会を創っていく一員としての在り方生き方を探究していくのである。「公民」における「公共的空間における人間としての在り方生き方」を踏まえての学びが,このような科目の学びと響き合い,公民的資質・能力の育成(「社会科」における道徳教育)が深まっていくようにすることが求められる。

おわりに ―高等学校全体における道徳教育の取組―

では,高等学校の教育活動全体における道徳教育はどのように行えばよいのか。それは,新設された「道徳教育推進教師」がリーダーシップを発揮して,校長を中心に教職員全体で取り組めるようにしていくことである。その際,「公民科」の「公共」「倫理」を中心とした「社会科における道徳教育」を充実させることと,特別活動における道徳的実践の充実を図ることを中心として推し進めていくことが求められている。「公共」と学校教育全体における道徳教育との関連や,特別活動における道徳的実践との関連なども当然重要であるが,そのことは「社会科における道徳教育」の充実の発展で考えられることであり,まずは「社会科における道徳教育」の要である「公民科」の中核的役割を果たすということに専念すべきだと考える。

「公共」の新しい授業方法と評価

村瀬智之（東京工業高等専門学校准教授）

はじめに

　新設科目「公共」。その中でも特に，「公共の扉」ではどのような新しい授業方法が可能なのだろうか。ここでは新しい授業方法として，筆者がこれまで取り組んできた「哲学対話」の手法を取り上げる。「哲学対話」とは，一見すると目新しいものではあるが，これまでの授業方法とも多くの共通点があり，教員の授業経験を活かし工夫していける授業である。

　本稿では，「哲学対話」や対話型の授業に取り組もうとする教員を念頭に，そのやり方や心構え，評価等について考えていく。

1　「哲学対話」を取り入れた授業の展開

「哲学対話」とはどのような授業か

　本書の授業案の中にも，授業の発展例やアクティビティとして「哲学対話」という言葉が何度か出てくる。「哲学対話」とは授業のやり方の一つで，その名の通り哲学的なテーマについてみんなで対話しながら，じっくりと考えを深めていくものである。

　二つの部分に分けて見ていくことにしよう。

　最初は前半の「哲学的なテーマ」について。

　「哲学的なテーマ」という言葉は，人をギョッとさせるところがある。なにか深淵で難しいものに見える。しかし，あまり「哲学」という言葉を気にすることはない。

　「一つの答えがすぐに出るようなものではないテーマ」と考えた方が分かりやすい。もちろん哲学対話では，人生の意味や他者との関係性といった，いわゆる哲学っぽいテーマを扱うこともできる。しかし，民主主義の問題や地域の環境問題といった「公共」全体で扱われるようなテーマも対象となる。そして，「公共の扉」で扱われるようなテーマは，基本的にはすべて哲学対話で話し合うテーマにすることができる。

　このように，哲学対話で扱うことのできるテーマは幅広い。

　では，後半の「みんなで対話する」はどうだろうか。

　「対話」というと，次々と手が上がり，活発に口頭で議論する風景が浮かぶかもしれない。もちろん，そのイメージも間違いではない。哲学対話の中でもっともよく知られたやり方では，クラスで一つの大きな輪になって座り，みんなで議論をする。しかし，この形にこだわりすぎる必要はな

い。1枚のプリントに自分の意見を書いて次の人に回し，その人が意見を書き，さらに別の人に回し，その人が意見を書く。これは「紙上対話」や「サイレントダイアローグ」と呼ばれる方法である。こういった口頭ではない方法でも「みんなで対話する」ということを実現することができる。

　2人組や班（グループ）で議論させるのは，多くの教員が慣れ親しんでいる方法だろう。たとえば1枚の紙を真ん中に置いて，議論の様子や思いついたことを生徒に書かせるというやり方もある。これはかなり手軽で，初心者にはよいかもしれない。このようにすれば，あとからグループ活動の様子を知ることもできる。

　つまり，哲学対話の授業とは，「一つの答えがすぐに出るようなものではないテーマ」について，口頭だけでなく，様々な手段を用いて，みんなで意見交換しながら，議論していく授業なのである。

具体的な授業の方法

　もう少し具体的に授業方法を見てみよう。

　哲学対話の授業には決まったやり方はない。簡単には答えが出ないテーマについて，みんなで対話してじっくり考える。この目的を達成するためには，様々な方法がありうるし，教室の状況に応じて様々な工夫が必要になる。ここでは現在もっとも普及している典型的なやり方を紹介し，読者のみなさんの工夫の土台にしていただきたいと思う。

　基本の形は，大きな一つの輪になって座る形だ。机はあってもなくてもよい。すべての参加者からすべての参加者が見えるような形がとれるとよいだろう。

　話し合うテーマは，子どもたちに出させた「問い」である。単元ごとの主題や授業の流れの中で設定されたテーマがあっても，その主題やテーマをどのような角度から問いにするかは，参加者である生徒に決めさせた方がよいだろう。なぜなら，教員の決める問いは，大人には刺激的でよく練られたものに見えても，子どもにとっては（たいてい）つまらないものだからだ。子どもたち（の現実の生活）から立ち上がる問いを全体のテーマにした方が，議論に参加しようとする意欲も高まるし，より真剣に考えることだろう。子どもたちが考えた問いを板書し，多数決や抽選，あるいは話し合いで，取り上げる問いを決める。

　あとはみんなで議論をするだけ。基本はこれで終わりだ。

　議論する際のルールとして，発言するときに手を挙げ，司会進行をする教員が指名するという形をとってもよいし，ぬいぐるみやボール等を使って，前に発言した人が次に発言する人を指名する形をとってもよい。議論の流れを板書してもよいし，しなくてもよい。議論の最後に，全体の振り返りをしてもよいし，しなくてもよい。

　哲学対話に決まったやり方はない。先に紹介した紙上での対話やグループでの活動も含め，授業や教室の現状に合わせながら，アレンジを加えてほしい。

最初にやるなら，どうしたらよいか

　哲学対話に決まった方法はない。とは言うものの，少しは方針があった方がやりやすいかもしれない。

　３時間（50分×３回）の授業を二つ提案してみたい（繰り返しになるが，これがよい授業であるわけでも，「モデル」であるわけでもない。授業時数や教室の実際に合わせてアレンジしてほしい）。

パターン１：口頭での対話

１時間目：講義。基本的な知識や背景を理解する。

２時間目：講義の続き。講義を受けた上で，授業の後半にみんなで考えてみたい問いを出させ，問いを一つ決める。

３時間目：みんなで輪になって，前回決めた問いについて議論する。

パターン２：紙上対話

１時間目：講義

２時間目：前回の講義を復習し，テーマに関する問いを個人で考えさせる。プリントを配布し，紙上対話をする（問いに対して別の人が意見を書き，さらにそれを別の人に回して反論や別の観点からの意見を書く）。

３時間目：紙上対話の続き。授業の後半は，他の人たちが行った紙上対話の様子を読む。

　パターン２では，１回の講義を受けた上で問いを立てさせるが，複数回講義をしたあとで，通底するテーマ（民主主義や正義といった概念）について問いを立てさせてもよい。

　紙上での対話は，口頭での対話に比べると時間はかかるものの，書く分量によって時間調整をすることができる。１コマ 50 分で行う場合は，一人の書く量を２行や３行に限定し，次々と他の人に回して意見を書かせればよい。そのため，上記の パターン１ の３時間目を紙上対話にすることもできる。

　また，問いを決める方法も様々考えられる。たとえば，パターン１ の１時間目の最後で問いを書かせ，回収して一覧を作成する。そして，２時間目の後半で一覧から問いを多数決で選ぶという方法も考えられるし，問い一覧を教室に掲示し，シール等を使って選ばせてもよい。

「新しい授業方法」の新しさとは何か

　ペアやグループで議論や紙上対話を行っているとき，哲学対話の授業は従来の授業と何ら変わらないものに見えるだろう。では，なぜ哲学対話は「新しい授業方法」なのだろうか。

　おそらく，根本的な違いは授業目的にある。哲学対話の授業目的は，一つのテーマについてみんなで対話しながらじっくりと考えること，である。まさに，思考力や判断力，表現力の涵養が目的なのである。これらが主たる目的の一つとして位置づけられ，知識理解以上に重視されることになる（このことは，哲学対話以外の授業がこの授業目的を持つことを排除しない）。

これまでの授業では，明示的であれ暗黙的であれ，基本的には知識理解が主目的であり，対話や議論，グループでの活動は，それを補助し促進する役割を果たしていた。「哲学対話」では，対話や議論の授業目的上の位置づけが変化しているのである。もちろん哲学対話を通して，知識をより深いレベルで理解することはできる。それは，当該の知識を実際に議論や対話の中で自らの経験や考えにひきつけながら使用するからである。しかし，知識理解自体は目的の一つであっても目的のすべてではない。

　授業の主目的が変化する。この，一見すると些細なことを強調するのは，それが授業に具体的な変化をもたらすからである。それは，授業が完全にオープンエンドなものになるという変化である。特定の知識や観点を学んだり理解したり覚えたりすることが主目的ではないのだから，当然のことであろう。むしろ，それを使って自分なりに考え判断し表現する経験を積むことが目的となる。

　これを教員の観点からもう少しざっくばらんに言い直すなら，「落とし所」がない授業ということになる。哲学対話には「落とし込む」知識内容はない。知識は考える手段であり，材料である。目的はあくまでも「対話的で主体的で深い学び」につながるような，思考力や判断力，表現力の育成であり，そのためにみんなで議論しながらじっくり考える経験を積むことなのである。

　このような授業に対して，不安をおぼえる教員は少なくない。おそらく原因の一つには，授業目的の変化への無自覚がある。目的の変化を意識せず，これまでと同じような心づもりで授業をしてしまう。しかし，そこには「落とし所」がない。そのために，何を結果として考えてよいか分からず，不安になってしまうのだ。子どもたちが楽しそうに考え，話をしたり書いたりしている。時には悩むような顔を見せたり，何かに気づいたような表情を見せたりする。実はそれだけで考え判断し表現することへの最初の一歩を踏み出している。あえて言うなら，それだけでも授業目的を果たしているのだ。

　新学習指導要領では，「公共」の目標の一つに「公正に判断する力」や「議論する力」の育成が挙げられている。特に「議論する力」は，公民科全体の目標にもなっている。これらの力を養うために哲学対話は適しており，この点で「公共」の中で哲学対話を行うことには他の科目とは違う意義がある。他にも，新学習指導要領の各所に見られる個々人の相互尊重や，事象に対する多面的で多角的な考察といった点は，哲学対話の授業の核となるものだ。さらに，「公共の扉」では「人間は…対話を通して互いの様々な立場を理解し高め合うことのできる社会的な存在であること…について理解すること」が身につけるべき知識とされている。哲学対話は，まさにこの点を探究的な活動を通して理解する授業である。このように，哲学対話の活動やその経験自体が授業の目的となる点も指摘しておきたい。

哲学対話をするときに忘れてはいけないこと

　哲学対話は，講義型の授業に比べると簡単な授業方法で，これをしなければならないということも少ない。しかし，忘れてはいけない点もある。

　いま述べてきた，授業の目的が「みんなで対話しながら考える」という点にあることは，もちろ

ん忘れてはいけない。それに，何よりも子どもの思考をバカにしてはいけない。

　教員はとかく知者として子どもたちの知識は浅く，思考は自分よりも劣っていると思いがちである。たしかに，どこから仕入れたのか分からない情報を鵜呑みにして話をしたり，視野が狭かったりする部分はあるかもしれない。しかし，高校生ともなれば，特定の分野については教員を凌ぐ知識を持っている生徒も，様々なことがらについて深く考えている生徒も多い。いじめの経験者は人間関係や生と死，学校という制度，教員という権威や無力さについて考えざるをえない。家庭環境によっては社会福祉や差別，民主主義や人権の意味について深く理解し苦悶している子どももいるだろう。ネットゲームにのめりこんでいるあの子は，規制とお金，逸脱の意味について，全国のユーザーたちと日々議論しているかもしれない。

　人生の意味，民主主義，自由と規制，経済問題。本人たちがこれらのテーマについて考えていると自覚しているかはともかく，教員の方がこれらについて深く考え理解しているわけではないのは明らかである。教員が行うべきは，彼らの思考を引き出すように努めること。それを他の子どもや教員自身も聞き，自らの経験と合わせながらじっくりと考えること，である。つたない応答であっても，ゆっくりとじっくりと交わされた対話や議論であれば，その先には何か新しい考えが生まれ，それがまた新たな思考を呼び起こすことになる。

　もう一つ重要なことは，哲学対話の場の雰囲気である。

　対話や議論の場で自分の意見を言うことには勇気がいる。大人でも多くの人の前で自分の考えを話すときには緊張する。子どもも同じである。本当に自分が考えていることを述べる。意見を言うことがふつうは規制されている教室の場において，このことはなおいっそう難しい。そのため，哲学対話の場の雰囲気作りが重要となる。何か意見を言ったらバカにされる。茶化される。あとから嘲笑の対象になる。場がそのような雰囲気では誰も何も言うことができない。哲学対話の場では，テーマに関連していることであれば，あらゆる発言が許される雰囲気作りが必要である。一見するととんでもない意見や少し変わった考えが議論を活性化することは多い。しかし，それが誰かの人格を攻撃し，その場で発言し考えることを抑制する方向に働くものであれば，厳しく規制され繰り返されないようにするべきだ。教員は場の雰囲気をよいものにするよう努めなくてはならない。

　このことは，実は最初のポイントとつながっている。哲学対話において重要なことは，他者の考えや気持ち，すなわち，他者の人格を尊重することなのである。それが子どもであっても，同級生であっても，愚かなことを一見言っているように見える人であっても，尊重しリスペクトし続けるということだ。このことを忘れては，考える場は生まれない。

2　評価について考える

具体的な評価方法

　このようなオープンエンドで知識理解を主目的とはしない授業を行う際に，気になるのが評価である。哲学対話の授業をどのように評価したらよいのだろうか。

　簡単なのは，考えたことを文章の形で書かせる方法である。文章で自分の考えを表現し，それを成果物として評価の対象にする。1回の授業ごとに短い文章を書かせてもよいし，一連のテーマが

終わった段階や，授業の大きな単元ごとに書かせてもよいだろう。年間を通して蓄積し，思考の過程を評価する方法もある。これなら，通常のレポートや小論文と同じ基準，たとえば，論理性や創造性があるか，簡潔に書かれているか，論旨は明確かといった観点から評価をすることができる。

　同じく文章を評価する場合でも，第一印象を書かせ，議論のあとに，もう一度書かせる方法もある。これだと両者を見比べながら評価できるため，議論を通して意見が変化したか，特に主張の理由づけがどのように変化したかといった議論の影響を評価できる。他にも，別の生徒の意見への言及があるのかどうか，それに対する自分の意見があるかといった基準も，議論からの影響が分かる評価基準である。あるいは，「対話」にこだわって，対話の形で自分の意見を書かせてもよいかもしれない。

　いずれにせよ，文章を成果物とすることで，これまでの授業方法と同様，哲学対話の授業も一定の基準に則った公平な評価が可能になる（そして，今後実施される中学校の「特別の教科　道徳」でのこの種の評価方法も参考になるだろう）。

他の評価方法

　対話への参加度を評価する方法もある。これはどちらかというと減点方式で，あからさまに不参加な態度をとる場合や欠席の場合には点を与えない。もちろん，特に熱心に対話に参加している生徒がいた場合に加点してもよいだろう。この評価は，議論の場に参加すること自体を評価の対象としており，議論の場を別の目的のための手段にしないという特徴がある。ただ，注意しなければならないのは，発言だけが参加の形態ではないということだ。大人しい子どもの中には，人の話をしっかりと聞き，自分なりに思考を深めている人もいる。そのような子どもたちに加点することは難しいかもしれないが，減点することがないようにしなければならない。

　他にも，授業の一連の流れの中で哲学対話をする場合には，知識項目についての試験に加えて，それを受けて自分がどう考えるかといった論述をするような，組み合わせによる評価も利用できる。

理想と現実，あるいは，なぜ評価をするのか

　シンガポールのとある学校では，複数の教員が哲学対話の様子を観察し，一人ひとりの発言や全体への貢献を点数化していくという。複数の教員がいない場合でも，哲学対話の様子をビデオなどに撮影し，あとから一人ひとりに評価をつけていくことはできるであろう。

　対話に臨む態度，発言や質問の的確さ，議論全体への貢献性。評価基準は哲学対話の成熟度によって変化するものの，この方法は哲学対話でのふるまいを直接に評価の対象としている点で厳密なものではある。しかし，この評価は現実的ではないし，実行不可能なものであろう。

　評価方法の選択は，評価を行うことの意味と現実的なコストのバランスの中で考えていかなくてはならない。

　そもそも評価を行うことの意味とは何であろうか。二つの観点から考えてみよう。

　一つ目の観点は，学習のための評価という観点である。評価は教員が成績付けのためだけに生徒

に対して行うものではない。評価には，評価基準を生徒が理解することで，自らの学習の方向性を理解するという機能がある。いわゆるペーパー試験が示唆するのは，知識を暗記しそれをある一定時間で紙に書くことの重要性であり，ペーパー試験という評価方法が，何を授業から学べばよいのかという学習の方向性を決めている。

　哲学対話のような新しい授業方法の場合，そこから何を学べばよいかが生徒には分かりづらい。そのため，教員は何らかの評価基準，向かうべき方向を提示する必要がある。

　では，どのような評価がよいのだろうか。教員は，評価基準を明確にし，ビデオを見ながら一人ひとりの対話の様子を評価することになるのだろうか。そうではない。この観点での評価の意味は，授業の向かうべき方向を示すことにある。そのため，教員が自ら生徒を評価する必要はなく，対話の参加者自身が自己評価として行えばよい。むしろ，自らのふるまいに関して自己評価を行うことで，求められている評価基準と照らして自分がどのようであったかを認識し，他人よりも正確に評価することができる。議論の中でのふるまいを自省し，次の議論に活かすこともできるだろう。

　たとえば，議論のあとに自己評価をする方法が考えられる。私が行っているのは，手を挙げる自己評価のやり方だ。議論の最後に，その日の議論で「よく人の話を聞くことができたか？」「よく考えることができたか？」「何か発見はあったか？」といった事柄について手を挙げさせる。手を挙げる角度で，その度合いも示すようにする（「よくできた」場合はしっかりと手を挙げ，「まあまあ」の場合は，前に突き出すように，「できなかった」場合は手を挙げない，といった形だ）。もちろん，所定の紙に振り返りの自己評価を書かせてもよい。蓄積していけば，年間の変化を生徒自身が見ることもできる。いずれにせよ，どのような態度が議論の場ではふさわしいのかの基準を明示し，それを生徒たち自身に自己評価させることで，学習のための評価を行うことができる。

　もう一つの観点は，授業への動機づけという観点である。ざっくばらんに言えば，「生徒を授業に参加させるため」の評価である。たしかに，評価を行うことによって，悪い評価を受けたくないという動機づけを生徒たちに与えることができる。その結果によって入学試験やその他の選抜が行われる場合，その動機づけは授業を受ける唯一の動機にさえなるだろう。しかし，哲学対話やみんなでの対話を生徒たちは楽しむ傾向がある。そのため，適切に場が開かれるならば，評価という「人質」をとらなくても生徒たちは議論や対話の場に参加し，そこでの哲学対話を楽しむことだろう。

結局，評価をどうするか

　すでに示したように哲学対話の授業に対しては，従来から行われている成果物への評価，また，議論の最後に行う自己評価といった，いくつかの評価手法を使うことができる。それは細かい点数化は難しいものの，一定程度の客観性と公平性を持ちうるものだ。

　ただ正直に言えば，私の一番のオススメは「哲学対話自体は評価をしない」という方針だ。自己評価やその蓄積，参加度の評価等はともかく，成績付けに利用するような評価を哲学対話に持ち込むことはしない方がよいと考えている。なぜなら，成績付けに利用できるような評価をするために

28

は教員に膨大な作業コストがかかってしまう上に，それによって生徒の学習によい効果があるわけではないからだ。

　評価を安易に行おうとすると，その本質が変わってしまうことがある。たとえば，文章の成果物で評価する場合でも，評価を文章で行うことを事前に伝えておくと，みんなでの議論が，文章作成のための材料集めになってしまう可能性がある。本来はそこで生じている議論の中で自ら考えを深めることが目的であったものが，手段として成果物に奉仕するものになってしまう。これでは本末転倒である。あえて自己評価や参加度だけで評価するという態度をとることで，議論や対話の場自体に価値があり，それ自体を楽しむことを奨励する。そのような学習の方向性を生徒に示した方がよいと思う。

　一般に，評価すべきものと，安易に評価するべきでないものがある。これは，評価できないと言っているのではなく，安易な評価によってその本質が変わってしまう可能性がある，ということである。評価のためには，それが教員側に簡単に理解できるものでなければならないし，容易に取り扱えるものでなければならない。別の言い方をすれば，その評価対象は教員が理解可能な形で分かりやすく表現されていなければならない。しかし，複雑な能力の場合は，そう簡単に表現することはできないし，それを教員側が理解できるとも限らない。

　先程も論じたように，人手や評価にかける時間に余裕があればそれは理解可能なものになるかもしれないし，原理的な意味では評価は可能ではあろう。しかし，現実の学校現場を考慮するのであれば，評価を差し控えるということも一つの見識であるのではないか。

　評価について考える際に忘れてはいけないのは，主体的で対話的な空間が教室の中ででき上がっていたとしたら，そこに参加するだけで非常に大きな価値があるということだ。

　教室のような，教員と生徒という極めて人工的で力関係も非対称的な空間の中で日々を過ごしている子どもたちにとって，一人の人間としてそこに参加し，考え，発言をする。自らの発言や行動が尊重され，他者の発言を傾聴し共に考える。儚い瞬間かもしれないが，このような場に身を置き，それを体験すること自体に大きな価値がある。

　そこでどのような能力や成果が得られるかとは別に，一時であれそのような場が生成され，そこに存在することそのものに価値があるのである。

　教員はどうしても身につける能力や成果に目を向けてしまう。これは教育が何かに向けられた活動であるからだ。しかし，そのことによって，いま現在の体験の中に存在する価値を見過ごしてはならない。哲学対話はたんに，未来の能力や技能にだけ向けられているのではない。たまたまクラスメイトになった人や教員と共に，手探り状態の中で言葉を選びながら考えていく。その体験の価値を開くのも哲学対話の大きな意義の一つなのである。

Column

大学入学共通テストと「公共」

「現代社会，倫理，政治・経済」から「公共，倫理，政治・経済」へ

　令和4年度高校入学生からの「大学入学共通テスト」は，公民科だけでとらえたとき，「公共」を必ず学習内容に含めることが必要になった。受験パターンは3つであり，第1のパターンは「公共，倫理」で100点，第2のパターンは「公共，政治・経済」で100点，第3のパターンは「公共」で50点として「地理総合」50点または「歴史総合」50点と組み合わせるというものである。

　初年度である令和7年度入試の事例でみると，3つのパターンのうち，第1と第2のパターンでは合計6題が出題され，そのうち公共分野が2題で25点。この2題は第1・第2パターンとも共通する設問である。第3のパターンである「公共」50点方式では全4問で，前述の共通設問2題25点分に，独自設問2題25点分が加わる。

「公共」の出題を分析する

　3パターン共通設問の2題を令和7年度共通テスト本試験の事例でみると，2題とも本書で取り扱う学習指導要領内容A「公共の扉」が出題されている。人権論や公共空間論が，探究活動の手法などを用いつつ出題され，哲学対話が真正面から取り扱われた。ハーバーマスやハンナ・アーレントといった思想家まで取り扱われ，倫理分野との関連の深さが際立っていた。「公共」50点方式では，残り25点分を政治分野と経済分野で分け合う形となった。なお，第1パターンである「公共，倫理」の設問の中では，ある選択肢を選ぶとその先の正答も変わる（具体的には，ある方向性を選ぶと対処法も変わる）という「連動型」出題も導入された。正答組み合わせが複数になるという革新的手法だが，「公民科ならば親和性があるだろう」との理解だったのだろうか。

「公共」を学ぶと，他教科にも好影響？

　令和7年度入試で話題になったのは「公民科『公共』を学んだ生徒が他教科でも有利だった」との指摘である。英語リーディング（本試験第4問）でスローライフが取り扱われたり，数学と情報（本試験数学Ⅰ第4問，数学Ⅰ・A第2問，情報Ⅰ第4問）では「公共」で良く取り扱われるような社会学的データの図や表を読み取らせる出題があった。さらに国語（本試験第1問）の現代文で「観光は『見る』ことである／ない」という，まさに「公共」で思考法を学んだ生徒が有利になると考えられるテーマでの出題があった。もちろん毎年，こんなに重なることはないとは思われるが，「公共」を学ぶ生徒にとっては，大きなモチベーションにつながると思われる。

（坂口克彦）

2 「公共の扉」授業事例集

　本章では，新科目「公共」の内容Ａ，すなわち「公共の扉」の授業事例を，17例掲載しました。執筆は現在「現代社会」の授業を中心に行っている教員を主として，新しい学習指導要領を読み込んだうえで，これまでの授業実践を生かしながら，「公共の扉」の授業としてリニューアルしてもらえるよう依頼しました。

　勤務先もさまざまなので，内容の難易度などややばらつきはあると思いますが，できるだけ汎用性の高い授業を提案しています。そのまま1時間または2時間の授業として実施していただくほか，「本書の使い方」でも触れましたように，それぞれお使いの教科書や授業方法，生徒の状況に合わせて，適切にアレンジしながら活用していただけるとよいと思います。

事例1

あなたの自我のエネルギーバランスは？
（エゴグラム・チェック）

指導要領【公共】A（1）

（1）ア（ア）自らの体験などを振り返ることを通して，自らを成長させる人間としての在り方生き方について理解すること。

指導のねらい

①エゴグラム・チェックを通じて，現在の自分自身の自我状態を知り，自分自身をより深く理解させる。
②同じ経験をしても，そのとらえ方は人それぞれであることを理解させる。
③自己と他者の違いを理解しつつ，お互いを尊重し合うことの大切さを学ばせる。

学習内容・授業方法等の概説

・他者と共に生きる自らの生き方に関わって主体的・対話的に考察，構想し，表現できるようにする。（内容の取扱い（3）ア）

学習指導案

	授業内容	備考
導入	自分自身を客観的に理解するために，エゴグラムを用いて自分の自我のエネルギーバランスをチェックしてみよう。　　　　　　　　　　（5分）	
展開	1．エゴグラム・チェックリストを配布し，各自で記入させる。　　　　　　　　　　　　　　　　　　　　　　（10分） 2．チェックが終わった生徒は，各項目を合計し，折れ線グラフを作成するように指示する。　　　　　　　　　　　　　　　　（5分） 3．エゴグラムの読み取り方について説明する。　　　　（15分） 　①各項目がどのような自我であるかを説明する。 　②最も高い得点の自我が，自分の主導権を握っていることを説明する。 　③代表的なエゴグラム・パターンを紹介する。 4．エゴグラムを用いて自己変容について説明する。　　（10分） 5．どの項目の得点が最も高かったかを調査し，クラスを一人の人格に見立ててそのエゴグラムを黒板に作成する。（時間がなければ割愛可）	・こうした質問紙法テストは，質問の内容を読み間違えると正確な結果が出ないので，あわてずよく読んで判断するよう指示する。 ・よくわからない言葉などがあれば質問するよう伝える。 ・あとで自己分析すること，成績とは関係しないことを伝える。
まとめ	自分の自我のエネルギーバランスを知ることで，自分自身をより客観的に理解することができることを説明する。　　　　　　（5分）	

授業展開 ◆あなたの自我のエネルギーバランスは？
（エゴグラム・チェック）

導入

(指示) 自分自身を客観的に分析する手段としてさまざまな性格検査や心理テストがありますが，今日は「エゴグラム」という方法を使って，自分自身の自我状態を診断してみましょう。

展開

(発問)(思考) これから エゴグラム・チェックリスト (p.36-37) を配ります。配布されたら，それぞれの項目について，「はい」の場合は○の欄，「どちらともいえない」の場合は△の欄，「いいえ」の場合は×の欄をチェックしてください。チェックの方法は自由です。
なお，こうした質問紙法テストは，質問の内容を誤解して回答すると正確な判断ができないので，あわてずよく読んで答えてください。「CP」などの意味はあとで説明します。結果については自分で分析してもらいますが，エゴグラム・チェックは成績とは関係ありません。

(発問)(技能) チェックが終わったら○を2点，△を1点，×を0点として各項目の合計点を計算し，（　）に点数を記入してください。その点数を右下のグラフに記入して，折れ線グラフを作成してください。

(発問) 今やってもらったのはエゴグラムというテストで，自我状態のエネルギーバランスを調べるものです。それではこれから各項目について説明します。

資料　自我状態とは

エリック・バーンはすべての人に次の3つの自我状態が備わっているとしている。

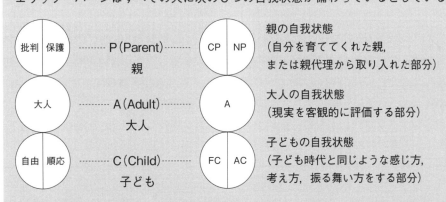

さらに，親の自我状態は，批判的，懲罰的な部分と，保護的，支持的な部分があるので，それぞれ CP（Critical Parent 批判的な P）と NP（Nurturing Parent 保護的な P）に分けている。また，子どもの自我状態も，好奇心や創造性に満ちた部分と，自分の感情や欲求を抑えて親や周囲の期待に添おうとする部分があるので，それぞれ FC（Free Child 自由な C）と AC（Adapted Child 順応した C）に分けている。

解説 〈エゴグラムの分析方法〉

　自分の最も高い得点だった項目が自分の中核となっている自我です。中核となっている自我は人それぞれのため，同じことを経験しても受け止め方は異なってきます。

　例えば，テストで80点を取ったとき，CPが最も高い人は，「なんでこの20点は間違えてしまったのだろう」と自分を責めます。NPが高い人は「よくがんばったな」と自分をほめます。Aが高い人は平均点を確認し，間違った部分について冷静に分析し次回に向けての対策を考えます。FCが高い人は単純に「やったー！」と喜びます。ACが高い人は周囲の人や友達が何点だったかをまず確かめようとします。同じ点数を取っても，その反応がまちまちなのはこのせいなのです。

発問 ここで代表的な エゴグラム・パターン (p.35) を配布します。最も望ましいのは，①の自他肯定のパターンといわれていますが，中高生の段階でこうしたパターンになる人はほとんどいません。多くが⑥の非行少年のパターンです。

解説 これは，あくまで今日現在のエゴグラムです。PやCの部分はあまり変化しませんが，Aの部分はこれから大人になるに従って伸びてくるので，全体のバランスは変わってきます。

　しかし， エゴグラム・パターン の③〜⑤のように，FCが低くACが高い人はストレスがたまりやすく，だんだんと苦しくなってきてしまうので，自我のエネルギーバランスを変えていく必要があります。その場合，最も高い得点の自我は自分自身の主導権を握っている部分なので，それを低くすることはできません。自我のエネルギー量は一定なので，低い自我を高めることによって相対的にエネルギーバランスを変えていきます。例えば，FCが低い人は，できるだけ自分を楽しませてあげたり，自分の気持ちを優先するように心がけていくことで，少しずつFCが伸びていきます。逆にFCが高く，ACが低い「自己中心的」な人は，周りの人がどのような反応をしているかを見るように心がけることで，ACが伸びていきます。エネルギーバランスを変容させることで，結果的に自分自身も変容していくのです。

発問 **技能** ここで，このクラスを一人の人間と見立てて，このクラスのエゴグラムを黒板に描いてみましょう。ではまずCPの値が一番高かった人は挙手してください。同じ得点の場合は二度挙手してください（以降，「NPが一番高かった人」，「Aが一番高かった人」，「FCが一番高かった人」，「ACが一番高かった人」と順番に挙手させる）。

解説 それぞれの人数をグラフに記入して，折れ線グラフ（クラスのエゴグラム）を作成する。

まとめ

発問 **主体** このように，エゴグラムを用いると自分の自我のエネルギーバランスがわかるので，自分自身をより客観的に理解することができます。そして，どのような自分にしたいかを考えて，必要に応じて低い部分の自我を伸ばしていくことが大切です。

事例1　あなたの自我のエネルギーバランスは？

■ 倫理との関連

　エゴグラムとは，フロイト派の精神科医エリック・バーンの交流分析の理論に基づいて，弟子のジョン・M・デュセイが考案した性格分析法である。この理論はフロイトの超自我・自我・エス（イド）という心的構造論を，さらに5つの自我状態に分類したものである。

〈参考資料〉
・杉田峰康『交流分析』（講座サイコセラピー第8巻），日本文化科学社，1985
・新里里春『交流分析とエゴグラム』（Transactional analysis series 3），チーム医療，1986

（村野光則）

エゴグラム・パターン

①自他肯定

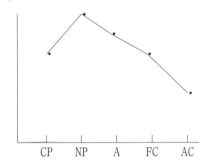

②自己肯定・他者否定

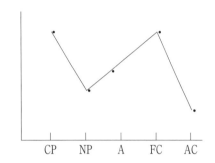

③自己否定・他者肯定

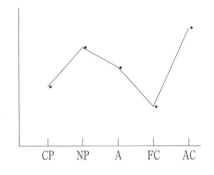

④自他否定

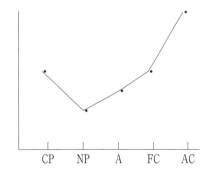

⑤抑うつ状態

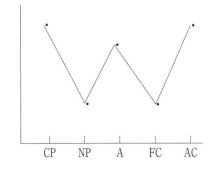

⑥非行少年

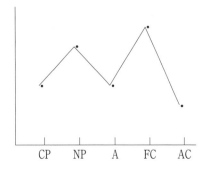

エゴグラム・チェックリスト（中高生用）

以下の質問に，はい（○），どちらともつかない（△），いいえ（×）のように答えてください。ただし，できるだけ○か×で答えるようにしてください。

			○	△	×
CP（ ）点	1	あなたは，何ごともきちっとしないと気がすまないほうですか。			
	2	人が間違ったことをしたとき，なかなか許しませんか。			
	3	自分を責任感のつよい人間だと思いますか。			
	4	自分の考えをゆずらないで，最後までおし通しますか。			
	5	あなたは礼儀，作法についてやかましいしつけを受けましたか。			
	6	何ごとも，やりだしたら最後までやらないと気がすみませんか。			
	7	親から何か言われたら，そのとおりにしますか。			
	8	「ダメじゃないか」「……しなくてはいけない」という言い方をしますか。			
	9	あなたは時間やお金にルーズなことが嫌いですか。			
	10	あなたが親になったとき，子供をきびしく育てると思いますか。			

			○	△	×
NP（ ）点	1	人から道を聞かれたら，親切に教えてあげますか。			
	2	友達や年下の子供をほめることがよくありますか。			
	3	他人の世話をするのが好きですか。			
	4	人のわるいところよりも，よいところを見るようにしますか。			
	5	がっかりしている人がいたら，なぐさめたり，元気づけてあげますか。			
	6	友達に何か買ってあげるのが好きですか。			
	7	助けを求められると，私にまかせなさい，と引きうけますか。			
	8	だれかが失敗したとき，責めないで許してあげますか。			
	9	弟や妹，または年下の子をかわいがるほうですか。			
	10	食べ物や着る物のない人がいたら，助けてあげますか。			

			○	△	×
A（ ）点	1	あなたはいろいろな本をよく読むほうですか。			
	2	何かうまくいかなくても，あまりカッとなりませんか。			
	3	何か決めるとき，いろいろな人の意見を聞いて参考にしますか。			
	4	はじめてのことをする場合，よく調べてからしますか。			
	5	何かする場合，自分にとって損か得かよく考えますか。			
	6	何か分からないことがあると，人に聞いたり，相談したりしますか。			
	7	体の調子がわるいとき，自重して無理しないようにしますか。			
	8	お父さんやお母さんと，冷静に，よく話し合いますか。			
	9	勉強や仕事をテキパキと片づけていくほうですか。			
	10	迷信やうらないなどは，絶対に信じないほうですか。			

事例1　あなたの自我のエネルギーバランスは？

FC（　）点	1	あなたは，おしゃれが好きなほうですか。			
	2	皆とさわいだり，はしゃいだりするのが好きですか。			
	3	「わあ」「すげえ」「かっこいい！」などの感嘆詞をよく使いますか。			
	4	あなたは言いたいことを遠慮なく言うことができますか。			
	5	うれしいときや悲しいときに，顔や動作に自由に表すことができますか。			
	6	ほしい物は，手に入れないと気がすまないほうですか。			
	7	異性の友人に自由に話しかけることができますか。			
	8	人に冗談を言ったり，からかったりするのが好きですか。			
	9	絵をかいたり，歌をうたったりするのが好きですか。			
	10	あなたはイヤなことを，イヤと言いますか。			

AC（　）点	1	あなたは人の顔色を見て，行動するようなくせがありますか。			
	2	イヤなことをイヤと言わずに，おさえてしまうことが多いですか。			
	3	あなたは劣等感がつよいほうですか。			
	4	何か頼まれると，すぐにやらないで引き延ばすくせがありますか。			
	5	いつも無理をして，人からよく思われようと努めていますか。			
	6	本当の自分の考えよりも，親や人の言うことに影響されやすいほうですか。			
	7	悲しみや憂うつな気持ちになることがよくありますか。			
	8	あなたは遠慮がちで消極的なほうですか。			
	9	親のごきげんをとるような面がありますか。			
	10	内心では不満だが，表面では満足しているように振る舞いますか。			

●この表に得点を書きこんでください

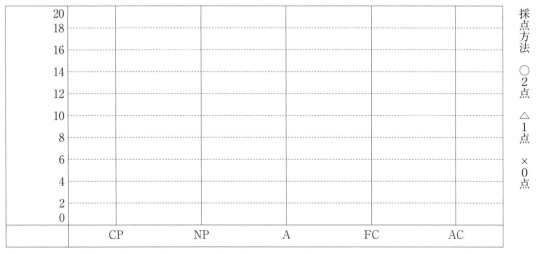

採点方法
〇 2点
△ 1点
× 0点

（杉田峰康『交流分析』〈講座サイコセラピー第8巻〉，日本文化科学社〈1985〉より作成）

37

事例2

青年期の課題
―主体的に生きることと生きがい―

指導要領【公共】A（1）

（1）ア（ア）自らの体験などを振り返ることを通して，自らを成長させる人間としての在り方生き方について理解すること。

指導のねらい

①青年期の課題について，資料の読み取りを通じて，様々な見方や考え方を理解させる。

②主体的に生きるということの意味を，「社会的自立」「自己実現」「限界状況での可能性」など，多様な観点から各資料を検討し，自ら考えさせる。

③お互いに様々な資料の解釈ができることに気づかせ，感想や意見のやり取りを通じて考えを深めさせる。

学習内容・授業方法等の概説

・諸資料から必要な情報を収集し，読み取る技能を身に付けること。（内容（2）ア（ウ））

・個人と社会との関わりにおいて多面的・多角的に考察し，表現すること。（内容（3）イ（ア））

学習指導案

	授業内容	備考
導入	「青年期とはどのような時期なのか」「青年に関する法律で近年改正されたことは何か」を生徒に問いかける。　　　　　　　　　（10分） ・ルソーやレヴィン，エリクソンの説を紹介する。 ・日本では国民投票権や選挙権年齢が20歳以上から18歳以上に引き下げられたことを確認し，責任や義務について考える契機とする。	生徒の考えをできるだけ引き出す。
展開	青年期の課題に関する先哲の資料を読み，それぞれの考え方，自分自身の考え方，生徒同士の考え方を対比させ，思索と対話を通じて，深く考えさせる。　　　　　　　　　　　　　　　　　　　　　（35分） （1）エリクソンのアイデンティティと心理的・社会的モラトリアム （2）『論語』の学びについて （3）マズローの自己実現 （4）サルトルの自由 資料は生徒に合わせて選択，および追加する。	資料の読み取り，教員との問答，生徒同士の問答を，ワークシートを用いて促す。
まとめ	本時で学んだこと，理解したこと，疑問に思うことなどの振り返りを行う。　　　　　　　　　　　　　　　　　　　　　　　　（5分）	

事例2 青年期の課題

授業展開 ◆青年期の課題
―主体的に生きることと生きがい―

導入

(発問) (思考) 青年期とはどのような時期でしょうか。次の資料はその一つの考え方ですが，あなたはどう思いますか。

資料 ルソー「第二の誕生」

わたしたちは，いわば，二回この世に生まれる。一回目は存在するために，二回目は生きるために。はじめは人間に生まれ，つぎには男性か女性に生まれる。（略）
暴風雨に先だってはやくから海が荒れさわぐように，この危険な変化は，あらわれはじめた情念のつぶやきによって予告される。にぶい音をたてて醗酵しているものが危険の近づきつつあることを警告する。気分の変化，たびたびの興奮，たえまない精神の動揺が子どもをほとんど手におえなくする。まえには素直に従っていた人の声も子どもには聞こえなくなる。それは熱病にかかったライオンのようなものだ。子どもは指導者をみとめず，指導されることを欲しなくなる。

(ルソー著，今野一雄訳『エミール』（中）岩波文庫，1963，p.5-6)

解説 フランスの思想家ルソーは，人は青年期に入り，様々なことに感じやすくなり，自我と性に目覚め，人生を主体的に生きていこうとするとして，このことを「第二の誕生」と呼んだ。
青年期は身体的には第二次性徴が表れ，精神的には親からの心理的離乳が起き，また親へ反発する第二反抗期が見られることがある。ドイツの心理学者レヴィンは，子どもでも大人でもない不安定な青年を，「マージナルマン（境界人・周辺人）」と呼んだ。
アメリカの心理学者エリクソンは，青年期は，大人としての義務が猶予されている時期であるとして，「心理的・社会的モラトリアム」の時期であると説く。
現代では，より高度の知識を得たり，本当の自分を探したりすることによって，青年期は長くなる傾向にあるといわれる。

(発問) (思考) 次の事柄について，何歳以上からそれらのことをできるのがよいと考えますか。上段にそれぞれの項目，下段にその理由を記入しなさい。
項目：「就職」「結婚」「選挙」「憲法改正の国民投票」「飲酒」「喫煙」「馬券の購入」

	16 歳以上	18 歳以上	20 歳以上
項目			
理由			

39

発問 思考 次の各法律の改正に共通して見られる傾向は何でしょうか。（ワークシート記入）

2014 年 6 月　国民投票法改正…憲法改正についての国民投票の投票権年齢を「18 歳以上」とする（2018 年 6 月 21 日以後の投票）。

2015 年 6 月　公職選挙法改正…選挙権年齢を「18 歳以上」とする（2016 年 7 月の参院選，2017 年 10 月の衆院選で，「18 歳以上」に選挙権が与えられた）。

2018 年 6 月　民法改正…成人年齢を「20 歳以上」から「18 歳以上」とする（2022 年施行）。
　　　　　　　　・婚姻可能年齢を男女ともに「18 歳以上」とする。
　　　　　　　　（現在は男 18 歳，女 16 歳。20 歳未満は親の同意が必要）
　　　　　　　　・契約，パスポートの取得が可能（現在は親の同意が必要）。
　　　　　　　　・普通養子縁組（養親），飲酒，喫煙，馬券の購入などは現状維持で 20 歳以上。

2021 年　　　　少年法改正…18，19 歳を特定少年とし，家裁から検察に送致する対象事件を拡大。特定少年の起訴後は，実名等の報道の制限が解禁される。

発問 思考 青年期は長くなる傾向があるといわれているのに，選挙権年齢が引き下げられたことの理由として，どのようなことが考えられますか。また，近年の法律の動きについて，どう考えますか。（ワークシート記入）

解説 〈解答例〉
　選挙権年齢引き下げの理由
　①少子高齢化が著しく進行している日本において，政策や政治は有権者数の厚い層に向きがちである。国の健全な発展のために若年者や青年にも配慮された政策や政治を促すため
　②若者の政治への関心を高めるため
　③国民投票法における投票権年齢との均衡をとるため
　④多くの国で選挙権年齢が 18 歳以上であるため，など。

〈参考資料〉　世界各国・地域の選挙権年齢・被選挙権年齢分布

上院

	選挙権	被選挙権
	国数（％）	
16 歳	2　（7.1）	
17 歳		
18 歳	25　（89.3）	15　（20.3）
19 歳		
20 歳		
21 歳		9　（12.2）
23 歳		
24 歳		1　（1.4）
25 歳	1　（3.6）	7　（9.5）
30〜39 歳		30　（40.6）
40 歳以上		12　（16.3）

下院

	選挙権	被選挙権
	国数（％）	
16 歳	7　（3.7）	
17 歳	4　（2.1）	2　（1.0）
18 歳	166　（88.8）	65　（33.3）
19 歳		
20 歳	4　（2.1）	1　（0.5）
21 歳	6　（3.2）	57　（29.2）
23 歳		5　（2.6）
24 歳		
25 歳		55　（28.2）
26 歳以上		10　（5.1）

（国立国会図書館調査及び立法考査局『レファレンス 833 号』〈2020.6〉より作成）

事例2 青年期の課題

展開1

発問 思考 資料（1）〜（4）を自分自身と比較しながら読み，自分自身のアイデンティティに
ついて，それが確立に向かっているのか，どのような困難に直面しているのかなど，気がつい
たことをそれぞれワークシートに書きなさい。（ワークシート例は p.45）
「他の人の考え」と「気づいたこと」は，【まとめ】でグループまたは全体での意見交換を終
えてから記入するので，ここでは「自分の考え」だけ記入しましょう。（【展開2】〜【展開
4】も同様）

資料 エリクソンによる青年期の課題

（1）若者は，自ら誰かのために最も意味を持つ場所においてこそ，最も自分自身であること
を学ばねばならないが，この誰かとは，間違いなく，この若者にとって最も重要な意味
を持つようになった他者のことである。「アイデンティティ」という言葉は，〈自分自身
の中で永続する斉一性（自己斉一性）〉という意味と，〈ある種の本質的な特性を他者と
永続的に共有する〉という両方の意味を含んでおり，その相互関係を表しているのであ
る。
（E.H. エリクソン著，西平直・中島由恵訳『アイデンティティとライフサイクル』誠信書房，2011，p.112）

（2）この期間（青年期）を心理的・社会的モラトリアムと捉えることができ，この期間に個
人は，自由な役割実験を通して，社会のある特定の場所に適所を見つける。適所とは，
あらかじめ，明確に定められた，しかもその人にとっては自分だけのために作られたよ
うな場所である。それを見つけることによって，若者は内的連続性と社会的斉一性の確
かな感覚を獲得する。そしてその感覚が，〈子どもだった時の自分〉と〈これからなろう
としている自分〉との橋渡しをし，〈自分について自分が抱いている概念〉と〈属してい
る共同体がその人をどう認識しているか〉を調和させるのである。 （同 p.125）

（3）アイデンティティの形成は，青年期に始まるのでも終わるのでもない。それは生涯にわ
たる発達であり，若者も社会も，その大部分は気づかない。 （同 p.128）

（4）青年期は病気ではなく，標準的な危機であるということ。すなわち，自我の強さが動揺
しているように見えるが，しかし大いに成長する可能性を秘めた，葛藤の増大した標準
的第一段階なのである。 （同 p.131）

解説 （1）はアイデンティティ，（2）は心理的・社会的モラトリアムの意味を説明している。
（3）で「アイデンティティの形成」は青年期の課題とされているが，エリクソン自身，そ
れがなかなか困難であるとともに，一生涯にわたって追求されうるものであることを指摘し
ている。また，（4）でそれゆえにアイデンティティの確立が難しい（アイデンティティ危
機）のもむしろ普通であるとしている。

41

展開２

(発問) **思考** 次の各資料は，古代中国の思想家孔子の言葉です。これらを読んで，孔子にとって学問とは何であったのかを考え，さらにあなたの考えとの共通点や相違点を考えてみましょう。（ワークシート記入）

資料 『論語』（学ぶということ）

・子の曰わく，吾れ十有五にして学に志す。三十にして立つ。四十にして惑わず。五十にして天命を知る。六十にして耳順がう。七十にして心の欲する所に従って，矩を踰えず。

(為政篇4)

〔現代語訳〕

先生がいわれた，「わたしは十五歳で学問に志し，三十になって独立した立場を持ち，四十になってあれこれと迷わず，五十になって天命をわきまえ，六十になって人のことばがすなおに聞かれ，七十になると思うままにふるまってそれで道をはずれないようになった」

（金谷治訳注『論語』岩波文庫，1999，p.35-36)

・子の曰わく，学んで思わざれば則ち罔し。思うて学ばざれば則ち殆うし。(為政篇15)

〔現代語訳〕

先生がいわれた，「学んでも考えなければ，〔ものごとは〕はっきりしない。考えても学ばなければ，〔独断におちいって〕危険である」

※学とは本を読み先生に聞く，外からの習得をいう。 (同 p.42-43)

・子貢が曰わく，斯に美玉あり，匱に韞めて諸れを蔵せんか，善賈を求めて諸れを沽らんか。子の曰わく，これを沽らんかな，これを沽らんかな。我れは賈を待つ者なり。(子罕篇13)

〔現代語訳〕

子貢がいった，「ここに美しい玉があるとします。箱に入れてしまいこんでおきましょうか，よい買い手をさがして売りましょうか」。先生はいわれた，「売ろうよ，売ろうよ。わたしは買い手を待っているのだ」

(同 p.174)

解説 儒教の祖である孔子は，15歳で学問を志したというから，今の高校生と同じくらいである。上流階級の子はもっと早くから教育を受けていたが，自ら志したということ，つまり主体的に学ぼうとしたことが重要かもしれない。生涯，学ぶことをひじょうに重んじたが，新しいことを語るのではなく，先人の教えをまずしっかり学ぶことで，新しいことがわかってくる（温故知新）と説き，よく学んだうえで，自ら考えることの重要性も説いている。またその学問は，世の中を立て直そうとしたものであり，隠遁生活を送る賢者には批判的であった。50代半ばで祖国の魯を出て，14年間，自分を仕官させて国をよくしようとする君主を求める旅を続けた。結局それは叶わず，祖国に戻って教育に努めた。

42

展開3

発問 思考 次の各資料は,「自己実現」とは何かについて述べたものです。これを読んで,あなたが知っている有名人(スポーツ選手,アーティスト,学者など)や身近な人の中から,あなたがこの人は「自己実現」していると思う人を挙げて,その理由を述べてみましょう。(ワークシート記入)

資料 マズローの自己実現

(1) 自分自身,最高に平穏であろうとするなら,音楽家は音楽をつくり,美術家は絵を描き,詩人は詩を書いていなければならない。人は,自分がなりうるものにならなければならない。人は,自分自身の本性に忠実でなければならない。このような欲求を自己実現の欲求と呼ぶことができるであろう。
(A.H. マズロー,小口忠彦訳『改訂新版 人間性の心理学 ーモチベーションとパーソナリティ』(産業能率大学出版部,1987,p.72)

(2) この言葉は,人の自己充足への願望,すなわちその人が潜在的にもっているものを実現しようとする傾向をさしている。この傾向は,よりいっそう自分自身であろうとし,自分がなりうるすべてのものになろうとする願望といえるであろう。

　これらの欲求が実際にとるかたちは,もちろん人により大きく異なる。ある人では,理想的母親になろうとする願望のかたちをとり,また他の人では,運動競技で表現されたり,絵を描くことや発明で表現されたりもする。

　この段階では,個人差は最も大きい。

　この欲求は通常,生理的欲求,安全欲求,愛の欲求,承認の欲求が先立って満足された場合に,それを基礎にしてはっきりと出現するのである。
(同 p.72)

(3) 自己実現を大まかに,才能や能力,潜在能力などを十分に用い,また開拓していることと説明しておこう。自己実現的人間とは,自分自身を実現させ,自分のなしうる最善を尽くしているように見え,ニーチェの「汝自身たれ!」という訓戒を思い起こさせる。彼らは自分たちに可能な最も完全な成長を遂げてしまっている人々,または遂げつつある人々である。
(同 p.223)

解説 発達心理学者のマズローは人間の欲求の相対的強さで発達を捉えたことで知られる。

　⑤~①の優先順に並んだ欲求は,低いものから順番に現れ,その欲求がある程度満たされると,次の欲求が現れるとした。

　その最終段階が自己実現の欲求で,彼は様々な年齢や職業の人々にインタビューし,自己実現段階に至った人々の特徴を考察している。

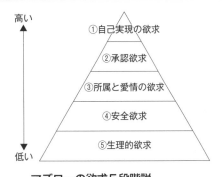

マズローの欲求5段階説
*マズロー自身はこうした図表を示していない。

展開4

(発問) **思考** 次の資料は，第二次世界大戦中にナチスドイツの侵攻に敗れたフランスの若者について のものです。このような状況に置かれたとき，あなただったらどのような選択をするで しょうか。（ワークシート記入）

資料 実存主義

　彼は次のような事情で私に会いにきた。（略）母親は彼と二人きりの生活で，夫になかば裏 切られ，長男に戦死されたことをひどく悲しんで，ただ彼ひとりに慰めを見出していた。この 青年はそのとき，イギリスにむかって出発し，自由フランス軍に投じるか，つまり母親を捨て るか，それとも母のもとにとどまり，母の生活を助けるか，どちらかを選ぶ立場にあった。彼 は母親がただ彼だけを頼りに生きていること，彼がいなくなれば——おそらく戦死するかも知 れない——母は絶望にたたきこまれるだろうことをよく理解していた。彼はまた，けっきょく のところ具体的にいって，自分が母のためになす一つ一つの行為は，彼が母の生活を助けてい るという意味においてみな保証をもっているが，それに引きかえ，出発し戦うためにする一つ 一つの行為は，水泡に帰するかも知れない，なんの役にも立たないかも知れない不確定な行為 であることもよくわかっていた。（略）したがって彼ははなはだ異なる二つの型の行為に直面 していたわけである。一つは具体的であり直接的であるが，しかし一個人にたいして行なわれ るもの。さもなければ，それよりも無限に大きい全体，国民の集合体にたいして行なわれる行 動，しかしそのために曖昧であり，途上で中断されるかも知れない行動である。また彼はそれ と同時に，二つの型のモラルのあいだにためらっていた。一方は同情のモラル，個人的献身の モラルであり，もう一方はもっと広い，しかし効果のいっそう疑わしいモラルである。二つに 一つを選ばねばならない。しかし誰が選ぶのを助けてくれるだろう。（略）彼は私を訪ねてき たとき，私のしようとする返事を知っていた。そして私はただ一つしかなすべき返答をもたな かった。「君は自由だ。選びたまえ。つまり創りたまえ」と。いかなる一般道徳も，何をなす べきかを指示することはできない。この世界に指標はないのである。

（J. P. サルトル著，伊吹武彦訳「実存主義はヒューマニズムである」『実存主義とは何か』人文書院，1996，p.52-56）

解説 自分で自分の生き方を決めるということは，主体的な生き方といえる。青年期の進路決定 は，その一つの関門である。しかし私たちは常に，自分で自分の生き方を選びとっているの であり，そのことは戦争など生死にかかわってくるような限界状況において，特に浮かび上 がってくる。

事例2 青年期の課題

まとめ

・【展開1】～【展開4】で記入したワークシートを手がかりに，グループや全体で意見の交換をさせる。
・意見交換をした後で，ワークシートの「他の人の考え」および「気づいたこと」に記入させる。

ワークシートの例

1．エリクソンによる青年期の課題

	自分の考え	他の人の考え	気づいたこと
（1）			
（2）			
（3）			
（4）			

【展開2】～【展開4】も同じ枠組みで作っておく。

■学習内容のまとめと評価

・知識・技能については，扱った資料の概念について，語や意味を問う。
・思考・判断・表現については，ワークシートを用いる。
　①資料をよく理解したうえで「自分の考え」を記入しているか。
　②「他の人の考え」をよく聞き取っているか。
　③意見の交換を通じて，自分の考え以外の「気づいたこと」が書けているか。

■公共・道徳・倫理との関連

・「公共」Bの主題には直接つながりはないが，「内容の取扱い」（3）カ（イ）に示されるような協働の基礎となる自己と他者の意見交流を学ばせる。
・中学校「特別の教科 道徳」との関連は，A～Dまで幅広い。
・「倫理」では，A（1）ア（ウ）「善，正義，義務」とのつながりで，「内容の取扱い」（3）イ（イ）「青年期の課題を踏まえ」につなげる。

（伊藤昌彦）

45

事例３

あなたにとっての美とは何か？

指導要領【公共】A（1）

（1）ア（イ）人間は，個人として相互に尊重されるべき存在であるとともに，対話を通して互いの様々な立場を理解し高め合うことのできる社会的な存在であること，伝統や文化，先人の取組や知恵に触れたりすることなどを通して，自らの価値観を形成するとともに他者の価値観を尊重することができるようになる存在であることについて理解すること。

指導のねらい

①「美とは何か」を題材に，イデア論と遠近法主義を理解させる。
②自分は何からものの見方が変わるような「力」を得ているのかを考え，お互いに理解する。

学習内容・授業方法等の概説

・「美とは何か？」という問いについて，「主体的・対話的に考察，構想し，表現できるよう」にする。（内容の取扱い（3）ア）
・「自分にとっての美とは何か？」という問いについて，「論拠を基に自分の意見を説明，論述させたりすることにより，思考力，判断力，表現力等を養う」。（内容の取扱い（3）エ）

学習指導案

	授業内容	備考
導入	「美人（イケメン）といえば誰だと思うか」「なぜ，その人を美人（イケメン）と判断できるのか」考えさせる。 （5分）	芸能人等の写真 ワークシート①
展開	（1）対話的美術鑑賞を行わせる。 （20分） ・美術作品の多様な見方を経験させる。 ・美術作品の見方を通じて，他者理解の在り方について考えさせる。	ワークシート②
	（2）「美そのもの・美の本質とは何か？」を考えさせる。 （20分） ・プラトンのイデア論を理解させる。 ・ニーチェの遠近法主義を理解させる。 ・印象派の絵画を題材に，一般性と特異性を理解させる。	プリント資料 ・プラトン，ニーチェなどの文献 ・スーラ，モネ，ゴッホの絵
まとめ	「哲学とは，「新しい概念」（＝ものの見方）をつくり出すこと」という考え方を提示し，そのことが実感できたかどうかを考察させる。 （5分）	プリント資料 ・ドゥルーズの文献

事例3 あなたにとっての美とは何か？

授業展開 ◆あなたにとっての美とは何か？

●準備●

・4～5人のグループをつくる。

・【導入】及び【展開1】【展開2】で使用する写真や美術作品を，プロジェクターなどによって生徒全員が見られるようにする。美術作品については，複製画などが用意できればなおよい。

・ ワークシート ， プリント資料 を配布する。

導入

資料 芸能人等の写真

インターネットで教員が探した，美人（イケメン）といわれている芸能人の写真をプロジェクターで提示する（インターネットの検索エンジンで，「美人」「イケメン」「芸能人」等のキーワードで検索し探しておく）。

発問 思考 「美人（イケメン）」といえば誰だと思いますか。

発問 思考 その人を「美人（イケメン）」だと思う理由は何ですか。

解説 各自が ワークシート① に記入した後，グループ内で発表し，話し合わせる。その後，【展開1】【展開2】のうちいずれか，または両方を行う。【展開1】は文献資料の読み取りを含まないが，【展開2】は含むので，生徒の状況や配当時間を考慮して実施する。

ワークシート①

　　　　　　　　　　　　　　　　年　　　組　名前

左側の欄に自分の思ったことを，右側の欄にグループ内で出た意見を書こう。

1．「美人（イケメン）」といえば誰だと思いますか？

| | |
| | |

2．その人を「美人（イケメン）」だと思う理由は何ですか？

| | |
| | |

47

展開1

解説 以下の手順で，対話的美術鑑賞を行わせる。

まず，絵画作品を誰からでもよく見えるように提示する。

・ポスター，プロジェクターなどを適宜活用する。

・【展開2】を行う場合は，スーラ「グラヴリーヌの運河，夕暮れ」，モネ「睡蓮」などの印象派の絵画を素材にするとよい。

発問 **思考** 作品を鑑賞した感想，印象はどうですか。まず，あなたが感じたことだけをもとにして，他の人と話をしないで，ワークシート②の①〜③に，あなたの意見を書いてください。

→ポスターなどの場合は，近くで見たいなどの要望が出ることがある。自由に見させてよいが，しゃべらないように注意する。

発問 **表現** それでは机を動かして(4〜6人程度の)グループをつくって，お互いにワークシート②の①〜③に書いたことを発表し，メモを取りましょう。

→必要に応じて，傾聴の注意（他の人が話しているときには質問したり，割り込んだりしない）をする。

発問 **思考** それでは，グループごとに，誰の意見がよかったか，説得力があったか，話し合ってください。

→結論をまとめさせる必要はないが，様子を見ながら時間をとってワークシート②を完成させる。グループごとに興味深い「新しいタイトル」を発表させてもよい。

解説 このような作品理解を通じて，実はこのような手続きが他者理解にも有効であることを指摘し，気づかせる。つまり，他者理解においても，個人の印象，世間の評判（レッテル），肩書などに固執することはあまり有効ではないことを確認させる。

多様な意見に触れることが作品（他者）に対する考えや印象を一面的なものから「多面的・多角的」なものへと変化させ，わたしたちを深い理解に導くという体験をさせる。そしてもう一歩進んで，最初のなんとなく出た一面的な考えや印象を振り返ると，それもやはり社会の中で学んだ通俗的理解，一種のレッテル貼りのオウム返しであったかもしれないと気づくこともできる（キルケゴールのいう「平均化」，ハイデガーのいう「世人」にもつながる）。

「人間としての在り方生き方」を考えるためには，すでに公共的な空間を生きてしまっているわたしたちにとって「個人と社会との関わり」を自覚的に考え直すことが必要であり，そのためには通俗的な一面的理解を打ち破るような「多面的・多角的な考え」に触れることが必要である。そのことを芸術作品を通して実感させ，主体的・対話的に深く学ぶことを動機づける授業にしたい。

事例3　あなたにとっての美とは何か？

ワークシート②

年　　組　名前

①この作品にタイトルをつけてください。

「　　　　　　　　　　　　　　　　　　　　　　　　　　　　　　　」

②この作品の，一番気になるところ（ひきつけられたところ）を教えてください。

③②にどういう意味があると思いますか？　どんな印象ですか？　解釈してみましょう。

④①〜③をグループ内で紹介し合ってください。
✎複数の視点から見えてきたことをメモしましょう。

⑤あらためてタイトルをつけ，批評家となってこの作品を解説してください。

「　　　　　　　　　　　　　　　　　　　　　　　　　　　　　　　」

✎この作品の批評を書きましょう。

49

展開2

解説 【展開1】を受けて, プリント資料 を使いながら ワークシート③ に記入させ, 「美とは何か」という問いから, 哲学のあり方につなげていく。生徒の状況によって実施が難しければ, ゴッホの「ひまわり」を提示して, 【展開1】と同様に進めてもよい (その際は プリント資料 と ワークシート③ は使わない)。

発問 **思考** プリント資料 の1は, 古代ギリシアのプラトンの著作からの引用です。ここだけだとわかりにくいかもしれませんが, 「美とは何か」という問いに対して, あなたならどのように答えますか。

解説 美とは何かについて考えさせるとともに, 生徒の状況に応じて, 正義とは何か, 善とは何か, などの同様な問いについて考えさせてもよい。

発問 **表現** プリント資料 の2もプラトンの著作です。これを読んで, 「美そのもの・美の本質」とは何であるといっているのか, あなた自身の言葉に置き換えて説明してみてください。

解説 プリント資料 の1と合わせて読ませてもよい。プラトンのイデア論について, 「黒板に書かれた三角形」から, どのような三角形を描いても, 真の三角形 (三角形のイデア) を描くことはできないこと, しかしそれでも幾何学では三角形のイデアに基づいて理論を立てていくことができること, などを説明するとよい。

発問 **思考** プリント資料 の3〜7は, 19世紀末のドイツの哲学者ニーチェの言葉です。これらを読んで, プラトンとの考え方の違いがどこにあるか考えてみましょう。

〈板書事項〉

プラトンのイデア論	ニーチェの遠近法主義
〜そのもの, 本質	各自が, 生きるために認識する
観照	解釈, 価値評価
一般性	特異性
表象 representation	表現 expression

解説 印象派の絵画が自然の中の美しさを絵画の中に「表象 representation (＝再認)」しているのに対し, たとえばゴッホの「ひまわり」は, ひまわりから受け取った〈力〉を「表現 expression」しているといわれる。前者が一般性を表象しているのに対して, 後者は特異性 (singularité) を示していると, フランスの哲学者ドゥルーズ (1925-95) は言う。そこでは, 「再認」ではなく「出会い」が起こる。この「出会い」がわれわれの魂を揺さぶり, 魂を困惑させ, 一つの問題を立てるように魂に強制する。その時々の, 新しいがゆえに過去の伝統と大きく摩擦を起こすアートこそ, その「表現」が「再認」ではない新しい「出会い」を生む。解釈しかないとするニーチェの「遠近法」の哲学は, このような過程を経て, 問題は美を離れて〈力〉に向かっていく。

50

事例3 あなたにとっての美とは何か？

まとめ

（発問）（表現） 次の言葉は，フランスの哲学者ドゥルーズのものです。

「哲学とは，観照やコミュニケーションではなく，「新しい概念」（＝モノの見え方）をつくり出すこと。」

(G. ドゥルーズ・F. ガタリ著，財津理訳『哲学とは何か』河出書房新社，2012，p.11)

今日は美術作品を通じて「新しい概念」，新しいモノの見え方が現れる経験をしたでしょうか。

できたという人は，その経験を話してください。できなかったという人は，できた人の経験を聞いてください。

最後に，ワークシートの余白か裏に，今日の授業の感想を書いてください。

解説 ここでは「哲学とは」という説明を詳しくするのではなく，「美について」話し合ったことが哲学なんだなあ，ということに気づかせればよい。

ワークシート③

年　　組　名前

左側の欄に自分の思ったことを，右側の欄にグループ内で出た意見を書こう。

1．美とは何か？

2．「美そのもの・美の本質」とは何か？

3．プラトンとニーチェの考え方の違いは？

51

■ 学習内容のまとめと評価

・評価方法　「思考・判断・表現」についてはワークシートへの記入状況，感想を書かせた場合はそれも含めて，自分の意見を表明するとともに，他者の意見を聞き取っているか，それを受け入れようとしているか，さらには自分の意見と他者の意見を交えて考察したり，よりよいものにしようとしているかを見る。

■ 公共・道徳・倫理との関連

・「公共」Bの主題には直接つながりはないが，「内容の取扱い」（3）カ（イ）に示されるような協働の基礎となる自己と他者の意見交流を学ばせる。

・中学校「特別の教科　道徳」D 21「感動，畏敬の念」「美しいものや気高いものに感動する心をもち，人間の力を超えたものに対する畏敬の念を深めること」の前半部「美しいもの」についての学びを深める。

・「倫理」では直接「美」を扱う箇所はないが，A（1）ア（イ）について書かれた「内容の取扱い」（3）イ（ウ）において「芸術家とその作品」との記述があり，「解説」（p.97）によれば「美を求める心」や「美の概念」について言及されている。

(菅野功治・古賀裕也)

Column

生成 AI (generative artificial intelligence) とアート

　テレビニュースを見ていると，「AI 音声」によるニュースの読み上げに切り替わることがある。発音や抑揚がきわめて自然になっていて，言われないと気付かないこともある。ネットショッピングのサイトで商品の口コミを読もうとすると，書き込まれている内容を分類・要約して表示してくれるが，これも AI が自動的に行っている。

　このような AI による便利な機能が，急激に身近に入り込んできているが，その使い方についてさまざまな問題が指摘され，その対策が追いついていない状況がある。

　生成 AI は，インターネット上に公開されているデータを訓練データとして取り込んで機械学習を行うことによって，新しいデータを出力する仕組みであり，学校における取り扱いについても多くの課題が指摘されてきた。すでに幅広い分野の創作活動にも使われて，アートにおいては，例えば「春を感じさせる風景の中に立っている人」などと文章で入力すると，絵画として成立するレベルでの作品が出力される。歌詞付きの楽曲を出力することもできる。ここでまず指摘される問題は，訓練データとして使われた絵画や楽曲の著作権の侵害である。

　次に，出力されたデータの著作権の帰属である。生成 AI で作成した作品を，作家自身の作品として公表することの是非が問われる。また，多くのアーティストの仕事を奪う可能性もある。共同作業で作られるイラストレーションは，複数のイラストレーターがアシストしていることも多いが，そうした作業を生成 AI に任せられるようになる。

　最後に，SNS に悪意ある合成画像が拡散される問題である。合成画像であることがはっきりわかるようなものと違って，そうとは気づかれにくいようなレベルの画像が生成されるようになってきている。いわゆるディープ・フェイクである。

◇身の回りに AI が応用されている例を挙げてみよう。
◇学校の IT 環境の内で利用できる無料の生成 AI があれば，実際に試してみよう。
◇これらの課題について，現在どのような取り組みがなされているか，調べてみよう。

(和田倫明)

事例3 あなたにとっての美とは何か？

プリント資料

1. あなたは，「美しい乙女（おとめ）」や「美しい牝馬」や「美しい竪琴（たてごと）」や「美しい土鍋」や「美しい神々」などの美しくもあるが，それに劣らず醜くもあるもののことを答えていますが，こちらはあらゆる美しいものを〈美〉たらしめているところの「美そのもの」を，「何が美しいかではなく」「美とは何か」を尋ねているのです。

（プラトン著，北嶋美雪訳「ヒッピアス（大）」『プラトン全集10』岩波書店，1975，p.21-28 を参考に作成）

2. まず第一にその〈美〉は，常にあるものであり，生じることも滅びることもなく，増大することも減少することもないもの，次にそれは，ある面では美しいが，他の面では醜いというのでもなく，ある時には美しいが，他の時には美しくないというのでもなく，これとの関係では美しいが，あれとの関係では醜いというのでもなく，また，ちょうどある人々にとっては美しいが，他の人々にとっては醜いというように，ここでは美しいが，むこうでは醜いというのでもありません。（略）それはそれ自身がそれ自身だけでそれ自身とともに，単一の相をもつものとして，常にあるものであって，他の美しいものはすべて，何か次のような仕方でその美を分けもっているのです。すなわち，他の美しいものが生じたり滅んだりしても，かのものはそれによって少しも増えたり減ったりすることはなく，また何一つ影響を受けることもないのです。

（プラトン著，朴一功訳「饗宴」『饗宴／パイドン』西洋古典叢書，京都大学学術出版会，2007，p.119）

3. 美そのものは，善そのもの，真そのものと同じく現存してはいない。美とは，快適（有用）で，有益で，生を上昇せしめるものである。

（ニーチェ著，原佑訳『ニーチェ全集13 権力への意志（下）』ちくま学芸文庫，1993，p.316-317 を参考に作成）

4. 事実なるものはなく，あるのはただ解釈のみ。世界はおのれの背後にいかなる意味をももってはおらず，別様にも解釈されうるのである。——遠近法主義（パースペクティヴィズム）。世界を解釈するもの，それは私たちの欲求であり，衝動である。いずれの衝動も一種の支配欲であり，いずれもがおのれの遠近法を規範とする。

（同 p.27 を参考に作成）

5. 従来のさまざまな解釈は，遠近法にもとづく価値評価であって，それによってわれわれは自己の生を，つまり力への意志を，力への成長の意志を保持してきたのである。

（ニーチェ著，三島憲一訳「遺された断想（1885 年秋～87 年秋）」『ニーチェ全集 第2期第9巻』白水社，1984，p.156）

6. 真理を動機としてではなく，権力を，優越したいとの意欲を動機として，真理に到達する方法がみいだされてきた。高揚された権力の感情によって，有用性によって，要するに利益によって，真理は証明される。

（ニーチェ著，原佑訳『ニーチェ全集12 権力への意志（上)』ちくま学芸文庫，1993，p.444）

7. 人間の知性はその分析に際して，自分自身を自らのパースペクティブ（遠近法）に基づく形式のもとで見るほかはなく，これらの形式のなかでしか見ることができない。

（ニーチェ著，村井則夫訳『喜ばしき知恵』河出文庫，2012，p.432）

> 事例4

伝統や礼の意義
―孔子の思想を手がかりに考える―

> 指導要領【公共】A（1）

（1）ア（イ）伝統や文化，先人の取組や知恵に触れたりすることなどを通して，自らの価値観を形成するとともに他者の価値観を尊重することができるようになる存在であることについて理解すること。

指導のねらい

①儒学思想の内容理解を通じて，「礼」についての考えを深めさせる。

②クラスメートとの対話を通じて，考えの異なる他者に応答し，共に探究できるようにさせる。

③「伝統や文化，先人の取組や知恵」の意義を深く理解させ，社会の担い手として伝統と適切に関わっていくことのできる態度を養わせる。

学習内容・授業方法等の概説

・「伝統や文化，先人の取組や知恵」（（1）ア（イ））の意義を理解させつつ，同時に「現代の諸課題を主体的に解決しようとする態度を養」（「目標」（3））おうとすると，そこに矛盾を感じる生徒も出てくる。つまり，伝統や先人の知恵に比べてちっぽけな自分が何を考えても無意味だと感じたり，逆に，伝統は現代の諸課題を生んだ因習にすぎないと軽視したりするという懸念がある。そこでこの授業では，儒学（特に孔子）の思想を手がかりに「伝統や文化，先人の取組や知恵」そのものを主題として，みずから問い，考えることによって，伝統と主体的な課題解決の両方についてより深く理解し，社会の形成者としての態度を養うことを目指す。

学習指導案

	授業内容	備考
導入	テーマとなる「今日の問い」について考えさせる。 「伝統的なしきたりや礼儀は大事だと思う？　それはなぜ？」　（10分）	ワークシートA に記入（個人）
展開	1．孔子の思想についての講義　　　　　　　　　　　　　　　（10分） 　　　キーワード：「礼」「仁」	教員による講義（生徒に担当させても可）
	2．グループまたは全体での対話　　　　　　　　　　　　　　（20分） 　　→孔子の考えを吟味する 　　・孔子の考えがあてはまる具体例を挙げさせる 　　・孔子の考えの反例や，反論を考えさせる 　　・あらためて最初の問いに戻って考えさせる，など	数人のグループに分かれて対話（慣れていればクラス全員でも可）
まとめ	講義と対話を経て，最初の問いについて，あらためて今考えていることを書かせる。　　　　　　　　　　　　　　　　　　　　　　（10分）	ワークシートB に記入（個人）

54

事例4 伝統や礼の意義

授業展開 ◆伝統や礼の意義
―孔子の思想を手がかりに考える―

導入

(発問) 思考 | ワークシートA | (p.60) で、「今日の問い」を確認してください。

まずは一人ひとりで考え、現時点での自分の意見とその理由を書きましょう。

解説 自分の問題として考えるモードに入らせることが目的。

手が止まっている生徒が多い場合、誘導しすぎることのないよう留意しつつ、教員は生徒に日常生活の中での体験や疑問を思い起こさせるような声かけをする。たとえば、学校の伝統行事や部活動の規範などの学校生活に関わることや、お祭りや墓参りなどの地域や家庭の中でのできごと、伝統芸能や相撲などの文化に関することなど、様々な観点が考えられる。

展開

(発問) 技能 次の資料を読んで、孔子が伝統や礼についてどのように考えていたのか読み取りましょう。（一通り黙読させる、一つ一つ音読させ解説するなど、生徒に合わせる）

資料 『論語』

・子の曰わく、故きを温めて新しきを知る、以て師と為るべし。（為政篇11）

〔現代語訳〕

先生がいわれた、「古いことに習熟して新しいこともわきまえれば、教師となれるだろう」

（金谷治訳注『論語』岩波文庫，1999，p.40-41）

・子の曰わく、我れは生まれながらにしてこれを知る者に非ず。古えを好み、敏にして以てこれを求めたる者なり。（述而篇19）

〔現代語訳〕

先生がいわれた、「わたくしは生まれつきでものごとをわきまえた者ではない。昔のことを愛好して一所懸命に探究している者だ」

（同 p.139）

・子の曰わく、述べて作らず、信じて古えを好む。（述而篇1）

〔現代語訳〕

先生がいわれた、「〔古いことにもとづいて〕述べて創作はせず、むかしのことを信じて愛好する」

（同 p.127）

・有子が曰わく、礼の用は和を貴しと為す。先王の道も斯れを美と為す。小大これに由るも行なわれざる所あり。和を知りて和すれども礼を以てこれを節せざれば、亦た行なわるべからず。（学而篇12）

〔現代語訳〕

有子がいわれた、「礼のはたらきとしては調和が貴いのである。むかしの聖王の道もそれで

55

こそ立派であった。〔しかし〕小事も大事もそれ（調和）に依りながらうまくいかないこともある。調和を知って調和していても，礼でそこに折りめをつけるのでなければ，やはりうまくいかないものだ」

※礼とは，主として冠・婚・葬・祭その他の儀式のさだめをいう。社会的な身分に応じた差別をするとともに，それによって社会的な調和をめざすのである。

(同 p.28)

・顔淵，仁を問う。子の曰わく，己に克めて礼に復るを仁と為す。一日己を克めて礼に復れば，天下仁に帰す。（略）子の曰わく，礼に非ざれば視ること勿かれ，礼に非ざれば聴くこと勿かれ，礼に非ざれば言うこと勿かれ，礼に非ざれば動くこと勿かれ。(顔淵篇1)

〔現代語訳〕

顔淵が仁のことをおたずねした。先生はいわれた，「わが身をつつしんで礼〔の規範〕にたちもどるのが仁ということだ。一日でも身をつつしんで礼にたちもどれば，世界じゅうが仁になつくようになる。（略）先生はいわれた，「礼にはずれたことは見ず，礼にはずれたことは聞かず，礼にはずれたことは言わず，礼にはずれたことはしないことだ」

(同 p.224)

・子の曰わく，恭にして礼なければ則ち労す。慎にして礼なければ則ち葸す。勇にして礼なければ則ち乱る。直にして礼なければ則ち絞す。(泰伯篇2)

〔現代語訳〕

先生がいわれた，「うやうやしくしても礼によらなければ骨が折れる。慎重にしても礼によらなければいじける。勇ましくしても礼によらなければ乱暴になる。まっすぐであっても礼によらなければ窮屈になる」

(同 p.151)

・子，大廟に入りて，事ごとに問う。或るひとの曰わく，孰か鄹人の子を礼を知ると謂うや，大廟に入りて，事ごとに問う。子これを聞きて曰わく，是れ礼なり。(八佾篇15)

〔現代語訳〕

先生は大廟の中で儀礼を一つ一つたずねられた。ある人が「〇の役人の子供が礼を知っているなどとだれがいったんだろう。大廟の中で一つ一つたずねている。」といったが，先生はそれを聞くと，「それ（そのように慎重にすること）が礼なのだ」といわれた。

※大廟とは，始祖の霊廟。ここでは，魯の周公の廟。

(同 p.60-61)

1．孔子の思想についての講義

　　　以下が要点となる。

　　　・春秋時代の社会的道徳的混乱を解決する道筋が，過去の周王朝に求められたこと

　　　・具体的な振る舞いや作法である「礼」と，内面的な「仁」とが結びついていること

　　　・「礼」が社会秩序をもたらしうる力をもつこと（礼楽政治）

解説　【導入】の「今日の問い」との応答関係を明確にしながら，簡潔に解説する。国語科と連携しながら「温故知新」などの内容を扱うことも考えられる。

　　　　孔子は中国の春秋時代，魯の国の人。その思想については，孔子の孫弟子の世代に編纂されたといわれる『論語』が，その原型にもっとも近いと考えられている。その生涯について

は，後の時代に司馬遷が『史記』の「列伝」で取り上げた内容が語られることが多いが，歴史的事実である可能性は低いといわれる。とはいえそれらをつなぎ合わせると，決して高い身分とはいえない出自の一人の若者が，中国古来の「礼」に従った政治のあり方を理想として学び，その学識が評判となって弟子が集まるようになって，その中から出世する者も出てきたため，さらに有名になったものと思われる。彼自身は，魯の国で一定の地位に就いたが，政治の堕落に絶望して職を辞したと伝えられているが，確かではなく（『論語』にはその証拠となるような記述がない），晩年仕官先を求めて諸国を回るが失敗したということはおそらく事実である。

　孔子が追求したのは，彼によれば「礼」にしたがって政治を行っていたという，周の時代を理想とする徳治主義であった。しかし，現実の政治は春秋からさらに戦国時代へと移り変わっていき，諸子百家と呼ばれるさまざまな思想が展開していく混乱の時代に入っていた。やがて秦による統一がなされると，古代国家を理想とする儒家思想は弾圧される（焚書坑儒）が，続く漢の時代には，むしろ儒家思想は国家の安定にふさわしいと考えられ，官学として以後の中国に長く普及することになった。

　孔子の思想といえば，心のあり方としての「仁」と，態度や振る舞い方としての「礼」がセットになっていて，この「礼」を重んじるということが，理性や精神性を重んじる西洋近代思想や形式主義を嫌う傾向から，批判されることや「時代遅れ」と見られることも多かった。しかし，近年西洋からも評価されるのは，むしろその「身体性」を重んじたことに先進性がある点である。簡単にいうと，身体を整えることによって精神が整うということで，たとえばよい呼吸法やよい姿勢が精神的にもよい効果があることがわかってきたからである。「型」から入るということである。もちろん，孔子も単なる形式主義は否定している。

・人にして仁ならずんば，礼を如何。人にして仁ならずんば，楽を如何。（八佾篇3）
　〔現代語訳〕人として仁でなければ，礼をどうこう言えるだろうか。人として仁でなければ，楽をどうこう言えるだろうか。

・礼と云い礼と云うも，玉帛を云わんや。楽と云い楽と云うも，鐘鼓を云わんや。（陽貨篇11）
　〔現代語訳〕礼だ礼だというけれども，それは美しい玉や立派な布のことを言うのだろうか，楽だ楽だというけれども，それは鐘や太鼓のことを言うのだろうか。

　いずれも，精神性としての「仁」＝人を愛することがなければ，礼も楽もむなしいといっている。
　ところで礼楽といって「楽」＝音楽や舞踊が並んで述べられることにも違和感を感じやすい。この点については，「もし大好きな人を家に呼ぼうとしたら，どういうもてなしをするかな？　部屋をきれいに片づけて，おいしい食事やお菓子を用意して，音楽や動画を楽しむというのは，今でも通用するよね？」というとわかりやすい。オリンピックの開会式をイメージさせてもよい。そして，そうした儀礼なしで，精神性だけをもってきても，かえって心を通じ合わせることが難しいことに気づかせるとよい。つまり，礼楽は，単に社会秩序をもたらすだけのものではないことにも気づかせたい。

2. グループまたは全体での対話

(発問) (思考) 1. で学習した孔子の思想にあてはめながら,「今日の問い」についてグループ（または全体）で話し合いましょう。

(解説) 対話に慣れていない場合は,

①孔子の考えは,具体的にどのような場面にあてはまるか（具体例を挙げさせる）

②孔子の考えではうまくいかない場合はあるか（反例を考えさせる）

③①②をふまえて,あらためて「今日の問い」についてどう考えるか,などの段階を踏んで考えさせることもできる。

(解説) 1. で学習した内容を誤解したまま,安易な反論に走らぬよう留意させる。

それぞれが自分の考えを「発表する」のではなく,「他者の考えに耳を傾け,応答する」ことによって,対話的に考えを深めるよう働きかける。

まとめ

(発問) (表現) グループ（または全体）で話し合った結果をふまえて,いまの自分の考えと,今後考えていきたい問いを ワークシートB (p.61) に書きましょう。

(発問) (主体) グループ（または全体）での話し合いを振り返って,自己評価をしてみましょう。

(解説) 先哲の思想を学習したり,クラスメートの考えを聴いたことによって,授業のはじめよりも自身の考えが明確になったり,深まったりしたことが実感できるよう,適宜声をかける。

■学習内容のまとめと評価

・評価方法

①思考・判断・表現の取り組みを,教員が見て取って評価するのは難しい。考えの深まりや,対話への参加度,クラスメートへの態度等について,自己評価を継続することが望ましい。

②知識・技能については,内容理解や,思考力・表現力の向上は,下記のような試験問題によって評価することができる。また,ワークシートの最初と最後の考えを比較することによって,教員（および生徒本人）が思考や表現の深まりを見て取ることができる。

・試験問題例

〈基礎〉

問1 (知識) 孔子の思想についての理解度を確認する問題

・論述で説明させる問題のほか,穴埋め形式や一問一答形式で「仁」「礼」などの基本用語を問う問題,正誤問題など,様々な形式が考えられる。ただし,授業で扱ったポイントが,孔子の「主張」として捉えられる問題がよい。

問2 (思考) 問1で答えた孔子の考えに対して,あなたはどう考えますか。授業をふまえて,具体例を挙げながら,詳しく述べなさい。

・問1の内容と,問2の記述内容が噛み合っているか

・具体例が適切に挙げられているか

・根拠が十分に述べられているか

・論理的一貫性があるか，などの観点から評価することができる。

〈応用〉

問1 　主体 「伝統」や「礼」にまつわる問いを，なるべく多様な観点から10個立てなさい。

問2 　思考 問1で立てた問いの中から一つを選び，あなたの考えを論じなさい。ただし，その中で必ず，孔子の考えについて言及すること。

※生徒が自身で問題を明確にし，先哲の考えを論述したうえで応答する必要があるため，〈基礎〉の問題よりも難易度が上がるが，より授業に合致した仕方で成績評価ができる。

　なお，問2の採点基準は，〈基礎〉の問題と同様，「孔子の思想についての内容理解」と「自身の考えの論述」の大きく二つに分けることができる。

※なお，いずれの出題方法の場合も，授業で扱ったことがそのまま問われて，試験での思考や表現に生きるような設計になっていることが望ましい。また，採点の負荷を考え，生徒たちに留意すべき点を明確に示しつつ，採点基準をあまり煩雑にしないことも必要である。

■他の授業例など

・この授業のワークシートは，「今日の問い」をその時間のテーマに，「一緒に考える先哲」の欄を学習内容に書き替えることによって，どの単元の授業でも用いることができる。とりわけ，先哲の思想を手がかりに自身の在り方生き方について考える場合や，現代の課題について検討する場合など，生徒が自分自身に引きつけて考えることが特に期待されるときに有用である。また，繰り返し同じ形式のワークシートを用いることによって，他者と共に考え，主体的に課題に応答しようとする「態度」（姿勢）を涵養していくことができる。

■公共・倫理との関連

・この授業の主題は，「公共」や「倫理」で日本思想の「古学派」について学ぶ際にも合わせて扱うことで，より考えを深めることができる。つまり，同時代の課題に取り組む際に，新しいアイデアを提示するだけではなく，「先王の道」などの過去のあり方（原点）に立ち返り学ぼうとする動きが繰り返し現れるのはなぜか，という観点から理解を深めることができる。

・「倫理」では，さらに儒学の「礼」について深く学ぶことによって，授業のテーマである伝統や礼についての考えを深めることができる。特に，荀子の「礼治主義」と法家（韓非子）の「法治主義」との違いを学び，議論するなどの展開が考えられる。

〈参考資料〉

・マイケル・ピュエット『ハーバードの人生が変わる東洋哲学』早川書房，2016
　「礼」を軸とした中国哲学史が描かれている。現代のハーバード大学生にとって身近に感じられる具体例が多く書かれており，高校生に中国思想をアクチュアルな問題として捉えさせるために多くの示唆が得られる。

・河野哲也『「子ども哲学」で対話力と思考力を育てる』河出書房新社，2014
　この授業の対話は必ずしも「子ども哲学」（哲学対話，Ｐ４Ｃ）の形式で行わなくてよいが，公共的資質を育てるための対話において留意すべき点や，評価の観点について参考になる。

（神戸和佳子）

ワークシートＡ

　　　月　　日（　　）　　　　　　　年　　組　　番　氏名：

「今日の問い」

　　昔から続く伝統的なしきたりや儀礼は，大事だと思う？

　　　　（そう思う／思わない「理由」も合わせて書いてください。）

　　　　（どちらとも言えないときは，場合分けをしてください。）

＜いまの私の考え＞

※先哲が取り組んだ問題を，生徒たちがみずからの問題として
　引き受けられるような形に書き替え，授業の主題とする。

一緒に考える先哲　　（教科書 p.　　　　　　資料集 p.　　　　　　　　　）

【基本情報】

　　［　孔子　］（前 551 頃〜前 479）

　　春秋時代末期，魯の国に生まれる。

　　言行や思想は［　　『論語』　　］にまとめられている。

（似顔絵を描こう）

※この欄は，教員が講義をしやすいように，自由に編集する。
　10〜15 分程度の講義で要点がつかめるよう，簡潔にまとめる。

60

ワークシートB

＜クラスメートとの対話メモ＞

※対話の時間は，対話に集中して，考えを深めることが望ましい。そのため，ここはあくまで印象に残った意見を書き残すためのメモ欄として活用し，この欄の記述内容は評価しない。
（何も書かなくても OK）

＜先哲やクラスメートの考えをふまえて，いま私が考えていること＞

※この欄は，なるべく詳しく書く。
　　最初の考えからの変化がわかるように書くとよい。

※授業の振り返りを「問い」の形にすることによって，今後も考え続けることを促す。

→いま私の心に浮かんでいる問いは…

今日の自己評価 （○をつける）

・安心して考えられる対話にできた？　　　　5　4　3　2　1
・クラスメートの考えをよく聴けた？　　　　5　4　3　2　1
・考えは深まった？　　　　　　　　　　　　5　4　3　2　1
・その要因は？

事例5

宗教と食文化をめぐって

指導要領【公共】A（1）

（1）ア（イ）伝統や文化，先人の取組や知恵に触れたりすることなどを通して，自らの価値観を形成するとともに他者の価値観を尊重することができるようになる存在であることについて理解すること。

指導のねらい

①世界の宗教の概論，それをめぐる問題点について理解させ，将来に国際交流するときに役立つ基礎力を養成する。
②世界に広がる宗教および食文化や年中行事について学習し，それぞれの文化を大切にする気持ちを育てる。

学習内容・授業方法等の概説

・伝統や文化，宗教などを背景にして現代の社会が成り立っていることを理解させる。（内容の取扱い（3）オ（ウ））
・世界各地の伝統と文化について年中行事と食の側面から考察する。（内容の取扱い（3）オ（ウ））
・食の専門家である栄養士との連携。（内容の取扱い（1）イ　家庭科などとの関連を図る，（3）ア　関係する専門家や関係諸機関などと連携・協働する）

学習指導案

〈1時間目〉

	授業内容		備考
導入	エルサレムの地図と写真から	（5分）	・エルサレムの地図・写真
展開	（1）三宗教の聖地エルサレム 　・なぜエルサレムに三宗教の聖地があるのか 　・三宗教はルーツが同じなのに，なぜ宗教対立があるのか 　・世界全体の宗教的広がりに目を向けてみよう 　・日本における宗教状況　―「日本は無宗教国家か」―	（40分）	・ユダヤ教・キリスト教・イスラームの系譜図 ・インドの人口と国内の宗教人口，世界全体の宗教人口の各データ
まとめ	世界各国の文化と宗教	（5分）	

62

事例5 宗教と食文化をめぐって

〈2時間目〉

	授業内容		備考
導入	世界の食文化	（5分）	・おせち料理の写真
展開	（2）おせち料理 ・正月という年中行事 ・おせち料理の文化的・社会的意味 （3）世界の食文化 ・世界各地の伝統料理 ・宗教による食文化のタブーについて	（25分） （15分）	・「おせち料理の習慣はいつから？」（新聞記事）など ・ハラルフードや取扱店舗の写真
まとめ	海外のお客様をもてなすにあたっての「おせち料理」	（5分）	

授業展開 ◆宗教と食文化をめぐって

〈1時間目〉

導入1

発問 知識 右の資料は，地中海岸のイスラエルという国のエルサレムという一都市の中にある宗教聖地のものです。その宗教名と聖地名を確認しましょう。（ ワークシート 記入→ p.68）

解説 エルサレムの地図と写真および解説文から，同じ都市に三宗教の聖地があることを理解させる。

資料 「聖地エルサレム　ユダヤ教・キリスト教・イスラームの三宗教の聖都」（『高等学校　新倫理 最新版』清水書院（平成28年文部科学省検定済教科書，口絵ページ）

聖地エルサレム
ユダヤ教・キリスト教・イスラームの三宗教の聖都

▲十字架を手にするキリスト教徒
死刑を宣告されたイエスが十字架を背負って歩いたと伝えられる道すじをたどる。ゴルゴタの丘跡とされる「聖墳墓教会」がキリスト教徒にとっての聖地である。

▲ムスリムの礼拝
後方の「岩のドーム」は，ムハンマドが昇天したと伝えられ，ムスリムにとってメッカ・メディナにつぐ第三の聖地である。

「嘆きの壁」に向かうユダヤ教徒▶
「嘆きの壁」は，ユダヤの王国の全盛期に築かれた神殿の跡とされ，ユダヤ教徒の信印のよりどころとなっている。

展開1

発問｜思考 宗教聖地が一都市に3つあること自体は珍しくありませんが、3つの宗教の聖地が混在しているのは、おかしくないでしょうか。なぜエルサレムに三宗教の聖地があるのでしょうか。

解説 個人で予想した後、それをもとにペアで話し合いをし、発表させる。自分の意見、ペアの意見、発表の際にほかの人から出た意見をそれぞれ ワークシート に記入させる。
ユダヤ教・キリスト教・イスラームの宗教系譜を投影し、前一者から後二者が派生したことを示す。

発問｜知識 この聖地をめぐって争いが歴史的に続いていることは知っていますか。

発問｜思考 この三宗教はルーツが同じなのに、なぜ宗教対立があるのか推測してみましょう。具体的対立の歴史的事実と対立の原因を考えましょう。（ ワークシート 記入）

解説 個人で予想させた後、6～7人のグループで話し合わせる。宗教対立の具体的事例を挙げて、その対立原因を推測して発表させる。

発問｜思考 世界の宗教人口の多い順に並べると1位キリスト教、2位イスラーム、3位ヒンドゥー教、4位仏教となり、これらを世界四大宗教と呼びます。しかし世界三大宗教という用語もあり、これにはヒンドゥー教が入りません。それはなぜか考えてみましょう。（ ワークシート 記入）

解説 個人で予想した後、それをもとにペアで話し合いをし、発表させる。
インドの人口データと国内の宗教人口率データ、あるいは世界の国別宗教人口率データを提示し、ヒンドゥー教がインド付近のみに多い「民族宗教」であり、世界宗教の枠から外されることもあることを示す。

資料 世界の宗教人口の割合

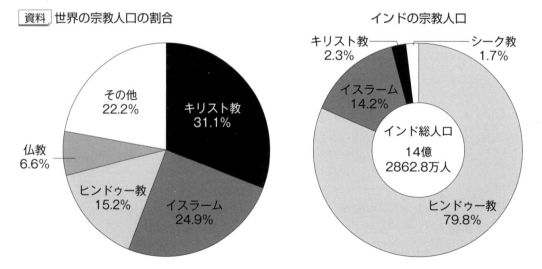

どちらの資料も『世界国勢図会 2024/25年版』（矢野恒太記念会）を参考に作成

事例5　宗教と食文化をめぐって

（発問）（思考）日本は無宗教国家だという説がありますが，これには賛成ですか。

（発問）（思考）宗教的信仰を持っていますか。あるいは宗教的影響を受けていると思いますか。

また，家族や親類の冠婚葬祭で，宗教的な影響を感じたことはありますか。

日本の年中行事で，宗教的影響を感じたことはありますか。

以上から，日本は無宗教国家といえるか，考えてみましょう。（　ワークシート　記入）

（解説）自分自身が宗教をどうとらえているか，家族・親類の冠婚葬祭経験から見た宗教性，年中行事と宗教性について考えさせる。日本は無宗教国家かどうかについて，自分自身で考えたことをもとにグループで話し合いをし，発表させる（プライバシーに配慮すること）。

日本の年中行事の中に，神道・仏教・キリスト教の影響が入っていることを理解させる。

まとめ1

（解説）音楽・美術・建築・礼拝や巡礼など，宗教に関連した各国の文化を自由に列挙させる。

（発問）（知識）宗教に関連した各国の文化を挙げてみましょう。（　ワークシート　記入）

〈2時間目〉

導入2

（解説）前時の【まとめ1】で扱った「文化」について復習する。その後，正月の行事食である「おせち料理」の写真を投影し，これを見て感じたインスピレーションを発表させる。

（発問）（表現）この写真を見て感じたインスピレーションを　ワークシート　に自由に記してみましょう。

展開2

（発問）（技能）新聞記事から，おせち料理と年中行事の関係を読み取りましょう。

（解説）おせち料理に関する新聞記事を読ませ，正月という年中行事と食文化を意識させる。おせち料理の文化的・社会的意味について個人で予想した後，グループで話し合い，発表させる。

（発問）（思考）おせち料理の社会的・文化的意味は何でしょうか。

まずは自分で考えてみて，その後グループで話し合ってみましょう。

（解説）栄養士から→おせち料理自体の中身（食材），調理法と日持ち，それぞれの料理の意味を解説する。

公民科から→おせち料理誕生の文化的背景，「和食」のユネスコ無形文化遺産登録について解説する。

（資料）「おせち料理の習慣はいつから？」毎日新聞，2010年12月30日付朝刊

「新聞で学ぶ　ジュニア教室　お正月」朝日新聞，2012年12月30日付朝刊

「もっと教えて！ドラえもん　京都のお正月どう過ごすの？」朝日新聞，2016年1月3日付朝刊

「年神さまが幸せ運ぶ」読売KODOMO新聞，2015年12月31日付

65

展開3

(発問) 知識 日本のおせち料理のように，世界には独特の食文化があります。いろいろな地域の伝統料理を，地域のばらつきにも留意しながら挙げてみましょう。(ワークシート 記入)

解説 世界の食文化に視点を拡大して，各文化に対する理解と配慮の必要性を認識させる。

(発問) 知識 「タブー（禁忌）」という言葉を知っていますか。それはどんな意味でしょうか。

(発問) 知識 2人1組になって，宗教や地域，個人的信条による食文化のタブーについて挙げてみましょう。なお，日本の事例にも触れることを忘れずに。(ワークシート 記入)

解説 イスラームのハラルを紹介。ハラルフード，取扱店の写真を投影し，ハラルジャパン協会や日本ベジタリアン協会などの紹介も行う。

まとめ2

解説 海外からのお客様をもてなすにあたって，「おせち料理」について再び問う。【展開2】で受けた，専門家である栄養士によるおせち料理に入っている食材についての解説と宗教的タブーの関係を説明する。「公民科」の視点としては，各文化に対する理解と配慮が必要であることを示す。

■ 学習内容のまとめと評価

観点	学習活動における具体的評価基準	評価資料等
知識・技能	・写真や資料から宗教・文化に関する読み取りができたか。 ・世界宗教，民族宗教の概念が理解できたか。 ・おせち料理から日本の伝統文化や年中行事との関連を認識することができたか。	観察，発表，記録
思考力・判断力・表現力等	・生徒自らと宗教との関係を省察することができたか。 ・写真から受けたインスピレーションを言葉で表現できたか。 ・他国の宗教・食文化を理解し，今後の国際交流の際に配慮すべきことを認識できたか。 ・学習活動結果を整理し，まとめ，さらに討議することができたか。	観察，発表，記録
主体的に学習に取り組む態度	・宗教や国際交流を自分自身の問題としてとらえられたか。 ・積極的にペアワーク，グループワークに参加できたか。 ・栄養士の知見に触れて，視野を他分野にまで広げることができたか。	観察，発表，記録

■ 他の授業例／発展的な授業例

〈他の授業例〉

・「日本文化としての富士山　―信仰と芸術―」

　　ユネスコ世界文化遺産に指定された富士山の「富士講」「富士塚」信仰と浮世絵を取り上げる。

　　さらにゴッホなどヨーロッパ芸術に与えた影響も紹介し，世界に影響を与えた理由を考えさせる。

〈発展的な授業例〉

・「日本には宗教対立がなかったのか」

　国際的宗教対立は人類の大きな課題であり，世界史を学んでいない高校低学年では課題解決の
ための方策を考えさせるには時期尚早である。しかし，日本国内であれば仏教伝来時，日蓮法
難，島原の乱，明治維新期，オウム真理教事件などの歴史を追いながら，本授業の「無宗教観」
と重ね合わせた，「歴史に学びながら課題解決を目指す」深い学びが可能となる。

■ 公共の他分野との関連

・B　ア（エ）「現実社会の諸課題に関わる諸資料から，自立した主体として活動するために必要
な情報を適切かつ効果的に収集し，読み取り，まとめる技能を身に付けること」
・C　ア「よりよい国家・社会の構築及び平和で安定した国際社会の形成へ主体的に参画し，共に
生きる社会を築くという観点から課題を見いだし，その課題の解決に向けて事実を基に協働して
考察，構想し，妥当性や効果，実現可能性などを指標にして，論拠を基に自分の考えを説明，論
述すること」

■ レポート課題例／ディベートテーマ例

〈レポート課題例〉

・主体的に取り組む態度は，日本における各宗教別信仰人口を足すと，人口総数の 1.5 倍に達する
という説がある。データの出典を明らかにしながら，なぜそういうことが生じるのか推測せよ。

〈ディベートテーマ例〉

・主体的に取り組む態度は，日本は無宗教国家である。〔賛成・反対〕

〈参考資料〉

・中村羊一郎『年中行事としきたり』思文閣出版，2016
・三浦康子『和の行事を楽しむ絵本』永岡書店，2014
・神崎宣武『「まつり」の食文化』角川書店，2005

（坂口克彦・照井恒衛）

Column

食文化と各宗教のタブー

　宗教的忌避行動と食文化の関係は密接である。イスラームでは，豚肉と加工品・酒やアルコール
入り調味料・遺伝子組み換えの野菜などを「ハラーム」として忌避する。ユダヤ教では，豚肉と加
工品・血抜き処理されていない肉や魚・肉食動物・甲殻類や貝類・食事中に乳製品と肉が組み合わ
さること等が禁じられる。仏教では「不殺生」の教えから，肉・魚・卵など動物性のものを忌避す
る部派がある。ヒンドゥー教では「牛」を神聖視するため，道路上に牛がいたら車の方が待つなど
という逸話もあるほどで，当然ながら牛肉は食さない。ただし「乳は，神からの恵みもの」として
利用する。ヨーグルト飲料「ラッシー」は著名である。よってインドでは「ビーフカレーなど，と
んでもない」というのは完全な間違いではないものの，実はインドの街で「ビーフカレー」は存在
する。2011 年インド国勢調査によると，ヒンドゥー教徒 79.8%，イスラム教徒 (ムスリム)14.2%，
キリスト教徒 2.3%，シク教徒 1.7%，仏教徒 0.7%，ジャイナ教徒 0.4% であり，実は 2 割程度が
ヒンドゥー教徒でないからである。　　　　　　　　　　　　　　　　　　　　　　（坂口克彦）

ワークシート

年　　組　　名前　　　　　　　　　　　　　　　　　

1．地中海岸のイスラエルという国家のエルサレムという都市に関する問いに答えよ。
　（1）各宗教の聖地を以下にまとめよ。
　　　　　ユダヤ教聖地　〔　　　　　　　　　　　〕
　　　　　キリスト教聖地〔　　　　　　　　　　　〕
　　　　　イスラーム聖地〔　　　　　　　　　　　〕

　（2）同じ都市に1つの宗教の聖地が3つあるなら理解できるが，三宗教の聖地があるということ
　　　　とは非常に稀なことである。なぜ，こういうことが生じたのか，考えてみよう。
　　　　○個人で考えたこと

　　　　○グループで考えたこと

　　　　○クラスで出たこと

2．なぜ三宗教はルーツが同じなのに，宗教対立があるのか。具体的対立事例を挙げ，さらに対立
　　原因を考えよう。

個人で考えたこと	
①対立事例	②対立原因

グループで考えたこと	
①対立事例	②対立原因

クラスで出たこと	
①対立事例	②対立原因

事例5 宗教と食文化をめぐって

3．世界三大宗教と四大宗教
（1）四大宗教の宗教人口
　　　1位〔　　　　〕教，2位〔　　　　〕教，3位〔　　　　〕教，4位〔　　　　〕教
（2）三大宗教
　　　〔　　　　〕教，〔　　　　〕教，〔　　　　〕教
（3）実は，宗教人口3位の宗教が三大宗教に入らない。それはなぜか考えてみよう。
　　　○個人で考えたこと

　　　○グループで考えたこと

　　　○クラスで出たこと

4．自分自身と宗教
（1）自分自身は宗教の信仰について，どうとらえているか。番号に○印をつけよ。
　　　a．信仰しているし，肯定的である　　　　b．信仰しているが，否定的である
　　　c．信仰はしていないが，肯定的である　　d．信仰していないし，否定的である

（2）家族や親類の冠婚葬祭の経験を記入しよう。〔例：七五三→神社，結婚式→キリスト教会〕

（3）次の年中行事・祝日は宗教に関係しているといわれる。宗教名を記入しよう。

1月	初詣	〔 神道・仏教 〕	2月	建国記念日	〔 神道 〕
2月	節分	〔 神道 〕	2月	バレンタイン	〔 キリスト教 〕
3月	ひなまつり	〔 神道 〕	3・9月	彼岸	〔 神道・仏教 〕
5月	端午の節句	〔 神道 〕	5月	母の日	〔 キリスト教 〕
7月	七夕	〔 神道 〕	8月	盆	〔 仏教 〕
8月	精霊・灯籠流し	〔 神道 〕	10月	ハロウィン	〔 キリスト教 〕
11月	勤労感謝の日	〔 神道 〕	12月	クリスマス	〔 キリスト教 〕
12月	年越し	〔 神道 〕			

（4）日本は「無宗教国家」であるという説がある。賛成か反対か，根拠とともに論ぜよ。

個人で考えたこと	
賛成・反対 （○をつける）	根拠
グループで考えたこと	
賛成・反対	根拠
クラスで出たこと	
賛成・反対	根拠

5．宗教に関連した各国の文化を挙げてみよう。

6．おせち料理の写真を見て感じたインスピレーションを，自由に記述しよう。

7．おせち料理の文化的・社会的意味とは何か。
　　○個人で考えたこと

　　○グループで考えたこと

　　○クラスで出たこと

8．食の専門家から　―解説いただいたことをメモしよう―

事例5 宗教と食文化をめぐって

9．正月とおせち料理が誕生した文化的背景

　　正月とは，年初めに〔　年神　〕を迎え，祝う行事。先祖とともに新しい年を迎え，家族が幸せに暮らせるように祈念する日。もともとは8月の〔　盆　〕と起源を同じくし，半年ごとに先祖の霊を迎えて親族一同が集まる行事であった。盆の起源は仏教の〔　盂蘭盆会　〕にある。

　　年神とは，新しい年の実りをもたらし，人々に命を与える神である。いつも私たちを見守っている先祖の霊が，春に里に降りてくると〔　田の神　〕となり，秋の収穫が終わると山へ帰って〔　山の神　〕となり，正月には年神として戻ってくる。

　　おせち料理とは，元来は年中行事が行われる節日の儀式に備える料理全般のことだった。数ある節日のうち，もっとも〔　正月　〕の行事が重要視されたところから，特にこの時期の儀式に備える料理を〔　おせち料理　〕というようになった。

　　ユネスコ〔　無形文化遺産　〕とは，芸能や伝統工芸技術などの形のない文化であって，土地の歴史や生活風習などと密接に関わっているもののこと。2013年，日本の〔　和食　〕が登録された。特に新年祝賀の日本の伝統的な食文化と特記された。ちなみに2010年にはフランスの美食術も登録されている。

10．世界各地の伝統的な料理を挙げてみよう。
　　○個人で考えたこと

　　○クラスで出たこと

11．宗教や地域，個人的信条による食文化のタブーについて，挙げていこう。
　　なお，日本の事例にも触れることを忘れずに。
　　○ペアで考えたこと

　　○クラスで出たこと

事例6

さまざまな死生観と人生

指導要領【公共】A（1）（2）

（1）ア（イ）伝統や文化，先人の取組や知恵に触れたりすることなどを通して，自らの価値観を形成するとともに他者の価値観を尊重することができるようになる存在であることについて理解すること。
（2）ア（ウ）人間としての在り方生き方に関わる諸資料から，よりよく生きる行為者として活動するために必要な情報を収集し，読み取る技能を身に付けること。

指導のねらい

①さまざまな「現世ではない世界」のイメージから，経済的価値だけでは測れない生の意味や価値を理解させ，追求させる。
②人間は誰もが死を免れないという自覚から，自らの生を考えさせる。
③生まれてから今までの自らの生き方を振り返り，これからの在り方生き方を考えさせる。

学習内容・授業方法等の概説

・民俗学の資料を用いることで我が国の文化的蓄積に注目させ，先哲思想や実存主義思想などとも比較考量させながら，人間としての在り方生き方を考えさせる。（内容の取扱い（3）オ（イ））
・自分自身の現在の在り方や，これからの生き方について考えさせることから，他者と共に生きる自らの生き方についても考察させる。（内容の取扱い（3）オ（ウ））

学習指導案

	授業内容	備考
導入	柳田國男『遠野物語』を読む。　　　　　　　　　　　　　　　（10分） ・日本人の死の捉え方の特徴を考えさせる。	感想を書き，発表させる。
展開	「この世ではない別の世界」について述べている，宗教や哲学についての資料を読み比べさせる。　　　　　　　　　　　　　　（30分） 　　　　資料1：インド宗教の輪廻 　　　　資料2：キリスト教の天国 　　　　資料3：プラトンの霊魂不滅論 　　　　資料4：ハイデガーの「死に至る存在」 ・資料中の概念について解説し，今後の学習につながるものについては知識・理解として習得させる。 ・それぞれの資料に描かれる「別の世界」についてイメージを持たせ，比較を通じてその特徴をつかませる。	プリント資料を用いる。
まとめ	資料1～4，最終ページの〈参考資料〉を読んだ感想や意見を記述させる。　　　　　　　　　　　　　　　　　　　　　　　　　（10分）	具体的なできごとを取り上げるなどする。

72

事例6 さまざまな死生観と人生

授業展開 ◆さまざまな死生観と人生

導入

（発問）（技能）次の資料は，民俗学者柳田國男が，遠野（岩手県内陸部）で語られる言い伝えを記録したものです。これらを読んでの感想，およびこれらに共通する考え方の特徴について，ノートに書き出してみましょう。（生徒の状況に応じて，挙手・発言を板書も可）

資料 『遠野物語』

五一　山にはさまざまの鳥住めど，最も寂しき声の鳥はオット鳥なり。夏の夜中に啼く。浜の大槌より駄賃附の者など峠を越え来れば，はるかに谷底にてその声を聞くといえり。昔ある長者の娘あり。またある長者の男の子と親しみ，山に行きて遊びしに，男見えずなりたり。夕暮になり夜になるまで探しあるきしが，これを見つくることをえずして，ついにこの鳥になりたりという。オットーン，オットーンというは夫のことなり。末の方かすれてあわれなる鳴き声なり。

五二　馬追鳥は時鳥に似て少し大きく，羽の色は赤に茶を帯び，肩には馬の綱のようなる縞あり。胸のあたりにクツゴコ※のようなるかたあり。これもある長者が家の奉公人，山へ馬を放しに行き，家に帰らんとするに一匹不足せり。夜通しこれを求めあるきしがついにこの鳥となる。アーホー，アーホーと啼くはこの地方にて野におる馬を追う声なり。年により馬追鳥里に来て啼くことあるは飢饉の前兆なり。深山には常に住みて啼く声を聞くなり。
※クツゴコ（口籠）は馬の口に嵌める網の袋なり。

五三　郭公と時鳥とは昔ありし姉妹なり。郭公は姉なるがある時芋※を掘りて焼き，そのまわりの堅きところを自ら食い，中の軟かなるところを妹に与えたりしを，妹は姉の食う分は一層旨かるべしと想いて，庖丁にてその姉を殺せしに，たちまちに鳥となり，ガンコ，ガンコと啼きて飛び去りぬ。ガンコは方言にて堅いところということなり。妹さてはよきところをのみおのれにくれしなりけりと思い，悔恨に堪えず，やがてまたこれも鳥になりて庖丁かけたと啼きたりという。遠野にては時鳥のことを庖丁かけと呼ぶ。盛岡辺にては時鳥はどちゃへ飛んでたと啼くという。
※この芋は馬鈴薯のことなり。

（柳田國男「遠野物語」『定本 柳田國男集 第四巻』筑摩書房，1963，p.25 を参考に作成）

解説 民俗学者柳田國男には，『遠野物語』をはじめ，フィールドワークに基づいた多くの著作がある（ちくま学芸文庫に全集あり）。この資料は，それぞれにいささか悲しいエピソードがある人々が，それに基づいてそれぞれの山鳥に姿を変えるという言い伝えである（「共通する考え方」）。しかしもちろん，実際にはそのようなことが起きることはないとすれば，これらの言い伝えを語る人々の死生観がこめられている。仏教の輪廻転生（次の【展開】を参照）とも通じつつ，独自の素朴な転生観があると読める。

73

展開

(発問) **思考** 次に挙げる資料1～4は，それぞれ「死後の世界」や「ここにはない別の場所」について述べられたものです。自分自身がそのような考え方を持つ集団の中にあったら，どのように感じるかを考えながら，読んでみましょう。

資料1 インド宗教の輪廻

輪廻…（略）生ある者が生死を繰り返すことを指すので，〈生死〉とも訳され，また〈輪廻転生〉ともいわれる。インドで広くおこなわれた考えであるが，仏教では，解脱しない限り，生ある者は迷いの世界である三界六道（もしくは五道）を輪廻しなければならないと考えられていた。　　　　　（中村元・福永光司・田村芳朗・今野達編『岩波仏教辞典』岩波書店，1989, p.837）

解説 解脱＝修行を通じて煩悩を断ち迷いがなくなった境地。

三界六道＝三界は欲界・色界・無色界でそれぞれ欲望に捕らわれた者，物質的条件に捕らわれた者，精神的条件のみを有する者の世界。六道は地獄・餓鬼・畜生・修羅・人・天の六つの世界。輪廻はこの三界六道を行き来し続けること。

資料2 キリスト教の天国

こころの貧しい人たちは，さいわいである，天国は彼らのものである。
悲しんでいる人たちは，さいわいである，彼らは慰められるであろう。
柔和な人たちは，さいわいである，彼らは地を受けつぐであろう。
義に飢えかわいている人たちは，さいわいである，彼らは飽き足りるようになるであろう。
あわれみ深い人たちは，さいわいである，彼らはあわれみを受けるであろう。
心の清い人たちは，さいわいである，彼らは神を見るであろう。
平和をつくり出す人たちは，さいわいである，彼らは神の子と呼ばれるであろう。
義のために迫害されてきた人たちは，さいわいである，天国は彼らのものである。

（『新約聖書』「マタイによる福音書」5章3～10）

解説 イエスは，当時の人びとに語られていた「神の国」について，それはほら，ここにあるというような，目に見える形では来ないといっている。「天国」はどういうところだと考えられているだろうか。

ユダヤ教，キリスト教，イスラームでは，「最後の審判」の時にすべての人間が復活し，神の裁きを受けて，天国に導かれ，あるいは地獄に落とされる。だから復活＝よみがえりはただ一度の，しかも喜ばしいことである。インド宗教の輪廻と比較させる。

資料3 プラトンの霊魂不滅論

事実もし魂が不滅であるならば，"生きている"とわれわれが呼んでいるところの，この時間のためだけでなく，全時間のためにこそ，まさに魂は配慮されねばならないということである。そして，もし人が魂をなおざりにするようなことがあれば，その危険は今や恐るべきものであることに思い至るであろう。それというのも，もしかりに死があらゆることからの解放で

あったなら，悪しき者たちにとっては，死ねば肉体から解放されるばかりか，同時に，魂もろ
ともに自分たちの悪徳からも解放されてしまうことになり，そのことは彼らにとっては願って
もない儲けものであったであろうが，しかし現に，魂が不死であることが明らかである以上，
魂にとっては，ただそれができるかぎりすぐれたもの，できるかぎり思慮深いものになる以
外，もろもろの悪から逃れるすべも救われる道も，一切ありえないだろうからである。（略）
不浄な魂，何か不浄なことをしてしまった魂——たとえばそれは，不正な殺人に手を染めた
り，その他それと同類であるような行為や，同類の魂の仕業であるような行為をしでかした魂
のことなのだが——，そのような魂からは，だれもが逃げ出して背を向け，道連れにも導き手
にもなってくれようとはせず，（略）まったく途方にくれた状態でさまよい，その時が経過す
ると，その魂にふさわしい住みかへと強制的に送り込まれるのである。

　これに対し，正常に，かつ節度を保って生涯を過ごし終えた魂は，神々が伴侶となり導き手
となって，それぞれが自分にふさわしい場所に住まうことになるのである。

（プラトン著，朴一功訳「パイドン」107c～108c『饗宴／パイドン』西洋古典叢書，京都大学学術出版会，
2007，p.315-318）

解説 プラトンは，われわれが生きているこの現実の世界（現象界）とは，われわれの魂の故郷で
ある理想の世界（イデア界）からすれば不完全な世界であると考えていた。われわれの魂
は，「肉体の牢獄」を離れればイデアの世界に還るのである。近代哲学のカントも物事の本
来の存在（物自体）は叡智界にあって決してわれわれがそれを把握することはできないと考
えた。

資料4　ハイデガーの「死に至る存在」

　人間は死へ向かう存在である。しかし，このことによってハイデガーが言おうとしたこと
は，すべての人間はいつか死ぬという日常経験に基づいたありきたりの言明ではない。この言
明は経験的な命題で——すべての場合に真だと論証されるが——全く必然性がない。しかし，
死へ向かう存在というのは人間に独特のものであり，人間存在の成り立ちと不可分である。こ
の表現は人間の死しか指し示せず，他の生物について必ず死ぬという場合，通常の生物学的な
意味であり，存在論に基づくものではない。私の死は，私の実存と同じように私独自のもので
あり，一般的な死の一例ではないのである。しかし，われわれのほとんどは，自分自身に特有
の運命と同様にわれわれ独自のもので自分自身の実存にしか根拠のない，死にいたる過程と向
き合わず尻込みする。われわれが溶け込みたくなる例の「世人」（註：特定の人格を持たず匿
名で群衆に溶け込んだあり方）になると，死を恐れるという勇気から目を背けるようになる。
ハイデガーによれば，このことは悪しき信念による現実からの逃避だ。死に向かうのは「人
間」や「人類」ではなくあなたなのだとハイデガーは言っているように思われる。

（レシェク・コワコフスキ著，藤田祐訳「真理，存在，無　—人間存在とは何か？」『哲学は何を問うてきたか』
みすず書房，2014，p.221）

解説 ハイデガーはドイツの実存主義哲学者。ナチスドイツとの関係など，その生涯も波乱に満ちている。『存在と時間』は人間存在とは何かを突き詰め，哲学思想史上重要なものである。生徒にそのまま読ませるには難解なので，ここでは解説の文章を用いた。ハイデガーは「ひと（das Man）」という表現を使って，一人ひとりが自らを死に至る存在として自覚を持って生きることを忘れていると指摘している。

まとめ

発問 思考 資料１～４を読み比べて，以下について意見をまとめて，ワークシートに記入しましょう。

（１）さまざまな宗教が「死後の世界」や「見えない（向こう側の）世界」について述べています。それはなぜでしょうか。

（２）「死後の世界」や「見えない世界」を完全に否定することは，どのようにしたら可能でしょうか。

（３）あなたにとって，「死後の世界」や「見えない世界」は，意味のあるものでしょうか。あるとすれば，どのような意味を持つでしょうか。

解説 ワークシートの記入が終わったら，グループをつくったり隣同士でペアをつくらせたりして，ほかの人の意見と読み比べさせる。それによって考えたことを，最後にワークシートに書かせる。

■ 学習内容のまとめと評価

・評価方法

取り上げた資料のうちから，今後の学習に有用と思われる概念について，知識・技能として習得できたか。および，感想や意見の陳述を通じて，自らを振り返ったり，他の意見を聞いたりして，これからの生き方を考えているか。

・試験問題例

【展開】の項で挙げた，宗教や思想家の文献の該当する箇所を読ませて，感想・意見を述べさせる。

■ 道徳・倫理との関連

・中学校「特別の教科 道徳」D19「生命の尊さ」「生命の尊さについて，その連続性や有限性なども含めて理解し，かけがえのない生命を尊重すること」から，特に「有限性」を受けて「死」についても考えさせる。

・「倫理」A（１）ア（イ）の「人生における宗教や芸術のもつ意義についても理解すること」

■ 他の授業例など

主体的な態度について，次の資料は，仏教の死生観について，著者が障がい者施設で講演することを求められたときの考えを語っている。仏陀と母親との関係は仏教について授業で扱う場合もあまり詳しく触れないところなので，これを読ませて感想を書かせることで理解も深まる。哲学の資料が難解と思われる場合には，こちらと差し替えてみるのも一法である。 （西尾理・和田倫明）

76

事例6 さまざまな死生観と人生

参考資料 『仏教発見！』

（著者は，知的障がい者の施設から，周囲で亡くなる人が続いて，みんな死ぬことをとてもこわがっているので，「死ぬことはこわくない」という講演をしてくれないかと依頼され，引き受けた）

　そんな人生の大問題について，私に話ができるのだろうか。しかし，考えた末に引き受けることにした。私は，お釈迦さまの死について語ることによって，「死ぬことはこわくない」というテーマに挑戦してみようと思ったのである。

　お釈迦さまは，今からおよそ二千五百年前のインドの人である。小さな国の王子として生まれたが，二十九歳で出家をした。そして六年間の徹底した修行ののち，三十五歳でさとりを開き，その後はインドの各地をめぐって話をし（法を説き），八十歳で亡くなった。

　お釈迦さまのお母さん（摩耶夫人という）は，お釈迦さまを産んで七日目に亡くなった。難産だったのである。（略）

　だからお釈迦さまはお母さんの顔を知らない。（略）お釈迦さまは小さい頃からとても感受性が強く，考え込むことが多かった。（略）なぜ，人は老い，病気になり，そして死んでいくのか。なぜ，人生は苦しみに満ちているのか。私を産んでお母さんは死んだ。私を産んだから死んだ。私がお母さんを殺したようなものだ。もしかしたらお釈迦さまはそんなふうに考えたかもしれない。

　やがてお釈迦さまは夜更けにこっそり城を出た。すべての人が生老病死の苦しみから逃れる方法はないのか，その道を探すために出家したのである。（略）

　長い時が流れ，お釈迦さまにも亡くなる時がきた。八十歳のことである。涅槃図という大きな絵がある。中央の台の上で横たわっているのがお釈迦さま。まわりにはたくさんの人々が集まって悲しんでいる。動物たちも集まっている。（略）上方を見ると，雲に乗ってやってくる女性がいる。これがお釈迦さまのお母さんである。（略）

　涅槃図を見るたび，私はいつも思っていた。八十歳のお釈迦さまは，亡くなる直前に，お母さんのことを考えたのだろう。自分を産んですぐに死んでしまったお母さん。顔も知らないお母さん（略）のことを，臨終の際に，お釈迦さまは考えたのだろう。（略）

　しかし，考えが変わった。平成七年（一九九五）に私の父が亡くなった。亡くなる半月前（略），父はお母さん（私の祖母）の姿を見た。父はとても嬉しそうだった。その頃，父の病状は一進一退だった。父の言葉に，病院に詰めていた私たちはぎょっとして，顔を見交わした。（略）

　七月八日の夜明けに父は亡くなった。涙が止まらなかった。涙を流しながら私は思った。おばあちゃんはやっぱりお迎えに来たのだ。そしてお釈迦さまのお母さんも，本当にお釈迦さまを迎えに来たのだ。（略）

　父の死を契機にして，私は次のように思い始めた。死ぬとは，先に亡くなった一番大切な人にまた会えること。大事なのは，その時まで生き切ること。久しぶりに会うのだから，いろんな話をしてあげないといけない。暗い話はだめ。喜ばれない。素敵なみやげ話をたくさん持っていくために，その時まで精一杯生き切るのだ。

（西山厚『仏教発見！』講談社現代新書，2004，p.12-16）

事例7

働くということはどういうことか？

指導要領【公共】A（1）

（1）ア（ウ）自分自身が，自主的によりよい公共的な空間を作り出していこうとする自立した主体になることが，自らのキャリア形成とともによりよい社会の形成に結び付くことについて理解すること。

指導のねらい

①現代の社会における働き方やワークライフバランスについて理解させる。

②ワークシェアリングやベーシックインカム，AIに取って代わられる仕事など，話題や論争となっている関連テーマの情報を収集し，分析させる。

③西洋や日本の勤労観・労働観についての資料を活用し，現代の事例に関連付けて考察，表現させる。

学習内容・授業方法等の概説

・キャリア教育との関連を図る（内容の取扱い（3）イ），情報収集と活用，グループ討論など，多様な学習活動を通じて，「事実を基に多面的・多角的に考察」（内容の取扱い（3）エ）させる。

学習指導案

	授業内容	備考
導入	絵画や映画・アニメなどから，これまで労働がどのようなものと捉えられてきたかに気づかせる。　　　　　　　　　　　　　　　（5分）	「落穂拾い」，「モダンタイムス」など
展開	（1）AIに取って代わられる仕事　　　　　　　　　　　　　（10分） 　・どのような仕事が含まれているか，気になるもの，自分に関係の深いもの，疑問に感じるものを拾わせてコメントをつけさせる。 （2）ワークシェアリングの国際比較　　　　　　　　　　　（10分） 　・雇用維持型，雇用創出型など，異なる視点があることに気づかせる。 （3）ベーシックインカム（ドキュメンタリー番組）　　　　（10分） 　・もしベーシックインカムが与えられたら，どのように仕事をするか，あるいはしないか（グループ討論と発表）。 （4）さまざまな労働観（ジョン・ロック，マルクス，石田梅岩などの文献資料）　　　　　　　　　　　　　　　　　　　　（10分） 　・読解のための資料説明を行う。 　・労働を経済的な視点からのみ見るのか，非経済的な視点からのみ見るのか，そしてそれらの混合形態として見るのかという，見方の違いに気づかせ，ベーシックインカムの議論と対応させる。	ワークシート に記入 資料読み取り ビデオ視聴またはプリント教材 ワークシート に記入 プリント教材 ワークシート
まとめ	働くということはどういうことなのか，なるべく多くの視点から考えをまとめさせる。　　　　　　　　　　　　　　　　　　　　（5分）	ワークシート 発表

78

事例7 働くということはどういうことか？

授業展開 ◆働くということはどういうことか？

導入

ミレー「落穂拾い」

(発問)(思考) 右の絵の女性たちは，何をしているのでしょうか。

(解説) タイトルから「それは，落ちた麦の穂を拾っているのでしょ？」という反応が予想されるが，生徒の中には答えを知っているものや，知らないまでも何かウラがあると勘ぐって考えるものもいるであろう。正解を言いそうな生徒には，「考えている人もいるから，ちょっと待ってね」と声をかけておく。

資料『旧約聖書』

あなた方の地の実りを刈り入れるときは，畑のすみずみまで刈りつくしてはならない。またあなたの刈り入れの落ち穂を拾ってはならない。あなたのぶどう畑の実を取りつくしてはならない。またあなたのぶどう畑に落ちた実を拾ってはならない。貧しい者と寄留者とのために，これを残しておかなければならない。
（『旧約聖書』「レビ記」19章9節，10節）

(発問)(思考) このような考え方について，あなたはどう思いますか。

(解説) これは導入のための発問なので，いろいろな答えを出させるにとどめるが，『旧約聖書』を聖典とするユダヤ教，キリスト教，イスラームに共通する律法であること，イスラームでは喜捨が信者の義務であること（五行のひとつ），さらには，『旧約聖書』とは無関係な仏教でも，喜捨が重視されることを説明してもよい。

展開1

(発問)(思考) 次の資料は，研究者によって「将来AIに取って代わられる（＝なくなる）仕事」として報告されたものです。
この中から気になる仕事を選び，なぜ気になるのか，その仕事は本当にAIに取って代わられると思うか，あなたの考えを ワークシート に記入してください。

資料 AIに取って代わられる仕事

日本の労働人口の約49％が，技術的には人工知能やロボット等で代替可能に

オックスフォード大学のオズボーン准教授とフレイ博士は，テクノロジーと雇用を研究し，将来人工知能等に取って代わられる仕事について論文を発表，話題になった。日本の野村総合研究所は，両氏との共同研究により，日本の労働市場に当てはめた結果，10〜20年後に49％の仕事が代替されると試算した。
（野村総合研究所 2015.12.2 ニュースリリースを要約）

●代替可能性が高い100の職業の一部

スーパー店員	レジ係	一般事務員
受付係	測量士	電車・バス・タクシーの運転者
自動車組立工	通関士	NC旋盤工
CADオペレーター	各種の検査係	通信機器の組立・修理工
産業廃棄物収集運搬作業員		宅配便・バイク便配達員 など（順不同）

解説　ワークシート の記入が終わったら，グループ討論を経ての発表か，自由発表のいずれかを
行うとよい。

　「AIに取って代わられる仕事」に限らず，「消えた職種」はこれまでにもあった。例えば，
スーパーマーケットではかつて会計を経た品物を袋詰めする人（サッカー sacker）がいて，
その腕前を競うこともあったが，今ではほとんどセルフサービスになっている。そしてレジ
係も，セルフサービスや自動精算によって消えていくといわれている。こうした例を示し
て，考えを深めさせるとよい。

★ AIに取って代わられる仕事

気になる仕事	気になる理由	あなたの考え

展開2

発問　思考　次の資料は，各国で行われてきた「ワークシェアリング」を紹介するものです。これを
　　　読んで，日本でもワークシェアリングを実施すべきかどうか，あなたの考えを述べてください。

資料　ワークシェアリングの国際比較

　9.11事件以降，アメリカの航空会社はレイオフを発表していますが，ルフトハンザは週五日
労働を週四日に，給与を80％に削減することで労使が合意しました。ドイツには兼業規定が
ないので，従業員はアルバイト・自営をするということで落ち着いたわけです。

　日本でワークシェアリングを実施するうえで兼業は重要な問題です。今は兼業規定があって
会社を辞めない限り自分で事業を始められませんが，規定を緩めることで企業に勤めながら起
業する，ということが出てくるかもしれません。（略）

　今注目されているオランダは1982年，失業率12％超という状況のなかでワークシェアリン
グを導入し，その後失業率は2000年3％，2001年9月現在で2.1％まで下がりました。

　オランダのワークシェアリングは，二段階に分けられます。緊急避難段階では，既存労働者
の労働時間短縮による雇用維持に合意しましたが，その際，労働者は給与減，政府は減税・社
会保険料軽減，雇用主は労働時間に連動しない人件費（企業福利，能力開発など）の負担継続
という形で痛み分けしました。ドイツ・フランスはこの段階で終わるか政府主導となったのに

事例7 働くということはどういうことか？

対し，オランダは雇用形態を多様化し，パート労働者を増やす形で雇用拡大につなげました。オランダのワークシェアリングでもう一つ注目すべきは，少子高齢化が進むなか，女性や高齢者の働き方に大きな影響を与えた点です。87年から働く女性が急増，その7割がパートタイム労働者です。男性の55〜64歳も93年以降増加，積極的な労働市場参加が見てとれます。

　日本も雇用形態多様化を推進すべきとの声がありますが，その際，パートタイマーの位置づけが問題です。オランダでは，女性のパートタイマーとフルタイマーの賃金格差は7％程度なのに対し，日本は賞与まで含めると約44％です。男性100対女性60という男女賃金格差も合わせると，男性正社員の3分の1程度しか女性パートタイマーには払われていません。この格差を是正せず多様化をすすめると，低賃金労働者が増加する可能性があります。
（樋口美雄「ブレイン・ストーミング最前線　ワークシェアリングの現状と課題」『経済産業ジャーナル』2002年5月号，独立行政法人経済産業研究所）

解説 ワークシェアリングとは，雇用を確保するために仕事を分け合うという考え方である。資料の最初にあるのは9.11テロ事件の後で航空機の利用者が減って，航空会社の業績悪化が生じたときの対処方法で，アメリカはレイオフ（一時解雇＝業績回復した場合は優先的に復職させる，ただし昨今では復職の機会が生じないことも多い）をとるが，ルフトハンザはワークシェアリングで乗り切ろうとしていた。日本と違って兼業規定がない（＝兼業が禁じられていない）ので，減った労働時間にアルバイト等をして減った賃金を補うことは自由である。オランダの例は，日本の感覚で非正規労働者が増えた＝低賃金労働者が増えたと考えてしまうと，間違いであることを確認したい。兼業規定の廃止，同一労働同一賃金の実現などが，ワークシェアリングには不可欠の条件であることに気づかせたい。

展開3

発問 思考 次の資料は，各国で検討されたり実験されたりしている「ベーシックインカム」についてのテレビドキュメンタリーのコメントです。「ベーシックインカム」とは，直訳すれば「基本収入」。最低限の収入を無条件に，すべての国民に給付するという仕組みです。あなたは，この制度のメリットとデメリットは何だと思いますか。また，この制度に賛成ですか，反対ですか。その理由は何ですか。 ワークシート に記入してください。

資料 ベーシックインカムのドキュメンタリー：NHK「クローズアップ現代」

　このベーシックインカムというのは，（略）全員に配るから変な手続きもないし，給付にあたっての変な条件もなくなりますから，より効率よく貧困救済ができます。さらに一人一人は教育受けたり，訓練受けたり，自分に向いた仕事を探す余裕を持ちますから適材適所ができます。そして，さらに今，一握りの富裕層に集中している富をみんなに分配することによって，消費も活性化され，経済の発展にもつながると思います。（略）

　仮に日本で導入する場合，（略）1人月7万円を支給するとして，必要となるのは，何と100兆円。これをどう捻出するか。試算では，年金の一部や失業手当，生活保護など，現在の社会保障費をカットすることで，30兆円を捻出。残りの70兆円は，所得への課税を20％増やすことで賄うとしています。（略）

81

単純に見ると，とてもじゃないけど，こんなの受け入れられないというのが一般的な見方だと思うんですね。ただ，ベーシックインカム，もらうお金もあるわけですね。そこで，この試算の場合ですと，1人7万円ですので，年間でいうと84万円。夫婦2人だと168万円を年間もらうことができるということなので，入りと出があるわけなんですよね。いずれにしても，そうは言っても，社会保障の全体の仕組みを根本から変えないと，この仕組み，導入できないわけなので，決して簡単なことではないとはいえると思いますね。

https://www.nhk.or.jp/gendai/articles/4053/（録画映像がない場合，HPのまとめを使う）

|解説| |ワークシート|の記入が終わったら，グループ討論を経ての発表か，自由発表のいずれかを行うとよい。

　ベーシックインカム制度は，それによって極端な貧困をなくすとともに，就業準備の条件を整えたり，社会保障の仕組みを単純化して給付コストをカットしたりできるというメリットがあるとされる。満足な生活を送るには不十分であるが，アルバイトだけで生計を立てるよりは余裕ができるので，子育てに時間を当てたり，就業準備のための職業訓練を受けたり，もちろんより多くの収入を得るために働いたりできる。これまでの実験では，ベーシックインカムがあるからといって人々が働かなくなるという結果は出ていないが，すべての人がこの制度を有意義に生かすことができるとは限らないであろう。資料にあるとおり財源問題は常に大きく，現行の社会保障の大幅な削減と並行して実施しなければならないことの困難も大きい。

★ベーシックインカムのメリットとデメリット

	自分の意見	他の人の意見
メリット		
デメリット		

★ベーシックインカムに賛成か反対か

賛成　・　反対 （○をつける）	理由：

展開4

|発問| |思考| 【導入】で取り上げた『旧約聖書』以外にも，人が働くこと，仕事，報酬などについて，さまざまな考え方があります。そのいくつかを資料に沿って紹介します。この中から1つ取り上げて，あなたがそこに示された労働観について，共感する，または反感を持つ理由を説明してください。

|資料| さまざまな労働観

【ロック】たとえ，大地と，そのすべての下級の被造物とが万人の共有物であるとしても，人

は誰でも，自分自身の身体に対する所有権をもつ。これについては，本人以外の誰もいかなる権利ももたない。彼の身体の労働（labour）と手の働き（work）とは，彼に固有のものであると言ってよい。従って，自然が供給し，自然が残しておいたものから彼が取りだすものは何であれ，彼はそれに自分の労働を混合し，それに彼自身のものである何ものかを加えたのであって，そのことにより，それを彼自身の所有物とするのである。

(加藤節訳『完訳　統治二論』岩波文庫，2010，p.326)

【マルクス】自由な労働者という概念の中には，すでに，彼が貧民であるということ，潜在的な貧民であるということが含まれている。（略）彼が労働者として生きていくことができるのは，ただ，彼の労働能力を資本の内の労働ファンドをなす部分と交換する限りでしかない。この交換そのものが，彼にとっては偶然的な，彼の有機的存在にとってはどうでもよい諸条件と結び付けられている。だから彼は，潜在的な貧民なのである。

(『マルクス資本論草稿集2　1857-58 年の経済学草稿』大月書店，1993，p.328-329)

【サルトル】一人の雇主がタイピストを必要とする。それこそ危機である。三十人の女性が，同じ能力をもち，同じ資格免許状をもって，出頭する。雇主は彼女らみなをいっしょに呼び出し，彼女たちが望む報酬を自分に知らせるようにたんにたずねるだけだ。すると恐るべき逆ぜりが行なわれる。雇主は――見かけの上では――需要と供給の法則を演じさせているにすぎなかった。しかし，どのタイピストも，最も低い賃銀を要求することによって，他のタイピストと自分自身とに暴力を加え，屈辱のうちに労働者階級の生活水準をいっそう低下させることに寄与することになる。けっきょくは，きわめて安い所得（略）を得て，最低生活よりも低い報酬を要求するタイピスト，すなわち，自分自身にもすべてのタイピストにも破壊作用を及ぼすようなタイピストが採用されることになる。しかもその破壊作用は，雇主のほうではみずからはそれを行使しないように大いに注意をしているものなのだ。労働者であることは，自分自身にたいしても，すべての労働者にたいしても労働条件をますます生きがたいものとしつつ，労働者であることを自分に強制することなのである。

(白井健三郎訳「共産主義者と平和」『シチュアシオンⅥ』人文書院，1966，p.119-120)

【石田梅岩】売買ができなければ，買う人には不便で売る人は売りようがありません。（略）士・農・工・商を治めるのは君主の仕事であり，君主をたすけるのは士・農・工・商の仕事です。侍は位をもった臣下であり，農民は野にある臣下，商・工は町にある臣下です。臣としては君主をたすけるのがその道である。商人が売買するのは世の中の助けになります。（略）すべての人がその生業を営まなくては世の中がたっていきません。商人の利益も公けに許された俸禄です。（略）なぜ商人だけを賤しいものとして嫌うのですか。（略）俸禄を受けることを欲心の現われで道に背くと言えば，孔子や孟子をはじめとして，この世に道を知る人はないと言えましょう。それなのに士・農・工を別にして，商人がその俸禄を受けるのを欲心の現われと言い，商人が道を知ることはできないというのは理由のないことです。私が教えているのは，商人には商人の道があるということです。

(「都鄙問答」『日本の名著18』中央公論社，1972，p.226-227)

【福沢諭吉】人の働きは大小軽重の別がある。芝居も人の働きであり，学問も人の働きであり，人力車をひくことも，蒸気船を運用することも，鍬を取って農業をすることも，筆をふるって著述をすることも，等しく人の働きであるが，役者であることを好まないで学者であることに勤め，車ひきの仲間に入らないで航海の術を学び，百姓の仕事では不満足だと著書の業に従事するようなことは，働きの大小や軽重を弁別し，軽小を捨てて重大に従うものである。人間の美事と言うべきである。そしてこれを弁別しているものは何なのであろう。本人の心であり，また志である。こういった心志のある人を名付けて心事高尚なる人物と言う。だから，人の心事は高尚でなければならない，心事が高尚でないならば働きもまた高尚ではなくなる。と言うのである。

(『学問のすすめ』十六篇より現代語訳)

解説 生徒の状況に応じて，これらの資料，あるいはほかの資料から，選択して提示してもよい。比較的扱いやすく，かつ現代の状況に引き合わせて考えられるのはサルトルの資料であろう。梅岩と諭吉の資料を読み比べて考えさせるのもよい。

まとめ

発問 思考 消えていく職種，ワークシェアリング，ベーシックインカム，思想家の考えなどを学んできましたが，もう一度最初に用いた「落穂拾い」の絵を見返しながら，働くということを自分自身の問題，社会との関係，これからのあり方などいくつかの観点から，あなたの考え方が変わったり深まったりしたところについて，ワークシートにまとめてください。

解説 最後にワークシートをグループで見せ合って意見をシェアしたり，自由に発表させたりするとよい。

Column

労働をめぐるトピック

正規・非正規労働格差　同じ職務なのに，正規職員(正社員)と派遣労働の職員で給与差，待遇差などが生じている問題。

正社員とアルバイトの手取り賃金逆転　保険料等が差し引かれる正社員給与。店長が管理職扱いで残業代不支給や過重勤務が発生する問題。

新入社員と先輩社員の賃金逆転　人材獲得のためインターンシップ利用や早期選考。そのうえ初任給引き上げで給与逆転現象が発生。

外国人労働力－世界的人材獲得競争－　単純労働力を受け入れてこなかった日本だが，1990年から自動車工業などで南米日系人を受け入れ。それ以外の地域からは働き手不足の業種で技能実習生として受け入れたものの，劣悪な環境での労働が表面化。2027年からは育成就労制度で，原則3年で「特定技能」と認められる水準にすることを目指す。

ブラック企業　①極端な長時間労働やノルマを課す，②賃金不払残業やパワーハラスメントの横行など企業全体のコンプライアンス(法令遵守)意識が低い，③労働者に対し過度の選別を行うような企業のこと。

(坂口克彦)

事例7　働くということはどういうことか？

■学習のまとめと評価

・ここではルーブリックを用いた評価方法を例示する。ルーブリックはそれぞれの学習内容について，生徒が自己評価して，それをもとに教師が授業を改善するためのものである。またこれは評価Aをもっとも望ましい達成度としているが，評価Bに標準的な達成度を置く方法もある。この表をワークシートとは別に配布し，該当するところに○をつけさせて回収し，生徒がそれぞれの学習内容にどの程度取り組めたかをチェックし，授業改善につなげるようにする。

学習内容	A	B	C
ミレーの「落穂拾い」について	いくつかの理由を考えた（正解でなくてよい）	理由を1つ思いついた（正解でなくてよい）	考えなかった
AIに取って代わられる仕事について	2つ以上の仕事について理由と考えを書いた	1つの仕事について理由と考えを書いた	理由と考えが埋まらなかった
ワークシェアリングについて	ドイツとオランダの例を理解し，日本に導入する場合の問題点を考えた	ドイツとオランダの例を理解した	ドイツとオランダの例を理解できなかった
ベーシックインカムについて	メリットとデメリット，自分の意見と他の人の意見を記入した	表の一部が埋まらなかった	表が半分以上埋まらなかった
さまざまな労働観について	資料を読み共感する考え方についてコメントした	資料を読んだがコメントがまとまらなかった	資料をよく読まなかった
まとめの討論	討論に参加し，自分も発言した	他の人の意見をよく聞いたが，自分の意見は発言できなかった	討論に参加しなかった

■公共・道徳・倫理との関連

・「公共」Bのア（ウ）「職業選択，雇用と労働問題」，「内容の取扱い」（3）イ「キャリア教育の充実」に接続。
・中学校「特別の教科　道徳」C13「勤労」「将来の生き方について考えを深め，勤労を通じて社会に貢献すること」を発展的に学習させる。
・「倫理」A（1）イなど。

■他の授業例など

・ビデオ教材やプリント教材を絞り込み，時間配分を調整してもよい。
・テーマに関連の深いビデオ教材があればそれを中心に活用したり，「倫理」とのつながりを重視する場合は【展開4】の資料を増やしたりするなど，全体の中で取捨選択する。

〈参考資料〉
・市野川容孝・渋谷望編著『労働と思想』堀之内出版，2015

（和田倫明）

事例8

公共性と人権について考える

指導要領【公共】A（1）（3）

（1）ア（ウ）自分自身が，自主的によりよい公共的な空間を作り出していこうとする自立した主体になることが，自らのキャリア形成とともによりよい社会の形成に結び付くことについて理解すること。
（3）ア（イ）人間の尊厳と平等，個人の尊重，民主主義，法の支配，自由・権利と責任・義務など，公共的な空間における基本的原理について理解する。

指導のねらい

①「公共とは何か」「権力と人権」について，多面的・多角的に考察させる。
②十七条憲法や『ソクラテスの弁明』，新聞記事や公益通報者保護法などの資料を読み解き，現代の課題について考えさせる。

学習内容・授業方法等の概説

・先哲思想から時事問題までいろいろな資料を手がかりに，情報収集・資料活用・グループ討論などの多様な学習活動を通じて，公共性について「事実を基に多面的・多角的に考察」させる。
（内容の取扱い（3）エ）

学習指導案

	授業内容	備考
導入	十七条憲法における「和」の意味を解釈させる。　　　　　　　（5分）	『十七条憲法』第一条
展開	（1）杉原千畝にとっての「公共」とは何だったのかを考えさせる。 ・杉原千畝のビザ発行と外務省の指示について説明する。 ・事前に生徒に調べさせて発表させてもよい。 （2）ソクラテス裁判について，異なった立場からの解釈を考えさせる。 ・プラトンの思想として読むか，当時のアテネの政治的対立の文脈で読むかで，解釈が変わるか変わらないか。また「公共」という視点からどう読めばよいか考えさせる。　　　　　　　　　（35分）	杉原が陥ったジレンマについて考えさせる。 『ソクラテスの弁明』の原典資料を読ませてもよい。
まとめ	・人権が守られる社会を実現するために，法律以外に重要なことは何かを考え，議論する。 ・公共性（民主主義）は，権力（強制力）を伴った法を通じて実現されることを確認し，法を制定する手続きにおいて大事なことと，人権との関連において法の内容として大事なことを考えていくという今後の課題を確認する。　　　　　　　　　　　　　　　　　　　（10分）	党派を超えて，物事の理に通じるために重要なことは何かを考え，グループで議論させる。

事例8 公共性と人権について考える

授業展開 ◆公共性と人権について考える

導入

資料 「十七条憲法」第一条

　おたがいの心が和らいで協力することが貴いのであって，むやみに反抗することのないようにせよ。それが根本的態度でなければならぬ。ところが人にはそれぞれ党派心があり，大局を見通している者は少ない。だから主君や父に従わず，あるいは近隣の人々と争いを起こすようになる。しかしながら，人々が上も下も和らぎ睦まじく話し合いができるならば，ことがらはおのずから道理にかない，何ごとも成しとげられないことはない。

(聖徳太子著，瀧藤尊教・田村晃祐・早島鏡正訳『法華義疏（抄）・十七条憲法』中公クラシックス，2007，p.152)

（発問） **表現** ここでいう「和」とはどういうことでしょうか。前後の文脈から考え，グループで話し合ってみましょう。

解説 意見を異にする者の声に耳を傾け，穏やかに議論するといった「和の精神」の重要性とともに，「主君」や「上に立つ者」といった権力を握っている者と距離を置くことの重要性にも気づかせたい。

展開1

（発問） **思考** 次の資料を読んで，杉原千畝の行動に対するあなたの意見を述べてください。

資料 杉原千畝

1900（明治33）年生まれ，早稲田大学在学中に外務省留学生試験に合格，ハルピン学院でロシア語を学ぶ。1932（昭和7）年からソ連とのさまざまな交渉に当たる。1937（昭和12）年ヘルシンキ勤務後，1939（昭和14）年にリトアニアのカウナスに領事代理として赴任。その任務は，「そこの新任の領事として，自分の主要任務は外務省向けではなく，陸軍参謀本部へのものであることがわかった。リトアニアとドイツ占領下の国境地域での事件・風説，独ソ不可侵条約破棄の兆し，ドイツのソ連侵攻の準備などのすべての情報を送ることだった（ポーランドの研究者あての手紙より）」。ドイツのポーランド侵攻により多くのユダヤ人がリトアニアに避難してきていたが，独ソ不可侵条約締結，1940（昭和15）年ソ連によるバルト三国侵攻，リトアニアのソ連併合によって，ユダヤ難民は追い詰められた。千畝は1,000通を超えるビザを発行。8月末に領事館を閉じ9月はじめにベルリンを経由してプラハへ赴任，翌年はケーニヒスベルク，トルコ，ルーマニアへ赴任。1945（昭和20）年の終戦でブカレスト郊外のソ連収容所へ収容される。翌年の11月収容所を出てシベリア鉄道で帰国の途につき，1947（昭和22）年帰国，6月に外務省を退職した。1969（昭和44）年，イスラエル宗教大臣より叙勲，1985（昭和60）年にはイスラエルの「諸国民の中の正義の人」賞（ヤド・バシェム賞）を受賞。1986（昭和61）年に死去。

(ヒレル・レビン著，諏訪澄・篠輝久監修・訳『千畝』清水書院，2015 を参考に作成)

87

解説 杉原千畝の業績や生涯については，夫人をはじめとする近親者による報告のほか，研究者による研究調査も進み，解明が進んでいる。わずかな期間に，1,000通以上の通過ビザを発行することで，数千人のユダヤ人の生命が守られたという事実と，混迷する本省とのやり取りの中で自分の判断としてビザを発行することは公務員の行動としてはどうなのか等と問いかけ，できればほかにも資料を補いながら，考えさせたい。

　　杉原については，多くの出版物もあるので，それらを比較しながら読ませて発表させることも可能である。

展開2

発問 思考 次の資料は，古代ギリシアの哲学者ソクラテスが裁判に訴えられたことについてのものです。この裁判について，ソクラテスを有罪と考えた人，無罪と考えた人の立場に立って，それぞれなぜそう判断したかを考えてみてください。

資料 『ソクラテスの弁明』

　　古代アテネの裁判は，一般市民の中から抽選で決まった裁判官たち（このころは501人といわれる）の多数決で，有罪か無罪か，量刑をどうするかを即日に決する，民衆法廷だった。

　　「青年を堕落させ，邪神を崇拝している」と訴えられた法廷のソクラテスは，自らはいかなる不正をも為したことがないと主張した。デルフォイにあるアポロン神殿の神託「ソクラテスより知恵のある者はいない」の意味を探るために，本当に知恵のある者を探して，政治家や詩人や職人に問いを投げかけ続けた。すると，自分では知恵があると思いこんでいる者ほど「人間にとって本当に大切なこと」つまり正義をはじめとする「徳」について，知らないのに知っているつもりになっていることが明らかになった。自分は自分の無知に気づいているが，他の「知者」たちは自分の無知に気づいていない。その気づきの分だけ，自分は他の人々より知恵があるということが，神託の意味であり，神はそのことを人々に気づかせるために，あのような神託を告げたのだ。しかしそのために，多くの人々に怨まれるようになった，とソクラテスは主張した。

　　しかし，一般市民から成る裁判官たちの投票は，ソクラテスを死刑にするというものだった。
（プラトン著，納富信留訳『ソクラテスの弁明』光文社古典新訳文庫，2012などを参考に作成）

解説 ソクラテスについては，本事例集でもいくつか取り上げているところである。実際の授業では，最初に登場するときに人物について説明すると思われるが，『ソクラテスの弁明』は原典資料として部分的にだけでも読ませるとよい。ここでは裁判のポイントについての解説文を用いている。

　　また，当時のアテネの雰囲気を伝えるものとして，次の資料を読ませてもよい。

事例8 公共性と人権について考える

参考資料 「アリステイデス」

　陶片追放（オストラキスモス）とは，追放すべき人物の名前を陶片に書いて投票し，一定数に達すると10年間の追放となるアテネの制度。ある時，清廉潔白な政治家として知られ，「正義の人」と称賛されていたアリステイデスを，政敵たちが追放しようとしていた。陶片追放が行われている場所にたまたま通りがかったアリステイデスは，身なりのよくない男に声をかけられた。自分では文字が書けないその男は，本人と知らずに陶片にアリステイデスの名を書いてほしいと頼んだ。驚いたアリステイデスは，「その人は，あなたに何かひどいことをしたのですか」と尋ねると，その男は，「いや，そいつのことは何も知らないが，どこへ行ってもそいつのことを『正義の人』，『正義の人』と聞かされるもので，腹が立つんだよ」という。アリステイデスは，だまって自分の名前を書いてやった。こうして彼の追放が決まった。

（プルタルコス著，村川堅太郎訳「アリステイデス」『英雄伝　上』ちくま学芸文庫，1996，p.215-216を参考に作成）

発問 主体 次の資料は，ソクラテス裁判について，別の角度から見たものです。これを読んで，あなたのソクラテス裁判に対する考え方に変化はありますか。あるいは変化はありませんか。それはなぜですか。

資料 「ソクラテス裁判」

　このソクラテス裁判について，彼を訴えた側の立場は以下のようなものである。

　当時のアテネは，宿敵スパルタとの戦いであるペロポネソス戦争に敗れ，混乱に陥っていた。この戦争では，ソクラテスの教えに心酔していたアルキビアデスが司令官となったが，不利と見ると敵国に寝返り，大きな敗因となった。同じくクリティアスは，戦後，スパルタに近い三十人僭主と言われる独裁政権を指揮し，市民1,500人を殺し，数千人を追放し，莫大な財産を没収した。

　彼らに教えを説いたソクラテスが，アテネの青年たちを堕落させたとして，反対派の人々に糾弾されたのが，ソクラテス裁判であるということもできる。例えば訴えた一人のアニュトスは，三十人僭主に反対して戦った民主派の闘士だった。彼らにとってソクラテスは，アテネを混乱と堕落に陥れた専制派の象徴ともいえた。

（塚田孝雄「ソクラテス裁判」『ソクラテスの最後の晩餐』筑摩書房，2002，p.167-184を参考に作成）

解説 次のような回答例が予想される。

　　回答例①　　ソクラテスの死刑は正しい判決かもしれないと思った。彼は公共の敵であり，多数の人々が犠牲になった責任を彼も負うべきだ。

　　回答例②　　ソクラテスの死刑判決はやはり間違い。集団心理が働いているし，いくら教え子が犯罪を犯したからといって先生が直接，責任を負わされることはない。

　　プラトン『ソクラテスの弁明』で描かれるソクラテス裁判は，ソクラテスの生き方や考え方をよく伝えるものである。一方で，アテネの歴史や当時の社会情勢を学ぶと，裁判の意味について異なった解釈が成り立つ可能性もある。アテネの民主政治は今日のものとは大きく異なるが，民衆の意見がどのように社会を動かしているかについて参考になることは多い。

> ### まとめ

> (発問)(思考) 杉原は，本省が認めていない方法を使って，多くのユダヤ人の命を救いました。ソクラテスは，多くの人の無知を暴くことで恨みを買い，死刑になりました。私たちの人権は，正しいことを貫こうとしても守られないことがあり，基本的人権の尊重をひとつの柱とする日本国憲法の下の法律や規則によっても守りきれないことがあります。私たちがお互いに人権を尊重するために必要なのはなんでしょうか。あなたの考えをまとめてください。

> (解説) ワークシートに書かせて，グループで見せ合ったり，全体で発表させたりするとよい。ここでの正解はないが，当時ユダヤ人に限らず多くの人の人権が踏みにじられたことや，ソクラテス裁判を通じて，多数決が民主主義なのではないことを仲間はずれやいじめの問題に関連させて理解させたい。

■他の授業例など

・知識・技能については，日本国憲法の「人権」に関わる条文を書き出し，それが関連法規にどうつながっているかを調べさせる。

・思考・判断・表現は，最近の国際問題や国内問題を取り上げて，テレビや新聞，インターネットなどの情報から，賛成・反対両方の立場の意見を拾い，それぞれにどのような根拠が示されているかを調べさせる。また，課題として作業させたり，グループで話し合いをさせて発表させたりするとよい。

〈課題例1〉公益通報者保護法（2006）

内部告発者に対する解雇や減給その他不利益な取り扱いを無効としたもの。

第一条 この法律は，公益通報をしたことを理由とする公益通報者の解雇の無効等並びに公益通報に関し事業者及び行政機関がとるべき措置を定めることにより，公益通報者の保護を図るとともに，国民の生命，身体，財産その他の利益の保護にかかわる法令の規定の遵守を図り，もって国民生活の安定及び社会経済の健全な発展に資することを目的とする。

〈課題例2〉ヘイトスピーチ対策法（2016）

主にヘイトスピーチ防止のための活動指針や，ヘイトスピーチを受けた人への支援などが盛り込まれているが，ヘイトスピーチをした者への罰則規定は設けられていない。

■公共・道徳・倫理との関連

・「公共」Bのア（ア）（イ）（エ），およびイ（ア）に接続。

・中学校「特別の教科 道徳」C11「公平，公正，社会正義」「正義と公正さを重んじ，誰に対しても公平に接し，差別や偏見のない社会の実現に努めること」を発展的に学習させる。

・「倫理」A（1）ア（ウ）「善，正義，義務などに着目して，社会の在り方と人間としての在り方生き方について思索するための手掛かりとなる様々な倫理観について理解すること」。具体的にはハーバーマスの法治国家論（システム論批判・官僚制批判）につなげるなど。

〈参考資料〉

・杉原幸子『新版 六千人の命のビザ』大正出版，1994

・杉原千畝記念館ホームページ：http://www.sugihara-museum.jp/

・山田純大『命のビザを繋いだ男 ―小辻節三とユダヤ難民』NHK出版，2013

（菅野功治・和田倫明）

公共哲学とシティズンシップ教育

　近年生まれた新しい哲学に公共哲学があります。公共哲学は「公」と「私」の問題をさまざまな視座から探究する哲学です。

　例えば，日本において戦前から戦中は，国家最優先の「滅私奉公」の社会でした。戦後はその反動で「私」が最優先される社会となりました。しかし，今度はそれが「地域や社会と関わりを持とうとしない人間」の増加を招いてしまいました。その背景には日本社会における「私」の未成熟，あるいは欠如があるのではないでしょうか。公共哲学は「滅私奉公」でもなく，過剰な利己主義でもない，私を活かしながら公に参画していく道を探る学問でもあります。

　一方，社会に参画する自立した個人を育てるための「シティズンシップ教育」の必要性が近年提唱されています。シティズンシップ（市民性）とは，民主主義社会の構成員として自立した判断を行い，政治や社会の公的な意思決定に能動的に参加する資質をさす概念です。イギリスの政治学者バーナード・クリックらは，シティズンシップ教育の三本柱として，「社会的道徳的責任」「共同体への参加」「政治的リテラシー（政治的判断力や批判能力）」をあげています。シティズンシップ教育は，決して既存の国家や社会にとって都合のよい「品行方正な良き市民」の育成をめざすものではなく，政治的リテラシーを備えた「能動的な市民」を育成することがその目的とされています。「公共」の授業にあたっては，そうした点を意識する必要があるのではないでしょうか。

（村野光則）

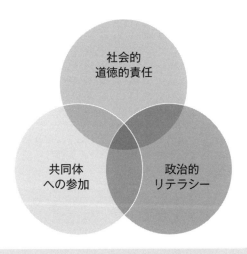

事例9

文化祭を成功させるには？
―社会契約説から考える―

指導要領【公共】A（1）

（1）イ（ア）社会に参画する自立した主体とは，孤立して生きるのではなく，地域社会などの様々な集団の一員として生き，他者との協働により当事者として国家・社会などの公共的な空間を作る存在であることについて多面的・多角的に考察し，表現すること。

指導のねらい

①自由な個人が自らの意志で社会を形成していくという社会契約説の特質を理解させる。
②ホッブズ，ロック，ルソーの3人による社会契約説の特徴を理解し，それぞれがどのようなつながりや関係のあり方を目指しているのかを，イメージできるようにする。
③学校で文化祭等の行事に，クラスなどの集団で取り組むことの意義について話し合わせる。

学習内容・授業方法等の概説

・学校や地域などにおける生徒の自発的，自治的な活動や現実社会の事柄や課題に関わる具体的な場面に触れ，生徒の学習意欲を喚起することができるよう工夫する。（内容の取扱い（3）オ（ウ））

学習指導案

	授業内容	備考
導入	自分が今まで見た，あるいは自ら関わった文化祭の中で好印象が残った出し物とその出し物を成功させたクラスの状況を挙げる。　　　　　　（10分）	個人で考えた後，6～7人のグループ内で分析。
展開	文化祭の出し物を成功させられるような，望ましいクラスのあり方を考えるために社会契約説の特質を理解する。　　　　　　　　　　　　　　（15分） ・ホッブズ・ロック・ルソーの社会契約説それぞれの特徴を対比しながら，クラスのあり方を省察する。 ・クラスで文化祭の準備をするとき，上記3人の社会契約説のうち，どの立場をとればクラスがうまくいき，文化祭が成功するかを議論する。　　　　　　　　　　　　　　　　　　　　　　　　　　　（15分）	3人の社会契約説の特徴をまとめたプリントを活用。 グループで議論し，その結果をクラス全体に発表。
まとめ	クラスで集団として文化祭に取り組む際に社会契約説を使って分析したが，一般の社会における集団は，社会契約説的にどのように分析できるか話し合う。　　　　　　　　　　　　　　　　　　　　（10分）	日本のみならず，各国の社会集団を事例にさせ，グループ討議。

事例9　文化祭を成功させるには？

授業展開 ◆文化祭を成功させるには？
―社会契約説から考える―

導入

(発問)(思考)　自分が今まで見た，あるいは自ら関わった文化祭の中で，好印象が残ったクラスの出し物を挙げてください。

(発問)(思考)　その出し物を成功させたクラスの状況はどうだったのでしょうか。

(解説)　この発問ではクラスの出し物という点を確認する。また敢えて「好印象が残った」「成功」という表現としたが，生徒の状況によって「好印象のものがない」「成功事例と言えそうなものがない」という場合は，「残念な結果に終わった出し物とそのクラス状況」という背理法的分析をさせる手もある。

第二の発問では，口頭で以下のような追加発問をすることも可能。「どのくらいの期間で準備したのでしょうか」「クラス全員が同じように協力したのでしょうか」「文化祭に取り組むことに消極的な人はいなかったのでしょうか」

展開

(発問)(技能)　文化祭の出し物を成功させられるようなクラスのあり方を考えるために，ある3人の思想家の「社会のあり方」の分析を比較しながら読んでみましょう。

(解説)〈社会契約説の特質〉

1）社会は人間によって形成されるものであり，人間が意識的に作り替えることができる。
　　⇔国王の権力は，神から与えられたものであり絶対であるとした王権神授説との違い

2）社会をいったん個々人のレベルにまで分解し，そこから再び個人の契約によって社会を構築する方法を模索した。個人の自由と社会秩序がいかにして両立できるかが課題

〈板書事項〉

下の表の中の重要項目を適宜空欄にしたプリントを配り，空欄を補充しながら，3人の社会契約説の特徴を説明していく。

	ホッブズ	ロック	ルソー
人間観	人は人に対して狼	理性を持つ	憐れみの心を持つ
自然状態	万人の万人に対する闘い	自由・平等で独立と平和が守られている	自由・平等・平和，各自が独立した生活
自然権	生命を維持する権利	生命・自由・財産権	文明と私有財産制の発生により，自由・平等の権利を失う
社会契約	秩序を維持するため，国王などに自然権を譲渡	自然権の一部を政府に信託	一般意志にもとづき，自然権を全面的に譲渡する社会契約
結果	よって，国王の制定した法には，絶対服従	代議政治を行うが，自然権を侵害するような政府には抵抗権（革命権）をもつ	直接民主制の政府を成立させる

93

3人の社会契約説と文化祭

ホッブズ問題

「自分の利害や自由ばかりを考えていて，クラスという集団のことなど考えなかった生徒たちが，なぜ急に自分たちの権利や自由を先生に委ねてクラスをまとめてもらおうと考えるのだろうか」「自由な個人と社会はなぜ両立するのか」という社会学や政治学にとっての基本問題を，パーソンズは「ホッブズ問題」と呼んで，その答えとして，「共通価値の内面化」をあげた。「やっぱり文化祭を成功させることが重要。成功させられるようなクラスや個人であることが大事」とみんなが思うこと。

ロックによる財産権の肯定

ロックは，各自の労働の成果は自尊心の源であり，功績として各自に帰属されるとして，財産権を肯定した。結果として，格差が生じることになる。ここから考えると，長期休暇や土日祝日という貴重な休日をどう使うかを決定する権利も各自に帰属することになると考えられ，多くの時間をクラスのために割く人と割かない人の差が生じるだろう。多くの生徒が休日の文化祭準備に参加し盛り上がるクラスもあれば，あまり盛り上がらないクラスも出てくるだろう。

自然に帰れ！

ルソーは文明化や社会化や競争によって，本当の私，自然な感情を失ってしまったという。それが，他者に対する「あわれみの感情（ピティエ）」である。「自然に帰れ！」という言葉は，人と人を結びつける力となり，互いに協力して生きるために社会を作る原動力となるこの感情を取り戻せと主張しているのである。

ルソーによる一般意志と全体意志

全体意志＝それぞれの事情を考慮した「特殊（＝個別）意志」の総和にすぎない。従って，休日の文化祭準備活動に参加するしないは，各自に委ねられ，差が生じる。盛り上がらないクラスもあるかもしれない。

一般意志＝自分のことよりも共同体のみんなの幸福や利益を最優先する。まず，全員一致で共同体の意志を確認する。そのうえで，各自は可能な限り，休日の文化祭準備活動に参加するようにする。クラスのみんなが集まって盛り上がる可能性があるが，本心ではやりすぎでついていけないと思っている者もいるかもしれない。

（発問）（思考）クラスで文化祭の準備をすることになりました。この3人の社会契約説のうち，どの立場をとれば，文化祭は成功し，クラスはうまくいくと思いますか。そう考える理由は何ですか。（「トゥールミンモデル」を利用した ワークシート に記入させる→ p.97）

（解説）資料集などから，ホッブズ・ロック・ルソーの原典を読ませることもできる（例：『倫理資料集』清水書院，2016）。そのほか，生徒の状況に応じて，共同体について全く異なった性質のものを紹介し，社会契約説をさらに相対化することも，より深い学習につなげることもできる。

解説 トゥールミンモデルとは，イギリスの分析哲学者スティーブン・トゥールミン（Stephen Toulmin）が提唱した議論レイアウトである。このモデルでは，結論を支える根拠を「データ」と「理由付け」に分けて，「結論」「データ」「理由付け」の3つを議論の基本要素として図式化する。

①「データ」（Data：以下D）は結論を導くための証拠の部分，②「結論」（Claim：以下C）はデータから導き出される結論，③「理由付け」（Warrant：以下W）はデータから結論への結び付きの妥当性を表すものである。

（参考文献）足立幸男著『議論の論理 ―民主主義と議論』木鐸社，1984

上記のようなモデルの利用によって，生徒の思考過程を明確にしていくことが容易になる。

まとめ

発問 思考 これまで，クラスで集団として文化祭に取り組む際に社会契約説を使って分析しましたが，一般の社会における集団は社会契約説的にどのように分析できるでしょうか。世界中に存在する，あるいは存在した社会集団から1つを具体的に選んで，ホッブズ・ロック・ルソーのどの立場が適用できるのかをグループで考えてみましょう。

解説 生徒に身近なクラスという集団から，視点を一般社会の集団に広げさせる発問である。国家全体となると分析しにくいため，やや小さめの社会集団を選ぶよう誘導するとよい。会社組織でもよいし，政党組織やカルト宗教集団組織などを挙げてもよい。生徒によっては歴史的な集団組織の方がイメージしやすい場合もあろう。

■学習内容のまとめと評価

・この授業で目指しているのは，どのような考え方がすぐれているかではなく，様々な考え方で，現実の問題解決をシミュレートすることであり，その比較によって最終的にはいずれかの考え方をとるとすれば，何が決め手となるかを考えることである。

従って，次のような出題形式で論述させることによって，複数の考え方を理解したうえで判断しているかを評価することができる。

〈試験問題例〉

「クラスで文化祭の準備をすることになりました。ホッブズ・ロック・ルソーの3人の社会契約説のうち，どの立場をとれば，文化祭は成功し，クラスはうまくいくと思いますか。あなたが選んだ立場が，他の2つの立場に比べてなぜよりよいと考えるかを説明しなさい」

〈評価〉

・3つの立場をそれぞれ理解しているか。
・選択の根拠を示せているか。

■他の授業例など

(発問)(主体) 次の資料で示される社会は，私たちの社会とあまりにもかけ離れているでしょうか。
家族や友人関係などのつながりの中に，こうした社会のあり方と通じるものはないか考えて
みましょう。

参考資料

　アメリカ先住民のほとんどの部族には，長など権威の象徴がいると信じられている。これは
誤りだ。アメリカ先住民の部族の多くは，伝統的に平等社会である。人々の生活は，外部から
理解されているよりはるかに自由で，いかなる指導者の影響も受けない。
　アメリカ先住民の多くが王権的な社会構造になっていると誤解してしまう理由はたくさんあ
る。まず，他の社会を見るときに，自分たち自身の社会の価値観や仕組み，物事の進め方を投
影してしまうこと。自分自身の社会に何らかの指導者がいない状態，特に社会の規則を守らせ
る力をもった指導者がいない場面を想定しにくいため，古くからうまく機能している社会でそ
のような強制力が働かないことを想像するのは，わたしたちにとって困難だ。（略）最後に，
おそらくここが最も重要なのだが，西洋社会にとっては，先住民社会に交渉相手となる指導者
がいてくれた方が都合がいい。たとえば先住民の土地を入手するにせよ，あるいは譲渡するに
せよ，合法的に進めるには代表者がいなければ交渉はまず不可能だ。ではどうするかという
と，（略）傀儡の長が立てられ，「彼らの」法的な指導者であるという人造の権威を纏わされ，
先住民の所有物に関して商取引が進められていくのだ。（略）
　いわゆる「公的な」強制力というものはピダハン社会には存在しない。警察もなければ裁判
所もなく首長もいない。だが強制は確かに存在する。わたしが観察したかぎり，主な形は村八
分と精霊だ。（略）日常よくある村八分の例は，しばらくの間食べ物の分け合いに混ざらせな
いというやり方だ。村八分が続くのは一日あるいは数日で，それ以上に長くなることはめった
にない。（略）
　一方精霊は，ああいうことはしてはいけなかったとか，こういうことをしてはいけない，と
村人に告げる。村のなかの誰かひとりを名指すこともあれば，全体に話しかける場合もある。
ピダハンは注意深く耳を傾け，おおむね（略）忠告に従う。精霊は，「イエスを称えるな。あ
れはピダハンではない」とか，「明日は下流で狩りをしてはいけない」というような具体的な
勧告をすることもあれば，「ヘビを食べてはいけない」というような共同体共通の訓戒をする
場合もある。
　精霊と村八分，食料分配の制限などを通じて，ピダハンは自分たちの社会を律している。多
くの社会と比較すれば強制はきわめて少ないほうだが，彼らの社会の異常な行動を統制するの
に多すぎも少なすぎもしないようだ。（ダニエル・L/ エヴェレット著，屋代通子訳『ピダハン —「言語
本能」を超える文化と世界観』みすず書房，2012, p.158-161）

解説 上記の資料は，アマゾンの少数民族で，言語的に数詞を持たないなど極めて特徴的な「ピダ
　　　ハン」のフィールドワーク報告である。共同体において指導者がいない，支配・被支配の関
　　　係がないケースである。文化祭という身近な事例からクラス内社会を考えさせ，【まとめ】
　　　でより広く一般社会での集団をとらえさせたうえで，生徒におそらく発想できないような集
　　　団を提示してより深い考察をさせるための授業案である。
　　　　　　　　　　　　　　　　　　　　　　　　　　　　　　　　　　　　　　　（菅野功治）

事例9 文化祭を成功させるには？

ワークシート

1．自分が今まで見た，あるいは自ら関わった文化祭の中で好印象が残った出し物は？

自分自身の考え	グループメンバーの考え	他グループの考え

2．その出し物を成功させたクラスの状況は？

自分自身の考え	グループメンバーの考え	他グループの考え

3．ホッブズ・ロック・ルソーの3人の社会契約説のうち，どの立場をとれば，文化祭は成功し，クラスはうまくいくと思うか？　また，そう考える理由は？

≪グループメンバーの考え≫

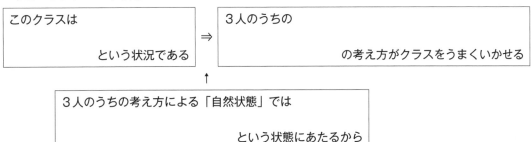

≪他グループの考え≫

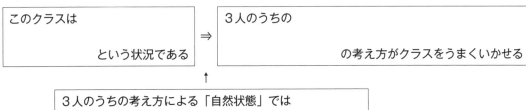

4．世界に存在する，あるいは存在した社会集団から1つを具体的に選んで，ホッブズ・ロック・ルソーの3人の社会契約説のうち，どの立場が適用できるか考えてみよう。

≪グループメンバーの考え≫

社会集団の例	⇒	3人のうちの　　　　　　　　　　　　　　の考え方が適用できる

≪他グループの考え≫

社会集団の例	⇒	3人のうちの　　　　　　　　　　　　　　の考え方が適用できる

97

事例10

多くの人を救うために一人の人間を殺してもよいか？

指導要領【公共】A（2）

（2）ア（ア）選択・判断の手掛かりとして，行為の結果である個人や社会全体の幸福を重視する考え方や，行為の動機となる公正などの義務を重視する考え方などについて理解すること。

指導のねらい

①命にかかわる判断を迫られたときに，人はどのような基準で判断を下すのか考えさせる。
②結果が同じでも手段が異なると，判断も変わってくることを理解させる。
③道徳的判断基準には，結果を重視する考え方と動機を重視する考え方があることを理解させる。

学習内容・授業方法等の概説

・人間と社会の在り方についての見方・考え方を働かせ，現実社会の諸課題と関連付けながら具体的事例を通して社会的事象等についての理解を深めさせる。（内容の取扱い（3）ウ）
・論拠を基に自分の意見を説明，論述させたりすることにより，思考力，判断力，表現力等を養わせる。（内容の取扱い（3）エ）

学習指導案

	授業内容	備考
導入	2つの思考実験を通じて深く考える力を伸ばすことを説明する。（5分）	
展開	1．「トロッコ問題（1）」について説明し，自分だったらどうするかと，その理由を ワークシート に記入させる。（5分） 2．4人グループに分かれ，それぞれの意見を順に発表し合う。（10分）	プリントを配布してもよい。
	3．「トロッコ問題（2）」について説明し，自分だったらどうするかと，その理由を ワークシート に記入させる。（5分） 4．グループで，それぞれの意見を順に発表し合う。（10分） 5．どちらも結果は同じになるにもかかわらず，なぜ判断が逆転するのかを話し合わせる。（10分）	プリントを配布してもよい。 時間があれば，いくつかのグループに，話し合った内容を発表させる。
まとめ	結果を重視する考え方である功利主義，「人を殺してはならない」という動機を重視する考え方である義務論という思想があり，人間はそのときどきにより，そのどちらかに立って判断していることを説明する。（5分）	功利主義や義務論という用語を使わずに説明してもよい。

※本時に続いて，事例11「比べられる世界と比べられない世界」に進むと，より思考を深めさせることができる。

事例10　多くの人を救うために一人の人間を殺してもよいか？

授業展開　◆多くの人を救うために一人の人間を殺してもよいか？

導入

指示　今日は有名な「トロッコ問題」という思考実験に取り組んでみましょう。この思考実験は深く考える力を伸ばすためのものです。

解説　思考実験とは，頭の中でさまざまなケースを想定し，それについて考えてみるものである。私たちは日常的に「もし～したら，どうなるだろう？」という思考実験を行っているが，「公民科」で行われる思考実験では，個人の価値観や倫理観を問うこの「トロッコ問題」などのモラルジレンマ教材が多く用いられている。

展開

指示　まず，「トロッコ問題（1）」という思考実験に取り組んでみましょう。

資料1　「トロッコ問題（1）」

　あなたは線路が左右に分かれる分岐点に立っています。そこに猛スピードでトロッコが走ってきます。分岐点を右に進むと線路の先には大雨の中で5人の作業員が線路の工事をしています。一方，左に進んだ先には一人の作業員が仕事をしています。もし，あなたが何もしなければ，トロッコはそのまま右側に突進し，5人の作業員はトロッコにはねられて死んでしまいます。それを避ける唯一の手段は，分岐点のスイッチでトロッコの進行方向を切り替えて左側に進ませるしかありません。しかしそうすると，左側で働いている一人の作業員が死んでしまいます。このような状況で，トロッコの進行方法を切り替えて，5人の作業員の死を避けることは適切な行為でしょうか。

発問　**思考**　あなたの考えとその理由を ワークシート に記入してください。

(指示) 次に「トロッコ問題（2）」という思考実験に取り組んでみましょう。

資料2 「トロッコ問題（2）」

　　あなたの乗ったトロッコが突然制御不能になりました。このまま加速を続けると，こちらに気付いていない作業員5人をひき殺すことになります。ふと見ると，あなたの前には居眠りをしている作業員が乗っています。もしこの人をあなたが突き落とせば，目の前で事故が起きてトロッコは止まり，誰もひき殺すことはありません。ただそのかわり，このあわれな作業員は死んでしまいます（失敗の可能性はないとします）。このような状況で，居眠りをしている作業員を突き落としてトロッコを止め，5人の作業員の死を避けることは適切な行為でしょうか。

(発問) (思考) あなたの考えとその理由を ワークシート に記入してください。

(発問) (思考) 2つの思考実験は，一人を犠牲にして5人の命を救うという点ではどちらも同じです。それにもかかわらず判断が正反対になる場合がありますが，それはなぜなのかを話し合いましょう。そのうえで，あなたが考えたことを ワークシート に記入してください。

ワークシート

「人を殺すことと死なせることはどちらが悪い？」

＿＿＿＿年＿＿＿＿組＿＿＿＿番　名前＿＿＿＿＿＿＿＿＿＿＿＿＿＿＿＿

【トロッコ問題（1）について】

【トロッコ問題（2）について】

【あなたが考えたこと】

事例10　多くの人を救うために一人の人間を殺してもよいか？

まとめ

解説「トロッコ問題（1）」では，多くの人がスイッチを押して進行方向を切り替えることを選択したと思う。その理由は「より多くの人の命を救うため」であり，どちらの方がより多くの人の命を救えるかを冷静に考えたうえでの判断だったのではないか。

　一方，「トロッコ問題（2）」では，多くの人は「自分の手で居眠りしている作業員を突き落とす」ことにかなりの抵抗を感じたと思う。より多くの人の命を救うという目的は同じであっても，自分が手を下して人を殺してしまうことはとても難しいことである。

　「より多くの人の命を救うためにスイッチを切り替える」が理性的な判断（＝功利主義的倫理観）であるとすれば，「自分の手で人を殺すことはできない」（＝義務論主義的倫理観）は直感的な道徳感情といえる。私たちはつねに理性的に考えて行動しているわけではない。理性的な行動規範とともに道徳感情というものがあり，そのときどきの状況によって，そのどちらかが優勢となって行動しているのだ。

　「トロッコ問題」においての判断基準は，「より多くの人の命を救う方がよい」というものであり，これは功利主義という思想に基づくものである。功利主義は「最大多数の最大幸福」すなわち，より多くの人がより幸福になることを目指す社会思想である。功利主義の思想家としてはイギリスのベンサム（1748〜1832）がいる。そこでの判断基準は社会全体の幸福量をより大きくすることである。そのため，功利主義の立場から判断すれば，一人を救うよりも5人を救う方が正しいことになるのである。このように功利主義は結果（効果）を重視する。

　一方，「人を殺してはならない」というのは個人の内面の道徳規範である。そして，それは人間の本能的な感情も大きく影響するものである。「○○してはならない」「○○すべきである」という個人の行動規範についての思想は義務論とも呼ばれ，代表的な思想家としてはドイツのカント（1724〜1804）がいる。義務論は，行為の動機を重視する考え方である。

■ 学習内容の評価

・思考・判断・表現について，意見の是非については評価せず，（1）理由（根拠）を示しながら意見を述べているか，（2）どれだけ多角的な観点から考えているか，等により5段階（A〜Eまたは5〜1）で評価する。可能ならばコメントも記入する。

■ 公共・道徳との関連

・本指導案自体が，全体的に道徳的感情を主題として取り扱っており，中学校「特別の教科 道徳」との関連は，A〜Dまでと幅広い。そして中学校段階を一歩進めて，主体的に深い学びを行いながら生徒に価値判断させるという新科目「公共」の枠組みの中で，道徳を取り扱う事例となっている。

〈**参考資料**〉
・金井良太『脳に刻まれたモラルの起源　―人はなぜ善を求めるのか』岩波書店，2013
・マイケル・サンデル著，鬼澤忍訳『これからの「正義」の話をしよう　―いまを生き延びるための哲学』早川書房，2010

（村野光則・塙枝里子）

事例11

比べられる世界と比べられない世界

指導要領【公共】A（２）

（２）ア（ア）選択・判断の手掛かりとして，行為の結果である個人や社会全体の幸福を重視する考え方や，行為の動機となる公正などの義務を重視する考え方などについて理解すること。
（２）イ（ア）倫理的価値の判断において，行為の結果である個人や社会全体の幸福を重視する考え方と，行為の動機となる公正などの義務を重視する考え方などを活用し，自らも他者も共に納得できる解決方法を見いだすことに向け，思考実験など概念的な枠組みを用いて考察する活動を通して，人間としての在り方生き方を多面的・多角的に考察し，表現すること。

指導のねらい

現代社会の諸課題について，結果主義や動機主義の考え方を手掛かりに，解決策を公正に選択・判断させ，多面的・多角的に考察する力や，考察したことを説明する力を養わせる。

学習内容・授業方法等の概説

・結果について多面的・多角的に考えさせるとともに，動機を踏まえて人間としての在り方生き方を考えさせるべく，生命倫理の単元で，生命の数を量的に捉えより多くを救おうとする立場とともに，生命は絶対的な価値をもつので比較不可能であるという立場を取り上げ，授業を構成する。（内容の取扱い（３）オ（エ））

学習指導案

	授業内容	備考
導入	現代の諸課題の一つの側面として，「比べられる世界（相対）」と「比べられない世界（絶対）」の対立があることを理解させる。　　　　　　　　　　（5分）	
展開	ⅰ）政府の代表者になって，どの立場の人からインフルエンザのワクチンを優先的に接種させるべきか，理由とともに考えさせる。（20分） ⅱ）特定の立場を最優先にしなければならない理由を，提示された評価基準を踏まえて，各グループで考えさせる　　　　　　　　（20分） ※優先する特定の立場は，ⅱ-①では教員が選択肢から割り当て，ⅱ-②では各グループが自分の関係する立場や集団の中から挙げる。 ※異なる立場を踏まえた意見の方が，より納得性の高い，社会的な望ましさを備えたものになることを理解させる。	・ ワークシート 　個人ワーク ・ ワークシート 　グループワーク
まとめ	優先順位をつけることの是非を問うような意見も踏まえて，生命は，「比べられる世界（相対）」のものか，「比べられない世界（絶対）」のものか，グループで話し合うことで理解を深めさせる。　　　（5分）	

事例11　比べられる世界と比べられない世界

授業展開 ◆比べられる世界と比べられない世界

導入

発問 **思考** 「トロッコ問題」をみなさんは学習しましたが（→事例10〈p.98〉が未習の場合は解説する），そこでは，単純に救われる人数の多いほうが「正解」になると割り切ることはできませんでした。それはなぜなのでしょうか。

解説 比べられる世界と比べられない世界の対立があること，相対と絶対の関係性などが，本時で考えさせたい概念である。この概念の示し方の例として，「トロッコ問題」で救われる命の数を比べると，5＞1である（比べられる世界）が，命はそのように単純に比べてもよいものなのか，無限に価値があるものであるとすれば計算したり大小を比較したりできるものではないのではないか（比べられない世界），生徒に問うことでジレンマを生じさせる。

展開

解説 比べられる世界を前提に，前半は個人ワークで考えさせ，後半はグループワークで考えさせるようにする。その際，教員がトリアージ等の事例を紹介することで，医療の世界で治療の優先順位が考えられることは実際にあり得るのだと示すようにする。

発問 **思考** インフルエンザのワクチン接種の優先順位と，優先する理由について， ワークシート を使って考えてみましょう。最初は自分で考え，その後はグループで考えましょう。

ワークシート

2009年，世界的に流行した新型インフルエンザに対して，日本国内ではワクチンが不足するという事態が起きました。これを受けて日本政府は，国民に対してワクチン接種の優先順位を示しました。この状況を踏まえ，次のⅰ）ⅱ）について考えてください。

ⅰ）もしあなたが日本政府の代表者なら，下記のア〜エのどの立場の人に，優先してインフルエンザのワクチンを接種させますか。あなたが考える優先順位を，理由とともに教えてください。

　　ア．医師や看護師　　イ．高齢者　　ウ．子ども　　エ．日本政府の代表者（自分を含む）

順位	選択肢	理由
①		
②		
③		
④		

103

ii)–①

　あなたたちのグループは（　　　）を，最優先にワクチン接種させるべき対象だと考えています。インフルエンザのワクチンを全ての（　　　）にいきわたらせるために，どのような説明をして他の立場の人を納得させますか。下記の評価基準を踏まえ，できるだけ高い評価が得られるように，理由を考えてみてください。

〈評価基準〉
A：他の全ての立場を納得させ，さらに今後どんな立場の人が現れても納得させられる理由を導いた。
B：自分以外の１つ以上の立場を納得させられる理由を導いた。
C：自分の立場からしか意見を述べられていない。

〈解答〉

ii)–②

　あなたの所属する社会的な立場や集団（あなたの住む地域，あなたの世代，あなたの性別など）の中で，最優先にワクチンを接種させるべき対象はどれでしょうか。そしてその対象を最優先にするにあたり，どのような理由をあげて，他の立場の人を納得させますか。グループで意見をまとめてください。なお理由を考える際には，下記の評価基準を踏まえ，できるだけ高い評価が得られるようにしてください。

〈評価基準〉
A：他の全てのグループを納得させ，さらに今後どんな立場の人が現れても納得させられる理由を導いた。
B：他の１つ以上のグループを納得させられる理由を導いた。
C：自分の立場からしか意見を述べられていない。

〈解答〉

事例11 比べられる世界と比べられない世界

まとめ

解説 下記内容が書かれた プリント を，各グループに1枚ずつ配布して，読み合わせをさせる。

発問 **思考** 次の2つの意見を読んで，あなたのグループとしては，どちらの意見により共感するか話し合ってください。記入欄に，グループとしての意見，およびそれとは異なる少数意見があればそれも記入してください。それぞれ，そう考える理由も記入してください。

プリント

Kさん

一人ひとりに絶対的な価値があるので，その優先順位を考えること自体，問題である。どの立場を犠牲にするかを考えるのではなく，すべての立場を救うことができないか考え続けるべきである。この立場ならば救うと，救いの条件を考えている時点で間違っている。

Bさん

公平なくじ引きで分配するべきである。快苦を気にしながら生きている点で一人ひとりは同じであり，その立場や価値の違いを考慮するべきではない。そのような客観的な基準で，個人の幸福，ひいては社会の幸福の最大化をはかるべきである。

［グループの意見］

....
....
....

［少数意見］

....
....
....

解説 プリント では，KさんやBさんの意見として，動機主義や功利主義につながる考え方を示したが，いずれの意見も，どこかで不幸を生じさせる側面があることには注意させる。

　これまでの現代の諸課題の扱い方としては，特に旧科目の「現代社会」や「政治・経済」で扱う場合，異なる幸福が対立する場面を想定し，その対立をどのように公正に調整するか考えさせるのが主であった。例えば，環境保全を優先すべきとする立場と経済発展を優先すべきとする立場の対立をどのように調整するか等である。無論，このような視点は，実際の課題解決に欠かすことのできないものである。

105

しかし，「公共」において，多面的・多角的に考察する力を培うために，その対立の背景を踏まえた根本的な解決をはかるにはどのような道があるかを考えさせることを試みてもよいであろう。例えば，環境保全と経済発展どちらを優先させるべきかという対立についてであれば，画期的な新エネルギーが生み出され，地球が持続可能な状態になれば，対立自体が起こらないのではないかといった視点である。

　　「トロッコ問題」でも，思考実験としては枠組みをルールとして守らせたうえで取り組ませるだけでなく，生徒は「他に方法はないか」といろいろ考えるものであり，そこから出てくる発想をできるだけ拾い上げることも必要であろう。

■学習内容のまとめと評価

・ワークシートのⅱ）の解答に，「社会的望ましさ」がいかに盛り込まれているかを評価基準として，教員が各生徒の評価をする。授業の中で生徒に明示するワークシート中の評価基準は，公正に選択・判断することや，多面的・多角的に考察することを促すためのものである。教員が生徒を評価する際の評価基準とは異なる。ただし，ワークシートの評価基準で良い評価をとろうと考えれば考えるほど，客観性・普遍性を求めるようになり，それが社会的な望ましさにつながっていくため，結果的に２つの評価基準は連動することになる。評価基準を２つ用意したのは，生徒に明示する評価基準が生々しすぎると，つまり成績に関わることばかりを強調しすぎると，そもそもを考えるような，今回の授業で生徒に育みたいと考えている視点が生徒に身に付きにくいと考えたからである。それゆえ，授業においてもゲームのルールのような形で，評価基準を明示する。最終的にどのような答えを導き出そうとも，生徒に明示する評価基準（ワークシート中の評価基準）でＡ評価がとれない形にしているのも，そのためである。

例）教員の評価基準（最優先にする立場を高齢者とした場合）
　Ａ：Ｂに加え，高齢者以外のあらゆる立場に及ぶ網羅的な記述が１つ以上ある。
　　　「高齢者以外の立場は全体として～なので」「他の立場は全て～なので」
　Ｂ：Ｃに加え，高齢者以外の立場についての具体的な記述が１つ以上ある。
　　　「医師や看護師は～」「子どもは～」
　Ｃ：高齢者の立場についての記述が１つ以上ある。
　　　「高齢者は，最も抵抗力が低いので，最優先すべきである」

■公共の他の領域との関連

下記の「公共」の他領域に接続する。
・大項目Ｃ「現代の諸課題を探究する活動」
・「内容の取扱い」（３）のキ（ア）の「大項目Ａで身に付けた選択・判断の手掛かりとなる考え方や公共的な空間における基本的原理などを活用する」

106

事例11 比べられる世界と比べられない世界

■発展的な授業例

　発展的な授業例として，「トロッコ問題」を現実の社会問題として捉えさせるべく，「トロッコ問題」と同じ状況で，AIや自動運転車はどのような判断を下すようプログラムされるべきか考えさせてはどうか。例えば，政府，メーカー，利用者，被害者，それぞれの立場ごとに，下記の表のような問いを起点に考えさせることはできる。

立場	どうあるべきか
政府	功利主義的な判断を下すようプログラムされたものを規制するか。
メーカー	功利主義的な判断を下すようプログラムするか。
利用者	功利主義的な判断を下すようプログラムされたものを積極的に購入するか。
被害者	功利主義的な判断を下すようプログラムされたものによって，損害を受けたとき，責任を求めるか。

　また，結果主義 vs 動機主義のジレンマが生じる他の事例に触れさせることで，発展的な学びにつなげることはできる。

例）

・環境保護に関する学会で自動車の利用を控えるべきだと訴えようとする人物が，その学会会場に，自動車で向かうことは許されるのか。

・賄賂の見返りに，ある人物を表彰すれば，その人物が結果として，数多くの難民を救ってくれる。その人物を表彰するべきか。

(久世哲也)

Column

義務論と功利主義だけ？

　「公共」教科書の多くでは，カントやロールズの「義務論」，ベンサムやミルの「功利主義」が対比されている。しかしながら，「何が正しいか」を考える規範倫理学の潮流は3つある。上述の2つに加えて古代ギリシアのアリストテレスらに源流があり，1950年代以降にアンスコムやマッキンタイア，ハーストハウスによって再注目されるようになった「徳倫理学」についても見ていこう。

　義務論と功利主義は行為の道徳的な正しさを行為それ自体から論じていくもので「行為論」と呼ばれ，徳倫理学は行為ではなく「行為者」の性格・徳から論じられるため，「徳理論(徳論)」と呼ばれる。

　(1)　義務論：意志の格率(行動指針)が常に普遍的立法の原理として通用する法則に合致する行為が義務である。誰もが従う義務のある道徳法則に従い行動することが道徳的に正しい。

　(2)　功利主義：ある行為が帰結としてできるだけ多くの者や動物をできるだけ幸福にする(最大多数の最大幸福を実現する)とき道徳的に正しい。結果から物事を考える。なおベンサムは量的功利主義，ミルは質的功利主義とよばれる。

　(3)　徳倫理学：もし有徳な人(徳のある人)がその状況にいるならばなすであろう，その人柄にふさわしい行為は，道徳的に正しい。義務論・功利主義は「行為」だけを見ているが，こちらは「人」そのものを見て論じる。

(坂口克彦)

事例12

情報化社会を生きる

指導要領【公共】A（2）

（2）ア（イ）現代の諸課題について自らも他者も共に納得できる解決方法を見いだすことに向け，（ア）に示す考え方を活用することを通して，行為者自身の人間としての在り方生き方について探求することが，よりよく生きていく上で重要であることについて理解すること。

（2）ア（ウ）人間としての在り方生き方に関わる諸資料から，よりよく生きる行為者として活動するために必要な情報を収集し，読み取る技能を身に付けること。

ねらい

①情報化社会における課題を，自分自身の課題として具体的に考察させる。
②情報化社会において，どのようなモラルが考察されるか，考えさせる。
③情報化社会における在り方生き方について，先哲の思想を参考としつつ，考えを深めさせる。

学習内容・授業方法等の概説

・「現代の諸課題を捉え考察し，選択・判断するための手掛かりとなる概念や理論について理解するとともに，諸資料から，倫理的主体などとして活動するために必要となる情報を適切かつ効果的に調べまとめる技能を身に付けるようにする」（「目標」（1））について，「解説」（p.31）でも情報の取り扱い方についての指導を求めている。この授業はイドラ，パノプティコンなどの先哲の考えや，心理学の理論を活用して，情報の吟味について考えさせようとしている。

学習指導案

	授業内容	備考
導入	情報化社会を考察するうえで，その具体的な事例として，いわゆるインターネットのモラルについて知っていることを挙げさせる。　　（10分）	自由な発言を促す。
展開	（1）認知心理学や社会心理学から，情報モラルに関わる知識を理解させ，具体例を考えさせる。　　　　　　　　　　　　　　（10分）	自由な発言を促す。
	（2）ベーコンの「イドラ」の考え方について学習する。　　（10分） ・ベーコンの「イドラ」が現代の情報化社会に適用できるのか，確かめながら理解させる。	資料読解を支援する。
	（3）ベンサムの「パノプティコン」を紹介したうえで，それをフーコーがどのように再解釈したか，学習させる。　　　　　　（10分） ・パノプティコンの考え方が現代の情報化社会にどのように適用されるか考えさせる。	資料理解を支援する。
まとめ	情報化社会に求められるモラルとは何かを話し合わせ，意見をまとめさせる。　　　　　　　　　　　　　　　　　　　　　　　　（10分）	グループの話し合いを促し，発表させる。

事例12 情報化社会を生きる

授業展開 ◆情報化社会を生きる

導入

(発問) (思考) インターネットのモラルについて，いろいろなことを聞いたり，気をつけたりしているでしょう。それについて，いくつか意見を聴かせてください。（ワークシート記入・発表も可）

(解説) 社会の情報化は，今までの人類の歴史には見られなかった速度で進んでいる（教科書の図版資料などを参照させるとよい）。しかし，受け取った情報をどのように扱うと間違えてしまうのか，ということについては，人類の歴史を通じて変わっていないところもある。

これから，「情報化社会のモラル」につながる物事の見方や考え方について，これまでの思想家たちがどのようなことを指摘してきたのか。また，そもそも人間はなぜそのように間違えてしまうのかについて，心理学的にも考えさせてみる。

展開1

(発問) (思考) 私たちは情報をうまく利用することができなかったり，誤った使い方をしてしまったり，デマに巻き込まれてしまったりします。次の資料は，その1つの例です。資料を読んで，下の問いに答えてください。

資料 中心特性と周辺特性

次の2つのリストは，「その人はどういう人か」という問いに対して，述べられた7つの形容詞です。
リストA「知的な，器用な，勤勉な，あたたかい，決断力のある，実際的な，用心深い」
リストB「知的な，器用な，勤勉な，つめたい，決断力のある，実際的な，用心深い」

・リストAとリストB，どちらかを示された時，その人に対してどのような印象をもちますか。
・その人がどういう人かについて，あなたが別の人に4つの形容詞で説明しようとしたら，7つの中からどの4つを選びますか。

(解説) その人の印象を強く決定付ける語は中心特性，それ以外は周辺特性という。この場合，「あたたかい」「つめたい」以外の形容語はすべて同じなのに，この違いだけで印象が決定的に違ってくる。私たちはそういう強いひとことに支配されやすい。

(発問) (思考) 次の資料を読み，私たちの身の回りで起こっていることについて，あてはまる例を挙げてみましょう。そして，それを避けるためにはどうすればよいかを考えてみましょう。

資料 人間の認知の仕組み

もともと，人間の脳は，受け取った刺激を「ありのまま」には受け取らず，何らかの「加工」をして処理するようになっている。すべての情報を同じように処理していると，時間も手間もかかる。「第一印象」のように最初に得られる情報に影響されやすいのも，中心特性／周辺特性も，自分にとって相手は味方なのか敵なのかをとっさに判断するうえで，重要な要素を優先的に処理しようとする仕組みである。

109

最初の情報，最低限の情報ですばやく判断することは，とっさに身を守ろうとする「動物的」本能かもしれない。しかし，情報処理の正確さには欠ける。私たちの動物的な「まず，身を守ろうとする」脳の働きが，客観的な情報処理を後回しにしている。危険かもしれない！という段階を過ぎたなら，そこで情報をさらに収集・処理して，「論理的に」正確な判断をすればよいのである。

柳の枝を見て「幽霊だ！」と思いこんで逃げ出すことは，まず身を守るための行動として適切である。しかし振り返ってよくよく見てみれば，それはただの柳の木，なあんだ，と正確に判断できる。

インターネット社会で情報をやり取りする時には，このような人間の認知の仕組みをよく理解しておかなければならない。気軽に世界中に情報発信できてしまう現代，柳の木を見て「幽霊だ！」と思いこみ，「私は幽霊を見た！」というデマを拡散してしまうことがいかに多いことか。振り返って確かめて，それが本当に幽霊なのかどうか，私たちは見届けてから発信しているだろうか。受信した情報がこれら様々な認知バイアスに方向づけられたものかもしれないと注意しているだろうか。

私たちの認知の仕組みにある，このような「間違いを産みやすい」性質には，次のようなものがある。
・ネガティビティ・バイアス：否定的な意見に左右されやすい（まずは危険を避けるため）
・ステレオタイプ：性別や人種，職種などによって，性格や行動を型にはめてしまう
・ハロー効果：特に優れた特徴があると，欠点が見えなくなる
・認知的不協和：肯定的な評価を与えた相手に否定的な特性があると，間違った意味づけをして，肯定または否定に統一する
・確証バイアス：自分が気にいった意見を補強するために，都合のよい意見を収集し，都合の悪い意見を無視する

(佐藤基治・大上渉・内野八潮・池田浩・池田可奈子『心理学 A to B』培風館，2013 を参考に作成)

解説 指導者の暴力を受け入れてしまうこと，インターネットの書き込みを確かめないで信じたり拡散したりすることなど，さまざまな例が挙げられる。これらの不適切な行動を避けるにはどうしたらよいかについても，多くの人の意見を聞く，匿名の発言から物事の判断をしない，あえて否定的な側面を書き出して冷静に読み返してみる，などの方法が挙げられるので，生徒の回答が少なければ補う。

展開2

発問 **思考** 次の資料は，近代思想の始まりのころに出された「四つのイドラ」について書かれたものです。これを現代にあてはめると，どのような問題を指摘しているでしょうか。例を挙げてみてください。

資料 『ノヴム・オルガヌム（新機関）』

人間の精神を占有する「イドラ」には四つの種類がある。（略）第一の類は「種族のイドラ」，第二は「洞窟のイドラ」，第三は「市場のイドラ」，第四は「劇場のイドラ」と呼ぶことにす

る。(39)

「種族のイドラ」は人間の本性そのもののうちに，そして人間の種族すなわち人類のうちに
根ざしている。というのも，人間の感覚が事物の尺度であるという主張は誤っている，それど
ころか反対に，感官のそれも精神のそれも一切の知覚は，人間に引き合わせてのことであっ
て，宇宙［事物］から見てのことではない。そして人間の知性は，いわば事物の光線に対して
平でない鏡，事物の本性に自分の性質を混ぜて，これを歪め着色する鏡のごときものである。
(41)

「洞窟のイドラ」とは人間個人のイドラである。というのも，各人は（略）洞窟，すなわち
自然の光を遮り損なう或る個人的なあなを持っているから。すなわち，或いは各人に固有の特
殊な性質により，或いは教育および他人との談話により，或いは書物を読むことおよび各人が
尊敬し嘆賞する人々の権威により，或いはまた，偏見的先入的な心に生ずるか，不偏不動の心
に生ずるかに応じての，印象の差異により，或いはその他の仕方によってであるが。したがっ
てたしかに人間の精神とは，（個々の人における素質の差に応じて）多様でそして全く不安定
な，いわば偶然的なものなのである。それゆえにヘラクレイトスが，人びとは知識をば［彼ら
の］より小さな世界のうちに求めて，より大きな共通の世界の中に求めない，と言ったのは正
しい。(42)

またいわば人類相互の交わりおよび社会生活から生ずる「イドラ」もあり，これを我々は人
間の交渉および交際のゆえに「市場のイドラ」と称する。人間は会話によって社会的に結合さ
れるが，言葉は庶民の理解することから［事物に］付けられる。したがって言葉の悪しくかつ
不適当な定め方は，驚くべき仕方で知性の妨げをする。（略）言葉はたしかに知性に無理を加
えすべてを混乱させる，そして人々を空虚で数知れぬ論争や虚構へと連れ去るのである。(43)

最後に，哲学のさまざまな教説ならびに論証の誤った諸規則からも，人間の心に入り込んだ
「イドラ」があり，これを我々は「劇場のイドラ」と名付ける。なぜならば，哲学説が受け入
れられ見出された数だけ，架空的で舞台的な世界を作り出すお芝居が，生み出され演ぜられた
と我々は考えるからである。（略）(44)

（ベーコン著，林寿一訳『ノヴム・オルガヌム（新機関）』岩波文庫，1978，p.83-86）

解説 ベーコンは，16〜17世紀に，科学的で合理的なものの見方や考え方が芽生えてきたヨーロッ
パはイギリスの思想家。自然を人間が活用するためには，偏見や先入観を除いて，できるだ
けありのままに物事を見なければならないと考えた。「四つのイドラ」の指摘は，現代にあ
てはめても，十分に有用な指摘である。

展開3

発問 思考 自分たちは自由に活動していると思いながら，実は効率的に監視されているところ
から，フーコーは現代社会のありさまをパノプティコンにたとえました。

　現代の情報化社会について，このたとえは当たっていると思いますか。理由をつけてあな
たの意見を述べてください。（ワークシート記入も可）

資料 ベンサムによるパノプティコンの構想図

刑務所を円筒状に設計している。それによって、中央から収容者を一望することが可能となっている。一方、収容者側からは、監視者の姿が見えないように工夫されている。

解説 ベンサムは、「最大多数の最大幸福」という言葉で知られ、功利主義思想の祖といわれる。有能な法律家だった彼は、より多くの人々に、よりよい習慣をつけさせる方法として、「パノプティコン」を考え出した。多くの人数を監督教化するあらゆる施設（学校、病院、職業訓練所など）に使える、一人一人が周りを気にせず自分の作業に集中し、管理者が中央から見渡せばすべて目に入るという「一望監視型」の建築構造のことであった。しかしその導入が最も構想されたのは刑務所であった。ベンサムはその実現に熱心に働きかけたが、費用その他の問題から実現しなかった。後世、フーコーは自著『監獄の誕生』において、この社会全体が管理されていることを示すため、この「パノプティコン」を比喩として用いた。

（参考資料：M・フーコー「監視と処罰　―監獄の誕生」『フーコー・コレクション〈4〉 権力・監禁』ちくま学芸文庫、2006）

〈板書事項〉

「パノプティコン」とは何か

・イギリスの哲学者ベンサム（1748～1832）が考案、収容者を効果的に監視する設計思想
・フランスの哲学者フーコー（1926～1984）が再解釈、社会全体を管理する存在・思想の例え
　→わたしたちの社会は、何者かによって監視されている「監視社会」ではないか？

まとめ

(発問)(思考) ここで学んだことをもとにして、情報化社会のモラルについてグループごとに提言をまとめてください。

解説 これまでの発言やワークシートをもとに、グループごとに話し合いをさせ、先哲や心理学の知見が、社会の情報化を考えるうえでよいヒントになっているのではないかということに気づかせる。

その際、次の点を確認しましょう。

（1）ベーコンのイドラ説から、偏見・先入観を取り除くために配慮すべきことは何か。
（2）パノプティコンから、個人情報の管理のために必要なことは何か。
（3）心理学の観点から、私たちが日常的に心がけておくことは何か。

■他の授業例など

（1）情報化社会における政治参加について考察する。

　インターネットを用いて政治に参加することで，政治の新たな可能性が期待できるという声がある。仮に，インターネットを通じて政治に参加するということが可能であるとして，具体的にどのようなことが可能となるか。そして，そのうえで配慮すべきこととは何か。

（2）社会契約説について，情報化社会を通じて考察する。

　社会契約説では，ホッブズは「万人の万人に対する闘争」を前提として，自然権を支配者に譲渡することを，ロックは自由権を重視して権力への信託という形を取ることを，ルソーは一般意思という概念で自然権を制御しようとした。情報化社会において，これらの「社会契約」は，実際に一人一人の同意によって，しかし時には知らず知らずのうちに，交わされている状況があるのではないか。これを情報化社会に当てはめて考えた場合，著作物や個人情報の利用範囲，それらを国家や企業が管理することの危険性などについて，どのような考え方につながるのかを考察させる。

（3）社会心理学でよく知られている，相手に要求を受け入れさせる3つの説得技法を紹介する。

①フット・イン・ザ・ドア

　最初に小さな要求を受け入れてしまうと，徐々に大きくなる要求を断りにくくなる。「100円貸して」と言われて貸してそれを返してもらうと，「1,000円」「10,000円」と金額が上がったとき，いきなり言われた時よりも抵抗なく貸してしまう。

②ドア・イン・ザ・フェイス

　最初に大きな要求を断ると，後から出された小さな要求を断りにくくなる。「10,000円貸して」と言われて断ると，「じゃあ1,000円」と言われた時，いきなり「1,000円貸して」と言われた時より断りにくい。

③ローボール

　最初に出された条件をいったん受け入れると，後から条件を下げられたときに断りにくくなる。「明日返すから」と言ってお金を貸してしまうと，「ごめん，来週でもいい？」と言われた時に「ダメ」と言いにくい。

　これらの説得術は，人間が基本的に「相手に善い人と思われたい」と考える生き物であることからきているといわれる。個人的な経験と，社会的な問題に，これらを当てはめて考えさせる。

■レポート・小論文課題例／ディベートテーマ例

　【展開1】【展開2】ではその都度，ワークシートに記入したり発表したりする流れを示したが，レポートや小論文を課すこともできる。パノプティコンを例にすると，次のようなテーマが考えられる。

・あなたは，「パノプティコン」をどう捉え，評価するか。

・「パノプティコン」を「監視社会」と解釈すると，どのような問題が指摘できるか。

・「監視社会」とは，誰が誰を監視する社会か。そこにどのような問題が指摘できるか。

・あなたは「監視社会」をできる限り避けたいと思うか，それとも，容認するか。

（松島美邦）

事例13

思考実験 自然と人間は共生できるか？
―持続可能な社会をつくる環境倫理―

指導要領【公共】Ａ（２）

（２）ア（イ）現代の諸課題について自らも他者も共に納得できる解決方法を見いだすことに向け，（ア）に示す考え方を活用することを通して，行為者自身の人間としての在り方生き方について探求することが，よりよく生きていく上で重要であることについて理解すること。

（２）ア（ウ）人間としての在り方生き方に関わる諸資料から，よりよく生きる行為者として活動するために必要な情報を収集し，読み取る技能を身に付けること。

指導のねらい

①環境倫理の基本的な３つの考え方について理解させる。

②思考実験「コモンズ（共有地）の悲劇」などを通じ，近代的な人間中心主義を省みて，倫理的主体として自然を持続可能な形で維持し，共生するための理念と方策を多面的・多角的に考察させる。

③グローバル・イシューの一つである環境問題への国内外の取り組みと現状を理解させる。

学習内容・授業方法等の概説

・「（２）については，指導のねらいを明確にした上で，環境保護，生命倫理などの課題を扱うこと」（内容の取扱い（３）オ（エ））

・（２）（３）ともに，「思考実験など概念的な枠組みを用いて考察する活動を通して」「多面的・多角的に考察し，表現すること」が求められており，環境問題を取り上げ，１時間目で思考実験「コモンズ（共有地）の悲劇」をもとに，環境倫理の基本的な３つの考え方を具体的事例を通じて理解させ，２時間目では，環境問題をめぐる国内外の取り組みと現状を理解し，自然を持続可能な形で維持し，共生するための方策を考察させる。「コモンズ（共有地）の悲劇」について，「解説」（p.45）では「牧草地を共有している農民たちが，各自が利益を増やそうとして放牧する家畜の数を増やしすぎると，どうなるか」などの課題が考えられる，としている。

事例13 自然と人間は共生できるか？

学習指導案

〈1時間目〉

		授業内容	備考
導入	知っている地球環境問題と，その原因を挙げさせる。 (10分)		・発問を ワークシート に記入して配布し，全体で共有する。 ・ペアワーク，グループワークを行い発表させる。
展開	「コモンズ（共有地）の悲劇」について考えさせる。 (10分) 　・コモンズとは何か（共有地　cf.日本の入会地） 環境倫理について考えさせる〈環境倫理の基本的な3つの考え方〉。 ①自然の生存権 (20分) 　・アマミノクロウサギ訴訟 　・レオポルド「土地倫理」 ②地球有限主義（地球全体主義） 　・宇宙船地球号 　・「かけがえのない地球」 ③世代間倫理 　・「持続可能な開発」 　　→「循環型社会」 　・ハンス・ヨナス「未来倫理」	
まとめ	ワークシート 裏面に授業を通じて考えたことをまとめさせる。 (10分)	ワークシート を回収する。

〈2時間目〉

		授業内容	備考
導入	前時の復習 (5分) ・地球環境のために，個人レベルで行っている取り組みを挙げさせる。	
展開	近代・産業革命以降の大量生産・大量消費，人口の爆発的増加について理解させる。 (40分) 〈環境・公害問題をめぐる取り組み〉 ・明治近代（1880〜90年代）の足尾銅山鉱毒事件，1960年代の四大公害訴訟など日本の公害問題をめぐる経緯，環境問題への行政の取り組みと世界の動向を同時系列で考えさせる。 ・地球サミットのスローガン「持続可能な開発」から，先進国と発展途上国の利害の調整が存在することを理解させる。 ・地球温暖化対策をめぐる経緯と各国の動向について理解させる。	・発問を ワークシート に記入して配布し，全体で共有する。 ・ペアワーク，グループワークを行い発表させる。 資料配布（『日本のエコロジカル・フットプリント2017』）
まとめ	ワークシート 裏面に授業を通じて考えたことをまとめさせる。 (5分)	ワークシート を回収する。

115

授業展開 ◆自然と人間は共生できるか？
—持続可能な社会をつくる環境倫理—

〈1時間目〉

導入1

解説 まずは ワークシート (p.118) を配布し，発問を全体で共有する。

発問 知識 知っている地球環境問題と，その原因を挙げてみましょう。（ ワークシート 記入）

解説 生徒に地球環境問題を挙げさせ，その原因を確認しながら既習の知識を復習させる。例に挙げたものが出なかった場合は，そのつど教員の側から補足する。

展開1

発問 思考 ワークシート を参照。

解説 米国の生物学者ギャレット・ハーディンが1968年に『サイエンス』誌上で発表した「コモンズ（共有地）の悲劇」を取り上げ，コモンズ＝地球の許容量を超えて個人が利益追求を行えば，地球や人間はたちどころに滅んでしまうことを，この思考実験から理解させたい。牛を飼う人を複数の国と考えてみてもよい。国益を争って奪い合いをすることで共倒れになってしまうのである。

発問 思考 なぜ自然を大切にしなければならないのでしょうか。（ ワークシート 記入）

解説 意見を出し合うことで，環境倫理の基本的な3つの考え方を主体的に導き出せるようにしたい。生徒から環境倫理の3つの考え方（自然の生存権，地球有限主義，世代間倫理）が出てくるまで，話し合わせたい。

　「自然の生存権」では近代西洋の人間中心主義に触れる。理性をもった個人（デカルトが明晰・判明に疑い得ないとした「考えるわれ」）が主人公となった近代は，自由・平等とされた主体的市民が理性を使い，政治・経済を科学的に動かすしくみ（民主主義，資本主義／社会主義）を生んだ。近代科学には，自然を原因・結果に基づく機械と見なし（機械論的自然観），ベーコンが「知は力なり」と述べたように自然を人間のために収奪・征服し，利用する人間中心主義がみられる。さらに科学は技術と結びつき，倫理と断絶してしまった。その成れの果てが現代の環境問題なのである。そこで自然と人間の不均衡を是正しようとするのが，自然に生存権を与えるという発想であった（アルド・レオポルドの「土地倫理」はその先駆）。ちなみに宗教やアニミズムにもそれに近い発想があったが，日本では近代化とともに消え去ってしまった。

（事例13 自然と人間は共生できるか？）

発問 **思考** 宮沢賢治の「世界がぜんたい幸福にならないうちは個人の幸福はあり得ない」という言葉はなにを意味しているでしょう。（ ワークシート 記入）

解説 熱烈な法華経信仰をもっていた宮沢賢治の，有名な言葉を手がかりにそれを再考させたい。「地球有限主義（地球全体主義）」で紹介する「宇宙船地球号」は米国の工学者・思想家のバックミンスター・フラーが提起した概念で，米国の経済学者ケネス・E・ボールディングによって経済学に導入された。フラーはアンチ文明社会を訴えた1960〜70年代のヒッピーイズムやニューエイジ運動に影響力をもったが，そうした文脈から宇宙から見た地球の写真が，NASA（米航空宇宙局）により1968年に初公開されたのだった（1972年に撮影された青いビー玉のような地球「ブルーマーブル」もよく知られている）。2時間目で学習する国連人間環境会議のスローガン「かけがえのない地球（Only One Earth）」には，そんな時代のムードが反映されている。

参考資料 宮沢賢治『農民芸術概論綱要』（序論）

……われらはいっしょにこれから何を論ずるか……

おれたちはみな農民である　ずゐぶん忙がしく仕事もつらい
もっと明るく生き生きと生活をする道を見付けたい
われらの古い師父たちの中にはさういふ人も応々あった
近代科学の実証と求道者たちの実験とわれらの直観の一致に於て論じたい
世界がぜんたい幸福にならないうちは個人の幸福はあり得ない
自我の意識は個人から集団社会宇宙と次第に進化する
この方向は古い聖者の踏みまた教へた道ではないか
新たな時代は世界が一の意識になり生物となる方向にある
正しく強く生きるとは銀河系を自らの中に意識してこれに応じて行くことである
われらは世界のまことの幸福を索ねよう　求道すでに道である

発問 **思考** 「現在世代が将来世代に責任を負っている」のはなぜでしょうか。（ ワークシート 記入）

解説 「世代間倫理」では，「自分が生きている間，幸せであればよい」とする考えはどこが問題なのかをじっくり考えて，なんとなくわかっていることを言語化させたい。時間が足りなければ，授業の感想と合わせて宿題にしてもよい。ドイツのユダヤ系哲学者ハンス・ヨナスは未来世代に対する責任原理を「未来原理」と呼び，自然という善き存在を人間の科学技術で支配することは，自然の目的を損ねてしまうと考えた。ヨナスは資本主義よりも社会主義を評価していたようだが，後者も物質的豊かさを求めるのではなく，「成長よりも縮小」をスローガンにしなければならないと説いていた。

まとめ1

解説 ワークシート の裏面に授業の感想を書かせて回収し，評価に活用する。

117

ワークシート（1時間目）

自然と人間は共生できるか？ ―持続可能な社会をつくる環境倫理（1）―

◎知っている地球環境問題と，その原因を挙げてみよう。

(例) 地球温暖化 (化石燃料の燃焼による温室効果ガスの発生)，オゾン層破壊 (フロンガス)，砂漠化 (過放牧，過耕作，過度の灌漑)，酸性雨 (工場や自動車の硫黄酸化物や窒素酸化物が雨に溶け込む)，熱帯林の減少 (焼畑，森林伐採) → 生物多様性の喪失，海洋汚染 (工場排水，家庭の合成洗剤，化学物質)，生態系の破壊 (様々な原因が絡み合う)

・(1 公害)…大気汚染，水質汚濁，土壌汚染，騒音，振動，地盤沈下，悪臭による，健康・生活環境に関わる被害 ◁── 地球環境問題に対し，地域的問題…

◎私有地に牛を飼っていたとする。私有地の牧草は限られている。自分の利益を最大化するために，あなたはどのようにして牛を飼うか？

(例) 私有地の牧草がなくなっては困るため，頭数が増えすぎないように調整しながら牛を飼う。

・(2 コモンズ)〔commons〕… 共有地 cf. 日本の入会地

◎あなたを含めた複数の人が牛を飼っており，牧草地として自由にコモンズを利用している。コモンズの牧草は限られている。競争に勝たなければ生き残れないとしたら，自分の利益を最大化するために，あなたはどのようにして牛を飼うか？

(例) 他の人に牧草を取られないよう，なるべく多くの牛を飼う。競争に勝った後は，荒れ果てることがないように，コモンズを独占管理する。

◎すべての人が自分の利益を最大化しようと考えた場合，牧草地はどうなるか？ また，牛＝個人の利益，コモンズ＝地球だと考えると，どのようなことがおこるか？

(例) 牧草は食べ尽くされてしまう。牧草が食べ尽くされれば，牛は飢え死にし，人間も死んでしまうかもしれない。コモンズを地球に例えると，利己心に任せて利用するうちに有限資源は枯渇し，環境悪化が進み，人間も滅んでしまいかねない。自由な営利追求は，環境問題を考慮すると制限されうる。

→ 自由競争で自己の利益を追求することが必ずしも社会全体の発展につながるとは限らない
 ＝(3 コモンズ（共有地）の悲劇)〔The Tragedy of the Commons〕

個人・企業が利己心に基づいて利益追求しても，(神の) 見えざる手によって需要・供給が調整され，社会全体の富が増える…という資本主義経済の論理 (アダム・スミス『国富論』) に反する！

◎なぜ自然を大切にしなければならないのか？

(例) 自然界の資源のおかげで人間は生きていけるから。人間だけが自然を利用できるわけではないから。自然界の動植物も人間同様に尊重すべき価値があるから。地球にある資源 (石油，石炭，天然ガス，食料，土地) には限りがあるから。将来，自分の子どもや孫の世代で資源が枯渇するなどの影響が出ては困るから。

事例13 自然と人間は共生できるか？

＜環境倫理の基本的な３つの考え方＞

①（₄ 自然の生存権 ）…人間中心主義を離れ，生存権を人間のみならず動物や自然に認める考え方

> 人間の利益にかかわらず，自然には価値がある…自然と人間の共生！

※生存権（憲法第25条）…（₅ 健康で文化的な最低限度の生活を営む権利 ）

◎「世界がぜんたい幸福にならないうちは個人の幸福はあり得ない」（宮沢賢治『農民芸術概論綱要』）
が意味するところを考えよう。

（例）人間・動植物・すべての命あるものは関係して生きている。よって，自分一人だけの幸福などというものは存在しない。

・1995年 アマミノクロウサギなどの動物を原告とする訴訟（裁判所が却下）
・レオポルド「（₆ 土地倫理 ）〔land ethic〕」
「人間と土地とは，相変わらず，まったく実利的な関係で結ばれており，人間は特権を主張するばかりでいっさい義務を負っていない。人間を取り巻く環境のうち，個人，社会に次いで第三の要素である土地にまで倫理則の範囲を拡張することは…生態学的に見て必然的なことである。」（『野生のうたが聞こえる』）

②（₇ 地球有限主義（地球全体主義） ）…開発によって有限資源を使い尽くすのではなく，その資源の有限性に配慮する責任がある

・ボールディング「（₈ 宇宙船地球号 ）〔spaceship earth〕」
・コモンズの悲劇
・「かけがえのない地球〔Only One Earth〕」

> フラーが提起した概念。宇宙船地球号は取扱説明書がついておらず，「そのために私たちは，自分たちのもっとも大切な未来に向けての能力を，過去をふり返りながら発見していかねばならなくなった」…

③（₉ 世代間倫理 ）〔intergenerational ethics〕…現在世代は将来世代に責任を負っており，現在世代の浪費は許されない

・「持続可能な開発」→「循環型社会」

◎「現在世代が将来世代に責任を負っている」のはなぜか？ 「自分が生きている間，幸せであればよい」とする考えはどこが問題なのか？

（例）現在世代が子どもを産まなければ，将来世代は存在しない。自分も親や先祖が守ってくれた自然のおかげで今日生活することができる。よって子どもが生まれたら，（力をもつ）親が（力を及ぼされる）子どもに対して責任を負うのと同様，私たちは将来世代に対して責任を負っている。その責任は見返りがあるから発生するものではない。

cf. ハンス・ヨナス「（₁₀ 未来倫理 ）」…未来世代に対する私たちの責任原理
「自然は目的を宿している。だから，価値も宿している。したがって，価値から離れた自然など考えられない。」（『責任という原理 ―科学技術文明のための倫理学の試み』）

> 自然という善き存在を人間の科学技術によって支配することは，自然の目的を損ねることになる！

119

〈2時間目〉

導入2

解説 まずは環境倫理の基本的な3つの考え方を中心に前時の復習を行い，ワークシート（p.122）を配布して発問を全体で共有する。

発問 **思考** 地球環境のためにあなたが個人レベルで行っている取り組みを挙げてみましょう。（ワークシート記入）

解説 ゴミの分別やリサイクルなどを挙げさせ，本時の学習内容である，そうした取り組みを当然のように行うようになった経緯につなげていく。フェアトレード商品の購入が，貧困・南北格差を背景とする発展途上国の森林破壊や野生動植物の捕獲の防止につながることなどにも触れたい。

展開2

発問 **知識** 近代・産業革命以降の大量生産・大量消費，人口の爆発的増加について理解しましょう。（ワークシート記入）

解説 『平成22年版　環境白書』によれば，地球では1日約37万人が生まれ，約16万人が亡くなっている（毎日約22万人増えている）。また，1日に水を$150km^3$使い，その大部分で約800万tの食料を作り，その多くを捨てている。さらに1日に自動車を20万台作り，約12万台捨てている。使っている石油は100年前の80倍になってしまった。これらが大量生産・大量消費の現実である。ここでは経済産業省資源エネルギー庁『エネルギー白書2013』の資料を使い，近代・産業革命以降の大量生産・大量消費，人口の爆発的増加について理解させたい。資源・エネルギー問題や人口・食糧問題の学習とも関連させられるとよい。

　近現代に信じられた右肩上がりの成長は，有限資源を無限の欲望で食い尽くすことで担われた。有限資源で無限成長を遂げようというテーゼが「無理難題」であると気付きつつ，見て見ぬふりをしてきたのが現代社会なのである（科学の進歩がいつかそれを解決してくれるはずだ，という期待は，ささやかな延命の一助にはなるだろう）。日本の公害・環境問題をめぐる経緯，国内行政の取り組みを世界の動向と並列し，時系列で見ていくことで，日本の近代化（＝西洋の人間中心主義・資本主義の導入）・殖産興業の時代からほどなくして足尾銅山鉱毒事件という外部不経済が生じたこと，1960年代の高度経済成長の負の側面として四大公害がおこったことなどが見えてくる。資本主義という，自然環境を犠牲とすることで成立した近代的な経済システムの将来を考えることにもつながるのである（すでに「所有する」のではなく「シェア」するという新たな経済のあり方も提起されている）。そう考えると，日本がオイルショックで高度経済成長を終え，新たなライフスタイルが模索された1970年代初頭にローマクラブが発表した『成長の限界』論は，人口増加がこのまま続けば今後100年以内に地球は成長の限界に達するという見立て（1992年に「すでに限界に達した」と結論を修正した）があまりに悲観的であったものの，慧眼だったというほかない（マルサス『人口論』の「人口は幾何級数的に増加するが，食糧は算術級数的にしか増加しない」と同様の問題意識を共有する）。

とはいえ経済の発展に背を向け，狩猟採集のような原始的な生活に回帰することは難しい。世界各国の利害を超えたグローバルな倫理観をもち，現実に向き合っていかなければならない。そこで地球環境問題の中でも特に対応が切迫している地球温暖化問題を取り上げる。地球温暖化は海面上昇で水没する地域が出てくる可能性があること，台風などの大型化で土砂災害が広がること，降水量が増える地域がある一方で減る地域があるため，農作物の減少や水不足が問題になること，多くの生物種が絶滅することなど，様々な影響が懸念される。しかしその解決にあたっては，先進国と発展途上国，あるいは途上国同士の利害がぶつかり合ってきた。そこで1992年の地球サミットで提起されたスローガン「持続可能な開発」について，先進国と発展途上国の利害調整が存在したことをまず理解させたい。産業革命以降の資本主義社会は，短期間に地球資源を犠牲にすることにより発展したと気付かせる。

（発問）（知識）温室効果ガス排出量上位5か国を調べましょう。（ ワークシート 記入）

（発問）（思考）資料を読み，エコロジカル・フットプリント（人間が環境に与える負荷）を減らす方法を考えましょう。（ ワークシート 記入）

（解説）エコロジカル・フットプリントを減らす方法を考えさせたい。エコロジカル・フットプリントは人間が自然生態につけた足跡の意で，「人々の資源の消費量と自然の生産能力とを比較したもので，人間活動が与える環境負荷を，資源の再生産および排出物の浄化に必要な面積に換算して示した数値」と説明されている（環境省『平成23年版　図で見る環境・循環型社会・生物多様性白書』）。資料としてWWFジャパンの『日本のエコロジカル・フットプリント2017』を配布し，日本のエコロジカル・フットプリントが5.0gha／人（世界平均は2.9gha／人）であること，その環境に与えている負荷の74%が二酸化炭素の排出によること，世界中の人が日本人と同じ生活をしたときに地球が2.9個必要であることなどを確認させる。さらにインドは日本より多くの温室効果ガスを排出しているが，エコロジカル・フットプリントは，日本がインドの4.7倍であることに触れ，日本と世界の国とのつながりを意識しながら，エコロジカル・フットプリントを減らす方策を考えさせたい。

　地球温暖化対策については，2020年以降，全ての国に温室効果ガスの削減目標を課すというパリ協定に先進国・発展途上国を含む196か国が参加し，歴史的合意をみたが，2017年には米国がパリ協定から離脱し（米国内の石炭産業労働者にアピールする意図があった），再び世界の足並みが乱れてしまった。この米国の行動の是非を国益／地球益の視点から考えさせるのも面白い。

（発問）（表現）自然と人間が共生する，持続可能な社会の実現をめざすためのスローガンを考えましょう。（ ワークシート 記入）

（解説）2時間を通じて学んだ環境倫理や国内外の取り組みをふまえ，自然を持続可能な形で維持し，共生するためのスローガンを各自考え，倫理的主体として発信させたい。

まとめ2

（解説） ワークシート の裏面に授業の感想を書かせて回収し，評価に活用する。

121

ワークシート（2時間目）

自然と人間は共生できるか？ ―持続可能な社会をつくる環境倫理（2）―

・近代・産業革命以降の（1 大量生産 ）・（2 大量消費 ），人口の爆発的増加

地球の約46億年の歴史を1年に換算すると，人類の歴史は約4時間，18世紀の産業革命以降は約1秒。この1秒で天文学的時間をかけて生成された化石燃料を掘りつくし，自然破壊を行ってきたのが近現代（モダン）の人間…

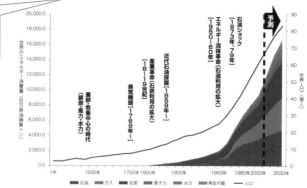
（エネルギー白書2013より）

＜環境・公害問題をめぐる取り組み＞

1880～90年代・（3 足尾銅山鉱毒事件 ）
　…田中正造が告発し，天皇に直訴

1962年・『（4 沈黙の春 ）』出版
　…レイチェル・カーソンが農薬DDTや殺虫剤の大量使用による生態系の破壊に警鐘 ← 農薬に抵抗性のある虫が増えると，農薬を強力にしていくという悪循環…

1960年代・四大公害（水俣病，新潟［第二］水俣病，イタイイタイ病，四日市ぜんそく）訴訟がおこる

1967年・（5 公害対策基本法 ）制定 ← 典型7公害を規定。「調和条項」（経済の健全な発展との調和）あり。

1970年・公害国会で「調和条項」削除，（6 環境庁 ）の設置（2001年（7 環境省 ）に改組）

1969年・『苦海浄土』出版 … 水俣出身の石牟礼道子が水俣病の被害を告発

1971年・（8 ラムサール条約 ）採択（水鳥とその生息地である湿地の保護） ← 日本では釧路湿原や尾瀬，谷津干潟が登録。

1972年・（9 ローマクラブ ）（科学者による民間研究団体）が『成長の限界』を発表

　・（10 国連人間環境会議 ）（ストックホルム）開催
　　…「（11 かけがえのない地球 ）」（Only One Earth）がスローガン
　→人間環境宣言（ストックホルム宣言）採択，国連環境計画（UNEP）設立
　　先進国：経済成長から環境保護へ／途上国：開発推進＋援助増

　・UNESCO（国連教育科学文化機関）の総会で世界遺産条約（世界の文化遺産および自然遺産の保護）採択 ← 日本では法隆寺，姫路城，原爆ドーム，富士山，富岡製糸場，明治日本の産業革命遺産，国立西洋美術館，沖ノ島などが登録。
　日本では白神山地，屋久島，知床，小笠原諸島が登録。

1973年・（12 ワシントン条約 ）採択（絶滅のおそれのある野生動植物の保護）

1985年・ウィーン条約 採択（オゾン層の保護）

1987年・モントリオール議定書 採択（フロンの規制）

1989年・バーゼル条約 採択（有害廃棄物の国境を越える移動・処分の規制）

1992年・（13 国連人間環境会議（地球サミット） ）（リオデジャネイロ）
　…「（14 持続可能な開発 ）」（Sustainable Development）を宣言。
　　背景に先進国（北）・発展途上国（南）の対立が。環境保護と経済開発を両立させるべき。将来世代の要求を満たす自然環境を保護しつつ，現在世代の要求も満たす…
　→リオ宣言（環境と開発に関する諸原則）およびそれを具体化するアジェンダ21（行動計画）を採択
　　開発権の世代間公平（現在＋将来），各国は共通だが，差異ある責任…
　・（15 気候変動枠組条約 ），生物多様性条約

1993年・（16 環境基本法 ）制定 … 公害対策基本法を廃止・強化

1996年・砂漠化防止条約 採択

事例13 自然と人間は共生できるか？

◎温室効果ガス排出量上位５か国を調べよう。資料を読み，エコロジカル・フットプリント（人間が環境に与える負荷）を減らす方法を考えよう。

　　　　（例）排出量が多いのは中国，アメリカ，インド，ロシア，日本など。

　　　　　　　排出量が多い国が率先して CO_2 を削減する。フェアトレード商品を購入する。

　　　　　　　捨てられる食べ物（食品ロス）を削減する。再生可能エネルギーを開発する。

1997 年・地球温暖化防止（[17]　京都会議　）（気候変動枠組み条約第３回締約国会議／COP3）

　　　　…（[18]　京都議定書　）を採択

　　　　※先進諸国の温室効果ガスの削減目標を数値化（2008 ～ 2012 年に実施）

　　　　　（1990 年度比で EU 全体で８％，アメリカ７％，日本６％，先進国全体で 5.2% 削減）

　　　　※途上国は削減義務なし

　　　　※（[19]　予防原則　）（科学的因果関係がわからなくても予防対策をとる）に基づく

　　　　→アメリカは 2001 年に離脱し，発効が危ぶまれたが，2005 年に発効

☆　京都メカニズム（目標数値まで削減するための代替措置）

　　…（[20]　排出権取引　），クリーン開発メカニズム，共同実施

> 先進国が，途上国への削減のための技術・資金提供を実績にできる。

> 実際に削減義務に達していなくても超過達成分を国同士で売り買いできる！

> 先進国同士（出資国・事業実施国）の削減事業を自国の削減とみなせる。

　　　　・（[21]　環境アセスメント法　）制定

2000 年・（[22]　循環型社会形成推進基本法　）制定

> 「3R」＝リデュース（発生抑制）・リユース（再使用）・リサイクル（再生利用）（近年はリフューズ〈不要なレジ袋などを断る〉を加え「4R」も定着…

　　　　…大量廃棄社会から脱却し，資源をリサイクルする持続可能な循環型社会の形成をめざす

> 容器包装リサイクル法，家電リサイクル法などの各種リサイクル法も整備！

2002 年・持続可能な開発に関する世界首脳会議（環境開発サミット）（ヨハネスブルグ）

2004 年・ワンガリ・マータイがノーベル平和賞受賞

> モッタイナイ！

2007 年・アル・ゴアがノーベル平和賞

> アメリカ元副大統領。映画「不都合な真実」で地球温暖化に警鐘！

2010 年・国連生物多様性条約第 10 回締約国会議（名古屋）

2011 年・東日本大震災，福島第一原子力発電所事故がおこる

　　　　・気候変動枠組み条約第 17 回締約国会議（COP17）（ダーバン）

　　　　…途上国に義務を課さない京都議定書の 2013 年以降の延長が決定。日本は不服として離脱を表明

> 2013 年 COP19 で日本は 2005 年度比 3.8% 減（2020 年まで）と目標を定めたが，京都議定書における 1990 年度比だと 3.1% 増…国際社会は失望。2015 年にペルーのリマで行われた COP20 でも，日本は原発事故を理由に，その時点で削減目標や目標提出時期を示せず…

2012 年・国連持続可能な開発会議（リオデジャネイロ）

2015 年・気候変動枠組み条約第 21 回締約国会議（COP21）（パリ）

　　　　…（[23]　パリ協定　）を採択

> 2020 年以降の気候変動に関する国際的枠組み。世界共通の長期目標として，平均気温上昇を産業革命前と比して２度未満（1.5 度未満を目指す）にする目標，主要排出国を含むすべての国が削減目標を５年ごとに見直し・提出し，さらなる目標設定を実施することなどが決定。全 196 か国が参加した歴史的合意！

　　　　・国連総会で「持続可能な開発目標（SDGs）」を採択

◎自然と人間が共生する，持続可能な社会の実現をめざすためのスローガンを考えよう。

　　　　（例）「人も地球も長生きしたい」

　　　　　　「地球にいつまでも住み続けるために」

　　　　　　「地球の未来に責任を」

123

■学習内容のまとめと評価（1・2時間目）

・ワークシート（穴埋めが完成しているか，裏面に授業の感想が書けているか）と定期試験（主にワークシートの穴埋めに相当する知識問題，授業の発問を中心とした記述問題）で評価する。

・小論文例を課すなら，

「環境倫理の3つの考え方（自然の生存権，地球有限主義，世代間倫理）のうち1つを取り上げて，具体的事例を挙げて説明せよ」

「持続可能な社会とはどのような社会か，環境問題を例に具体的に論じよ」

「自然と人間が共生するための先人の知恵について述べよ」などのテーマが考えられる。

■他の授業例など

・動物の倫理を考えよう（1時間目）

　家庭で動物を飼っている生徒も多い。自然と人間の共生を考えるにあたり，動物をテーマにして，「そもそもペットとして動物を飼うことは（倫理的に）許されるのか」「実験動物や食肉用動物は許されるのか」「動物園の是非」などを考えさせるのも面白い。動物の権利（アニマル・ライト）運動を牽引したオーストラリアの倫理学者ピーター・シンガーは1975年に『動物の解放』を著し，量的功利主義者ベンサムの「最大多数の最大幸福の原理」を適用して，人間の動物への虐待・搾取・差別を種差別［speciesism］（人種差別［racism］をもじった造語）と呼んで非難している。彼の思想は西洋圏で多く見られるベジタリアン（菜食主義）に理論的根拠を与えてもいる。

・環境思想の先駆（1時間目）

　発展編として，米国で19世紀に生まれた自然保護思想について，思想家・詩人のラルフ・ウォルドー・エマーソン（合理主義・物質主義を廃する超越主義＝トランセンデンタリズムの中心人物）の著書や，エマーソンを師とした思想家・作家ヘンリー・デイヴィッド・ソローの『森の生活　―ウォールデン』（マサチューセッツ州コンコードにあるウォールデン池のエマーソン所有の土地に小屋を建て，2年2か月と2日の間，禁欲的で質素な自給自足の実験生活を送った実録記で，今なおアウトドア思想の先駆としてバイブル視されている）を読んでみるのもよい。ちなみにこうした自然に価値を置き，ありのままの自然を「保存」しようというロマン主義的発想は，近代の啓蒙思想の反動として生まれたものである。米国の自然保護活動家ジョン・ミューアもその系譜に属する。一方，人間中心主義的に自然を「保全」しようという発想（例えば功利主義）もあるが，この結果主義は「保存」を重んじる動機主義としばしば対立する。

・環境問題への各国の取り組みを調べよう（2時間目）

　環境問題についての各国の取り組みを調べ，発表し合うのも有意義である。個人，NPOから政府の取り組みまで，環境問題と一口にいっても，南北問題や資源・エネルギー問題，経済開発にまつわる問題，人口・食糧問題などが様々に入り組み，密接に関わっていることが理解できる。

〈参考資料（1・2時間目）〉
- 石牟礼道子『新装版 苦海浄土 ―わが水俣病』講談社，2004
- 加藤尚武編『環境と倫理［新版］』有斐閣，2005
- 鬼頭秀一編『講座 人間と環境 第12巻 環境の豊かさを求めて ―理念と運動』昭和堂，1999
- 環境省編『平成22年版 環境白書』
- 経済産業省資源エネルギー庁『エネルギー白書2013』
- 宮沢賢治「農民芸術概論綱要」『新修 宮沢賢治全集 第15巻』筑摩書房，1980
- 柳澤桂子『いのちと環境』筑摩書房，2011
- レイチェル・カーソン著，青樹築一訳『沈黙の春』新潮社，1992
- ヘンリー・D・ソロー著，佐渡谷重信訳『森の生活 ―ウォールデン』講談社，1991
- R・バックミンスター・フラー著，芹沢高志訳『宇宙船地球号 操縦マニュアル』筑摩書房，2000
- ハンス・ヨナス著，加藤尚武監訳『責任という原理 ―科学技術文明のための倫理学の試み』東信堂，2000
- アルド・レオポルド著，新島義昭訳『野生のうたが聞こえる』講談社，1997
- WWFジャパン『日本のエコロジカル・フットプリント2017最新版』

（石浦昌之）

参考資料

アマミノクロウサギ訴訟

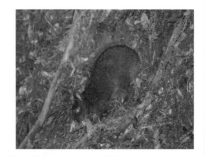

「アマミノクロウサギ訴訟」は，奄美「自然の権利」訴訟ともよばれ，1995年2月23日に，鹿児島県がゴルフ場開発業者に対して許可した林地開発の取り消しを求め，奄美のナチュラリストや自然保護団体によって提訴された行政訴訟です。この訴訟では，「アマミノクロウサギ，アマミヤマシギ，ルリカケス，オオトラツグミ」という奄美に野生する希少野生動物，絶滅危惧種の動物が原告としてあげられました。日本ではじめての「自然の権利」訴訟です。「自然の権利」訴訟での「自然の権利」とは，「特定の地域に生息する野生生物が進化の過程で形成してきた自然環境の中で種や地域個体群として，当該地域での生態を維持できるという権利」（山村恒年・関根孝道編『自然の権利 ―法はどこまで自然を守れるか』信山社出版，1996年，p.215）のことをいいます。

実際の判決として鹿児島地裁は，2001年1月22日，原告には行政事件訴訟上の原告適格がないとし，「自然の権利」についても現行法の体系では認められないとしました。しかし，裁判官は判決理由の最後に「自然が人間のために存在するとの考え方をこのまま推し進めてよいのかどうかについては，深刻な環境破壊が進行している現今において，国民の英知を集めて改めて検討すべき重要な課題というべきである」と述べ，問題提起がなされています（朝日新聞，2001年1月23日朝刊1面）。

（得居千照著「全体の利益か，個の権利か」『話し合いでつくる中・高 公民の授業 ―交渉で実現する深い学び』清水書院，2018，p.225-226）

事例14

グローバル社会の倫理
―倫理や価値は共有できるのか―

指導要領【公共】A（3）

（3）ア（ア）各人の意見や利害を公平・公正に調整することなどを通して，人間の尊厳と平等，協働の利益と社会の安定性の確保を共に図ることが，公共的な空間を作る上で必要であることについて理解すること。
（3）イ（ア）公共的な空間における基本原理について，思考実験など概念的な枠組みを用いて考察する活動を通して，個人と社会との関わりにおいて多面的・多角的に考察し，表現すること。

指導のねらい

①グローバル化（グローバリゼーション）とその諸相について理解させる。
②グローバル社会において倫理や価値を共有することは可能か，公共的空間を作る倫理的主体として，具体的事例を通じて考察させ，表現させる。

学習内容・授業方法等の概説

・「グローバル化する国際社会に主体的に生きる平和で民主的な国家及び社会の有為な形成者に必要な公民としての資質・能力」（「公共」目標）の育成のため，「グローバル化（グローバリゼーション［globalization］）」について理解を深めるとともに，直面する具体的問題を通じて，グローバル社会において倫理や価値を共有することは可能か，文化的・政治的・経済的側面から具体的事例を通じて考察し，表現することをねらいとする。

学習指導案

		授業内容	備考
導入		どのような現実を「グローバル化」と呼ぶか，問いかける。　　（5分）	・発問は ワークシート に記入して配布し，全体で共有する。 ・ペアワーク，グループワークを行い発表させる。
展開		フランスのライシテに基づく公立学校における宗教的シンボル禁止法に賛成か，反対か？　　　　　　　　　　　　　　　　　　　（30分） ・グローバル化を問い直す。 　グローバル化（グローバリゼーション），近代化，エスノセントリズム（自民族中心主義）と文化相対主義，マルチカルチュラリズム（多文化主義），サイードのオリエンタリズムなど。 自由貿易・保護貿易のメリットとデメリットを考えさせる。　（10分）	
まとめ		グローバル社会において倫理や価値を共有することは可能か？　（5分） ・ ワークシート 裏面に授業を通じて考えたことをまとめさせる。	ワークシート を回収する。

126

授業展開 ◆グローバル社会の倫理
―倫理や価値は共有できるのか―

導入

発問 **知識** どのような現実を「グローバル化」と呼びますか。

解説 「グローバル化」と呼ばれる現実を意識させる。ヒト・モノ・カネ・情報が国境を越えて行き来する実例をいくつか挙げることができればよい。

展開

発問 **思考** フランスのライシテに基づく公立学校における宗教的シンボル禁止法に賛成ですか，反対ですか。その理由もあわせて ワークシート に書きましょう。

解説 まず「ライシテ [laïcité]」とは何か解説する。それは非宗教性，世俗性，政教分離の原則であり，フランス共和国憲法に示される国家原則の一つである。フランス革命以来，共和国の宗教的中立を目指す勢力と，伝統的なカトリック勢力との対立を経て，政教分離法が成立し，国家の宗教的中立性，信教の自由が確立した。1989 年に，フランスの公立中学校でスカーフを着用したムスリムの女子生徒 2 人が教室への入室を禁止されたことに端を発する議論が持ち上がり，賛否があったものの，2004 年に公立学校においてヒジャーブ（ムスリム女性のスカーフ）や大きな十字架（キリスト教），ヤムルカ（ユダヤ教の帽子）など宗教的シンボルの着用を禁じる法律（一般に「宗教シンボル禁止法」と呼ばれる）が成立した。2011 年には公共空間でのブルカ（ムスリム女性のヴェール）を禁じる法律も成立し，そうした国家の姿勢が過激派による 2015 年のシャルリー・エブド襲撃事件やパリ同時多発テロ事件を招いた。フランスは自由・平等という普遍理念を掲げたフランス革命の国であり，歴史的に厳格な宗教的中立性を重んじている。とはいえ，この事例は「中立」というグローバル社会における普遍の倫理・価値がそもそも成立しうるのか，という問題を突きつけた。

参考資料

シャルリー・エブド襲撃事件

フランスの風刺週刊紙「シャルリー・エブド」本社にイスラーム過激派のテロリストが乱入し，編集長，風刺漫画家，コラムニストなど 12 人を射殺した事件である。逃走犯が他でも死傷事件を起こしたり，テロが続いたりした。「シャルリー・エブド」がムハンマドを風刺した漫画を載せ，それが他の新聞にも転載されるなどして，抗議が強まっていた。フランスのシラク大統領も，行き過ぎた風刺には警告を発していた。当初は「表現の自由を守る」という立場からの，反テロリズムの運動が強まったが（「私はシャルリである」），根強いイスラーム差別や移民問題・貧困問題などが根底にあると指摘する意見もある。

発問 **知識** 「グローバル化」とは何でしょうか。

解説 グローバル化の第1の波は15〜17世紀の大航海時代を通じて進んだ世界の一体化，そして市民革命・産業革命・科学革命を契機とする近代化であり，第2の波は冷戦終結後におこった。前者は産業化・工業化と対応し，後者はインターネットの普及に象徴される情報化と対応している。現代では文化・法律・経済・産業など諸分野でグローバル化が進行し，もはや一国内で解決できる問題は少なくなった。

グローバリズムは西洋キリスト教文明で生み出された理念である。グローバリズムはそもそもキリスト教のカトリック［Catholic］＝ユニバーサリズム［Universalism］（普遍主義）に由来する。特殊・個物に先立つ普遍概念があるとする「実在論」と，個物のみが実在し，普遍は共通する性質を表す名称にすぎないとする「唯名論」を巡る論争＝普遍論争は，中世哲学の中心テーマだった。ローマ・カトリック教会は「普遍」的であらねばならず，西欧はその強い使命感でアジア・アフリカ・アメリカを近代化（＝キリスト教国化）させた。しかしイスラーム世界は，西洋近代民主主義の大原則である政教分離を受け入れず，政教一致を墨守した。中国の改革開放など21世紀のグローバル化に先鞭が付けられた1979年，イラン革命によりイスラーム原理主義が台頭し，人権など西欧の普遍価値を否定する運動がおこったことは，アメリカ的消費文化に代表されるグローバル化（マクドナルド化による伝統的食文化の破壊，Tシャツ・水着で肌が露出することによる宗教的慣習の破壊）の反動として象徴的である。

英国占領下のエルサレムに生まれ，エジプトで育ったキリスト教徒のパレスチナ人，エドワード・サイードは，西洋の東洋に関する紋切り型の観念をオリエンタリズムとして炙り出し，彼の立場とともに多文化主義＝マルチカルチュラリズム（1つの国家の中で異質な複数文化の共存を認め，その不平等を是正していく立場）が20世紀後半に広まった（米国では「民族のサラダボウル」を謳う文化的多元主義［cultural pluralism］も登場した）。リベラルな理想主義に支えられた多文化主義は，日本の英語教科書にアフリカン・アメリカン（黒人），ヒスパニック，アジア系を登場させ，米国においてはアファーマティブ・アクション（積極的差別是正措置）やPC（ポリティカル・コレクトネス）を定着させた。

しかし2010年にドイツ首相アンゲラ・メルケルが多文化主義は「完全に失敗した」と述べたように，移民の受け入れや複数文化の尊重に配慮する一方，国家のアイデンティティ育成を怠ってきたとする主張が登場する。EU＝欧州連合が普遍的な21世紀グローバル世界の未来であると思われたのも束の間，欧米では移民排斥や保護貿易主義が唱えられ（米国トランプ大統領による移民排斥やTPP離脱の主張，英国のEU離脱＝ブレグジット），世界は融和から分断へと舵を切ったようにも見える。

発問 **思考** 自由貿易のメリットとデメリットを考えましょう。また，保護貿易のメリットとデメリットを考えましょう。

解説 自由貿易と保護貿易のメリット・デメリットをそれぞれ考察させたい。その際，西洋的なシンプルな二元論に収斂することがないよう留意したい。二元論で割り切れる問題は少なく，経済合理性と消費への欲望を刺激する「近代化」に抗うことができなかったように，現代の「グローバル化」に抗い，後戻りすることもできないからである。

事例14　グローバル社会の倫理

ワークシート

グローバル社会の倫理　—倫理や価値は共有できるのか—

◎どのような現実を「グローバル化」と呼ぶか？
（例）世界中の人々が英語を話すようになる。世界中から日本へ働きに来る人が増える。世界中の国で働く日本人が増える。色々な国同士で結婚する人が増える。インターネットで世界がつながる。

◎フランスのライシテに基づく公立学校における宗教的シンボル禁止法に賛成か？　反対か？　その理由もあわせて書こう。

　　賛成　　(反対)　　　（○をつけよう）

理由
　　（例）イスラームの宗教的な慣習をないがしろにするものであり，認められない。決まった制服があるわけではなく，女子のスカーフは宗教的な慣習の範疇であり，認められるべきである。

自分と違う意見
　　（例）国民として，同じ国家に暮らす以上，一定の公平なルールの下で生活しなければならない。様々な文化的背景をもつ生徒が一堂に会する公教育では特に，周囲に対する配慮が必要である。肌を隠すことを強いるイスラームの慣習は女性の人権侵害である。

・ライシテ［laïcité］…フランスの世俗主義・政教分離原則のこと
※1789年フランス革命では「自由・平等・友愛」という普遍理念が旗印に

<グローバル化とは何か？>
・グローブ［globe］= 地球
→・(1　グローバル化（グローバリゼーション）　)［globalization］
　…(2　ヒト・モノ・カネ・情報が，国境=主権国家の枠組を越えて行き交うこと　)

※15〜17世紀 大航海時代・世界の一体化，西洋キリスト教文明（ポルトガル，スペイン，イギリス，フランス，オランダ）によるアジア・アフリカ・アメリカの植民地化
　　大英帝国の栄華…植民地となったインドでは現在英語が準公用語。いまや英語は世界の公用語に…

→・(3　近代化　)［modernization］←　啓蒙思想，西暦（キリスト暦），義務化された学校教育，政教分離…
　…市民革命・産業革命・科学革命を契機とする，理性をもった個人が合理的に社会を動かす普遍的なしくみ（民主主義・資本主義・科学・国民国家），近代（=モダン）西洋キリスト教文明により生み出された
　　日本では明治時代に近代化の波が。日常生活を完全英語化するに至らず，翻訳語の創出で対処。選択的に西洋文化を摂取する日本独自の近代化…

※冷戦終結後の世界の一体化（現代の文化・法律・経済などのグローバル化）
（例）ジャパニメーション（日本製アニメーション），EU（欧州連合），G20［Group of Twenty］（主要20か国財務相・中央銀行総裁会議），ダボス会議（世界経済フォーラムの年次総会）
→家族など共同体・国民国家の崩壊，リーマンショックに見られる金融グローバル化の弊害，世界の格差社会化など，グローバル化の負の側面も指摘される

※グローバル化の反動（ある種のローカル化）

（例）イスラーム原理主義，保守政権の誕生，ヘイトスピーチ，ナショナリズムの高揚，民族紛争

> 2001年9月11日の米同時多発テロで顕在化。ハンチントンが警告していた「文明の衝突」！その後，国民国家の枠組を否定するIS（イスラム国）が台頭し，各国がテロの脅威に怯える…

・（4　エスノセントリズム　）[ethnocentrism]（自民族中心主義）

…自国の文化や民族が他よりも優越しているとみなす

> 中国のチベット・ウイグル族への弾圧，戦前日本の皇民化政策（創氏改名など），北海道旧土人保護法のような同化政策，ナチスによる民族浄化…

↕

・（5　文化相対主義　）[cultural relativism] … 文化間の優劣の差を否定する考え方

cf.（6　多文化主義　）[multiculturalism] … 1つの国や社会の内部で複数の文化が共存すべき，とする考え方

> カナダの英語・フランス語の公用語化，アイヌ文化振興法の成立，非西洋のディズニー・プリンセス…

・サイードの（7　オリエンタリズム　）[Orientalism]

…近代の主体である西洋の，東洋に関する紋切り型の観念

> 客体である東洋を非合理的（感情的）・非文明的・愚鈍・幼稚・嘘つき・下品・エキゾチックかつミステリアスで，異質な他者であるとみなす言説…主体である西洋は，合理的・文明的・明晰で成熟しており，誠実で高貴な存在というアイデンティティを確立。これにより，植民地支配を正当化！

※（8　新自由主義（　ネオリベラリズム　）　）[Neoliberalism]

・市場原理を強調するマネタリズムを説いたフリードマンやハイエクの主張。1980年代に米国レーガン政権（レーガノミクス）英国サッチャー政権（サッチャリズム）が採用（日本では中曽根政権に始まり，小泉政権で本格的に採用）。「小さな政府」に回帰する反ケインズ的政策（民営化・規制緩和・公共事業縮小）で政府の経済活動への関与を弱め，競争力を高めさせる。
・一方で格差社会化が進行。低所得層の鬱屈した不満は移民排斥に向けられ，2016年の米国トランプ現象，英国のEU離脱（ブレグジット[Brexit]）に至った…
・アクターは多国籍企業。経済合理性の下で社内公用語を英語にする企業も。世界の単一市場化（言うなれば「Amazon.com」化）により商店街が消滅し，チェーン店が立ち並ぶ都市の風景は似通ってきた。新自由主義化した企業は「ブラック企業」と命名…

◎自由貿易のメリットとデメリットを考えよう。また，保護貿易のメリットとデメリットを考えよう。

自由貿易	メリット	（例）得意なものに特化して作り，交換し合った方が得である。手に入らない外国製品を入手できる
	デメリット	（例）安い外国からの輸入品によって，国内産業が圧迫される。食料自給率が低下する。
保護貿易	メリット	（例）高い関税で外国からの輸入品をシャットアウトし，国内産業の労働者を守ることができる。
	デメリット	（例）不作になった時や天災に遭った時などに対応できない。国内にないものを輸入しづらい。

◎グローバル社会において倫理や価値を共有することは可能か？

（例）・人々が納得できるまで話し合い，合意を形成することができなければ，平和で幸せなグローバル社会は成立しない。妥協をしながらも，倫理や価値は共有できる。
・普遍的な倫理や価値など存在しえず，最大公約数でひとまず一致をはかるほかない。

事例14 グローバル社会の倫理

まとめ

発問 思考 グローバル社会において倫理や価値を共有することは可能でしょうか。

解説 本授業を通じて「グローバル化」を無条件で善とする考えに疑義が挟まれた世界の現状を理解したうえで，あらためて「グローバル社会において倫理や価値を共有することは可能か？」について，国家・社会などの公共的な空間を作る倫理的主体として，多面的・多角的に考察し，表現させたい。ちなみに，西洋哲学という万人「普遍」の真理探求の営みや理想主義も現代社会において行き詰まりを見せ，ポストモダン（近代以後）思想が生まれている（そうした哲学の失効と蔓延するニヒリズム状況に早くも気付いていたのはニーチェである）。

　例えばネオ・プラグマティストのリチャード・ローティは，正しいとされる真理の基礎を求める西洋哲学の「基礎付け主義」にアンチを唱え，「哲学の終焉」を唱えた。つまり真理には「普遍」的基盤などなく，あくまで（ジョン・デューイが指摘したように）当座の「保証つきの言明可能性」にすぎないのである。よってローティは，異質な他者との共生は，弁証法的に唯一の真理へと統合するソクラテス的対話（問答法）ではなく，「会話の続く限り，決して一致への希望を失わないような会話」により可能になると考えた。このような多様性を認める発想は，共約不可能な差異があったとしても，それを積極的に受け入れる感受性を養うこととともに，グローバル社会において重要になると思われる。

■学習内容のまとめと評価

　ワークシートの裏面に授業の感想を書かせて回収し，評価に活用する。

　ワークシート（穴埋めが完成しているか，裏面の授業の感想が書けているか）と定期試験（主にワークシートの穴埋めに相当する知識問題，授業の発問を中心とした記述問題）で評価する。小論文を課すなら，「現代のグローバル化の実例を挙げ，その光と影について述べよ」「グローバル化（グローバリゼーション）とは何か」「グローバルな倫理・価値とローカルな倫理・価値は共存できるか」などのテーマが考えられる。

■他の授業例など

　「倫理」で学習するサイードについて，『オリエンタリズム』や『イスラム報道　―ニュースはいかにつくられるか』などの著書を読み，テレビや映画，報道におけるイスラーム表象，あるいはそれを発展させて，日本表象について考察するのもよい。そもそも日本人が「京都」を観光し，芸者の姿を追うまなざしと，西欧人のそれとは何が違うのだろうか。歌舞伎や能・狂言などの伝統文化を鑑賞するまなざしと同様，現代日本人は西洋のオリエンタリズムを知らず知らずのうちに内在化させているのである（セルフ・オリエンタリズム）。

〈参考資料〉
・伊豫谷登士翁「グローバルに考えるということ」『中学生からの大学講義4　揺らぐ世界』筑摩書房，2015
・エドワード・W・サイード著，板垣雄三・杉田英明監修，今沢紀子訳『オリエンタリズム　上・下』平凡社，1993
・エドワード・W・サイード著，浅井信雄・佐藤成文訳『イスラム報道　―ニュースはいかにつくられるか』みすず書房，1986
・リチャード・ローティ著，野家啓一監訳『哲学と自然の鏡』産業図書，1993

（石浦昌之）

131

事例15

ホールケーキの分け方から公平・公正を考える
―アリストテレスの正義論を活用して―

指導要領【公共】A（3）

（3）ア（ア）各人の意見や利害を公平・公正に調整することなどを通して，人間の尊厳と平等，協働の利益と社会の安定性の確保を共に図ることが，公共的な空間を作る上で必要であることについて理解すること。

指導のねらい

①ホールケーキの分け方を通して，公平・公正に調整することの意義と困難さを理解させる。
②公平・公正について，アリストテレスの正義論を活用して考察させる。

学習内容・授業方法等の概説

・本授業は「A　公共の扉」（3）「公共的な空間における基本原理」で活用されることを目指したものである。ホールケーキを3人で分けるという単純なワークを通して，公平・公正と一言でいっても，簡単ではないことを理解させる。そのうえで，アリストテレスの正義論を扱い，公平・公正の在り方を考察させたい。公平・公正から正義に着目することは，「公共」における重要な概念を俯瞰することにもなる。「B」の法的主体，政治的主体，経済的主体，情報の受発信主体や，「C」の持続可能な社会づくりの主体などへの接続を考慮して工夫したい。

学習指導案

	授業内容	備考
導入	「アテネの学堂」（ラファエロ筆）をスライドに映写し，本時ではギリシア思想の知恵を活用することを知る。　　　　　　　　　　　（10分）	〈資料〉
展開	（1）ケーススタディ「ホールケーキの分け方」で，ホールケーキの公平・公正な分け方を考えさせる。　　　　　　　　　　　（15分） ・ペアまたはグループになり，話し合いで意見をまとめる。 ・話し合いの結果を黒板に書き，代表者が理由とともに発表する。 （2）ケーキの分け方について，アリストテレスの正義論にあてはめて考察させる。　　　　　　　　　　　（10分） ・生徒の発言を引き出し，「全体的正義」「配分的正義」「調整的正義」にあてはめて整理する。 （3）発展学習として，「一本の笛と三人の少年」や「公正な不平等」の事例を考察する。　　　　　　　　　　　（10分）	声かけや発表の順番などで多様な意見が出るようにする。
まとめ	公平・公正に調整が必要な現代の諸課題を説明し，その意義と困難さを説明する。最後に「公平・公正に調整するうえで，必要なことは何か」自分の考えをまとめさせる。　　　　　　　　　　　（5分）	直近のニュースなどで興味・関心を高める。

事例15　ホールケーキの分け方から公平・公正を考える

授業展開　◆ホールケーキの分け方から公平・公正を考える
　　　　　　　―アリストテレスの正義論を活用して―

導入

「アテネの学堂」（ラファエロ筆）

（発問）（技能）真ん中の2人は対照的な動きをしています。それぞれどこを指しているのでしょうか。
（解説）本時では，アリストテレスの考え方を活用することを知る。
　ヴァチカン宮殿の署名の間に描かれている「アテネの学堂」には，多くのギリシア思想家が描かれている。中央の2人は左・プラトン，右・アリストテレスであり，プラトンが上（抽象的なもの）を指しているのに対し，アリストテレスが手のひらで地を示し，現実的であったことを象徴しているといわれる。数多くのネタがある絵画であるが，本時は「万学の祖」とも称されたアリストテレスを紹介する程度に留める。

展開1

（発問）（思考）ケーススタディ「ホールケーキの分け方」
　AさんとBさんが，Cさんの家に遊びに行きました。Cさんのお母さんが，「おやつの時間ですよ!!　3人で話し合って公平・公正に分けてね」といって，ホールケーキを出してくれました。どのように分けたらいいと思いますか？
　みんなが納得するように調整してみましょう。

133

解説 ホールケーキを分けるケーススタディは，小・中学校の「社会科」教科書に掲載されており，高等学校「公民科」のみならず，法教育・経済教育でも広く知られている。本時では，前ページのようなケースを提示し，公平・公正に分けることを促す。その際，必ず理由を考えさせること。また，【展開2】に向けて，生徒の知識・理解の状況に合わせてタイミングよく発問をしたり，発表の順番を入れ替えるなどして，多様な意見を引き出したい（この声かけがないと，ケーキを3等分，もしくはCさんのお母さんを含めて4等分という回答に偏る傾向がある）。ケースの状況は生徒に自由設定させてもよい。

〈発問例〉
- Aさん，Bさんはゲストのようです。
- ケーキが嫌いな人がいるかもしれません。
- もしAさんがダイエット中だったらどうでしょう。
- 自分がホストであるCさんが，ケーキが好きすぎてたまらなかったら？
- 3人ともケーキには目がなくて，もめてしまうかもしれない？

ペアまたはグループになり，話し合いを通じて意見を1つにまとめ，教員があらかじめ黒板に書いておいた円にケーキの分け方を書かせる。このように結果を発表させると，話し合いの結果が可視化できる。

展開2

発問 **思考** ケーキの分け方を，アリストテレスの正義論にあてはめて考えてみましょう。

解説 ここではアリストテレスの正義論について説明し，ケーキの分け方の回答例のどれがどれになるかを1つずつ答えさせながら，教員が説明していく流れで進める。

アリストテレスは『ニコマコス倫理学』の中で正義について述べており，正義について，ポリスの法を守るという全体的正義と，財貨の分配や交換における公正を意味する部分的正義に二分している。さらにこの部分的正義は，能

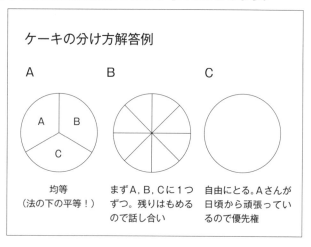

力や業績に応じて名誉や報酬を与える配分的正義と，裁判などにおいて各人の利害や損得を調和させる調整的正義からなるとしている。

このケーススタディを正義論に当てはめると，例えば図示したような解答例Aは均等に分けることを念頭にしており，「法の下の平等を形式的に守る」という意味においては，全体的正義となる。一方，解答例B，Cは部分的正義となる。中でもCは個々の事情を業績（「A

さんは日頃から頑張っている」）に応じて考慮しているため配分的正義，Bは各人の利害や損得を調整している（「残りはもめるので話し合い」）とあり，調整的正義となる。

　厳密に区分できているとは言い難いものの，実際に生徒が話し合った結果を先人の知恵に当てはめるのは効果的である。特にアリストテレスの正義論は現代においても根付いており，例えば配分的正義は就職で年俸や処遇を決める際に，また，調整的正義は盗人に自分の財を奪われた時などに被害者の損害と盗人の代償が均等になっているかどうかなどに当てはめることができる。そのため，このような印象的なケーススタディをしておくことで「幸福，正義，公正」などに着目させる工夫ができると考える。

正義論を簡略化した例

何をもって正義とするか？

（法の下の平等における）
形式的平等を重視し，三等分に分ける
⇨**全体的正義**（ケーキの分け方A）

個々の事情を考慮して分ける
⇨**配分的正義**（ケーキの分け方C）

もし，もめてしまったら？　第三者が仲裁に入る
⇨**調整的正義**（ケーキの分け方B）

ちなみに… アリストテレスは，完全な友愛が存在するならば，正義は不必要であるとした。

展開3

(発問) (思考) 次の2つの資料を読み，あなただったらどうするか，理由をつけて答えてください。

資料1 「一本の笛と三人の少年」

　三人の男の子A，B，Cが一本しかない竹製の笛をめぐって争っている。

A：13歳。他の二人より笛を吹くのが上手。

B：12歳。三人の中で一番貧しく，おもちゃはほとんど持っていない。

C：12歳。誰のものでもなかった竹を材料にして，自力で笛をつくった。

　三人の住んでいる村では，年上のいうことに従う文化がある。三人のやりとりを見ていた，12歳の女の子がいた。女の子は内心は「私も笛が欲しいけど，女の子だし，男子の話に首を突っ込むのはおかしいな」と思って立ちすくんでいた。

　裁定を依頼された人物はこの希少な財の分配の正義をどういう情報に基づいて決定するだろうか。

　高校倫理研究会『倫理が好きだ！』より引用して編集（アマルティア・セン『正義のアイディア』による）

資料2 「公平な不平等」

　ジョンとマーガレットは息子たちへのクリスマスプレゼントを買いに出かけた。息子は3人で，マシューは14歳，マークは12歳，ルークは10歳だ。愛情深い両親は，3人をつねに平等に扱うように心がけていた。今年のプレゼント用予算は1人につき100ポンド，とすでに決まっている。

　今回の買い物は，なんの問題もなさそうにみえた。目当ての品物はすぐに見つかった。携帯式のゲーム機で，1つ100ポンドだ。ゲーム機3つを2人でレジに持っていこうとしたとき，

ジョンが店内に貼られたお知らせに気付いた。1つ150ポンドの最新機能型ゲーム機を2つ買えば，オリジナルのゲーム機が無料でもらえるという。払う金額が同じで，もっと上等な物が手に入るのだ。

「それはできないわ」とマーガレットが言った。「不公平だもの。誰か1人が，ほかの2人よりも劣った物をもらうことになるのよ」「でも，マーガレット」ジョンは息子たちから最新型のゲーム機を借りることを考えて，わくわくしていた。「どうして不公平なんだい？　もともともらえるはずだった物より劣る物は誰ももらわないし，3人のうち2人はもっといい物をもらえるんだ。もしこれを利用しないと，2人はもらえるはずの上等な物をもらえなくなる」

「わたしは3人を平等に扱いたいわ」マーガレットが答えた。「その結果，損をすることになってもかい？」

ジュリアン・バジーニ『100の思考実験　一あなたはどこまで考えられるか』紀伊國屋書店，2012を参考にして作成

[解説] 以下は，資料1にアリストテレスの正義論をあてはめた，実際の生徒の回答例である。

> 　私が裁定者だった場合，私はCに対して笛を与える。どの子供に笛を与えるかは，アリストテレスの分類したどの正義を適用するかによって結論は変わるだろうけれど，私はその中から「配分的正義」に着目する。Cに与えるのは，今の資本主義社会においてはそれが業績に応じた配分的正義だからである。
>
> 　時代や政治の行いによって正義とは変わって行くもので，それぞれの適した形があるものである。（略）その場の状況によって，一番適している正義を選択し，公平や公正さを模索して行くことが私は重要だと思う。

また，資料2について，著者は次のように述べている。

> 　社会全体でなら，ジョンの意見が直感的な説得力を持つように思える。しかし，家族となると，平等のほうに重きを置くべきかも知れない。なぜなら，ごく小さな集団においては，不平等はいっそう鋭く察知され，緊張を生みだしやすいからだ。（略）政治の世界でも（略）人は，たとえ自分が物理的にはなんの損害を被らないとしても，もし隣人が経済的負担もなしに金持ちになったとしたら，心理的には貧富の差に対する意識が強くなって，苦しむ可能性がある。
>
> （同書）

[解説] 　いずれも，いろいろな回答が予想され，1つの正解が出るわけではない。また，異なった視点からの回答もあるだろう。たとえば資料2については，ゲーム機を順番に使うなどの方法は当然予想される。ここで理解させたいのは，単純に多数決で決められる問題ではないということである。

　発言が出にくいようであれば書かせて，後でプリントにして配布してもよい。

事例15　ホールケーキの分け方から公平・公正を考える

まとめ

（発問）（思考）身の回りで公平・公正に調整が必要である問題にはどのようなものがありますか。
例を挙げて，その調整方法を考えてみましょう。

（解説）もちろんそのような問題を調整するうまいやり方があるのであれば，その問題は解決されて
いるだろうから，実際にはどれも調整が難しいものばかりであろう。それでも，調整の方法
をあれこれと思案するところからはじめないと，人任せや諦めとなり，調整が進まないか，
無関心を悪用して自分に都合のよいやり方をするものが現れてくる，ということを指摘して
おく。

■他の授業例など

〈NIMBY 問題〉

NIMBY とは "not in my backyard" の意味。いわゆる「迷惑施設」のことである。それが必要
であることはわかっているが，近所にできることには反対であるとされる問題である。典型的な例
がごみ処理施設問題である。

・「東京ゴミ戦争」

1970 年代初めに，埋め立て処分場を持つ江東区が，建設地選定をめぐってごみ焼却施設の建設
が進まない杉並区のゴミの受け入れを拒否したことから始まった。

・小金井市ゴミ処理問題

調布市・府中市・小金井市にまたがって所在していたごみ焼却施設が老朽化して廃止となり，そ
れに代わる焼却施設を用意できなかった小金井市が，近隣市への処理の委託をめぐって混乱，市
長が二度代わる事態に。

また，そのほかにも保育所や学校，福祉施設や病院など，多くの例が挙げられる。

なお，原子力発電所や核処理施設，軍事基地などを NIMBY 問題として取り上げられるかについ
ては議論がある。ゴミ処理施設や保育所は，その地域において必要性が明らかで，おおむね受益者
と受苦者の範囲を限定して調整が図られる問題であるのに対して，これらは受益性が必ずしも明確
でないこと，立地に関して国家レベルでの介入があることなど，問題の規模が異なっているとす
る。中間的なものに道路や空港の建設がある。

NIMBY 問題の授業化は，「身近な問題」を取り上げると実際の対立を教室に持ち込む可能性も
あり，「解決策」を見出すまで授業で持っていくことが難しいので，慎重でなければならない。

NIMBY 問題で重要なことは，これが多数決では決められない問題であること（少数の受苦者へ
の押し付けになる）の確認であり，事例C（→ p.166）および事例D（→ p.172）などの多数決に
よらない解決方法を学ぶことにつなげていくことが望ましい。

（塙枝里子）

事例16

思考実験 多数決への問いから始める
民主主義の基本原理
―プラトンによる哲人政治への考察から―

指導要領【公共】A（3）

（3）ア（イ）人間の尊厳と平等，個人の尊重，民主主義，法の支配，自由・権利と責任・義務など，公共的な空間における基本的原理について理解すること。

指導のねらい

①多数決の体験から，多数決の問題点に気づかせる。

②ソクラテスもまた，民衆の多数決によって死刑になったことを理解させる。

③プラトンが哲人政治を構想するに至った経緯を理解させ，民主主義について考察させる。

学習内容・授業方法等の概説

・本授業は，A（3）「公共的な空間における基本的原理」で活用されることを目指したものである。教室内で多数決を体験することで，多数決の問題点に気づかせ，プラトンが哲人政治を構想した背景に，アテネの衆愚政治への批判があったことへの理解につなげる。これにより，現代の民主政治と哲人政治の違いなどに着目して，（3）の「自主的によりよい公共的な空間を作り出していこうとする自立した主体となることに向けて」，民主主義の基本的原理を理解する導入へと発展させることができる。

学習指導案

	授業内容	備考
導入	多数決の経験や思い出などから，自分がこれまで多数決とどのように関わってきたのか振り返らせる。 　　　　　　　　　　　　　　（15分）	
展開	（1）多数決を体験し，その問題点をまとめさせる。　　　（10分） ・「今の多数決に何か問題があったか」と質問して，生徒の発言を引き出して整理する。 （2）プラトンの哲人政治とその背景を理解させる。　　　（10分） ・『ソクラテスの弁明』を読み解くなどして，ソクラテスもまた，アテネの民主政治において多数決によって死刑が下されたことを理解させる。さらに，プラトンが哲人政治を構想した背景にはアテネの衆愚政治への批判があったことを理解させる。 （3）プラトンとアリストテレスの国制論を比較させる。　（10分）	多数決の具体例は生徒の実態に合わせて工夫する。 資料 学習状況に応じて，哲人政治を政治形態の一つ在り方として扱う。
まとめ	現代の民主政治と哲人政治の違いについて，考察させる。　（5分）	

138

事例16 多数決への問いから始める民主主義の基本原理

授業展開 ◆多数決への問いから始める民主主義の基本原理
　　　　　　　─プラトンによる哲人政治への考察から─

導入

解説）多数決について，身近なところから生徒の発言を引き出す。

発問）思考）あなたが初めて多数決を経験したのはいつ頃ですか？

　　幼少期　・　小学校低学年　・　小学校中学年　・　小学校高学年　・　中学校

→多くの生徒が幼少期または小学校低学年と答える。

発問）思考）どのようなことを決めましたか？

→外遊び（おにごっこ・かくれんぼ・氷おに・縄跳び…など）の決め方など

発問）思考）多数決の思い出や考えがあれば教えてください。

→反応が薄い場合には，「良い思い出？」「悪い思い出？」などと聞くと意見が出やすい。ここで「少数意見になって嫌だった！」などと出ると，後の展開につなげやすい。

展開1

発問）【技能】今から多数決をします。３つのうち，どれか１つを選んでください。全員目をつぶって手をあげてください。私（教員）が集計をします。

```
多数決の体験例
〈例１〉文化祭の出し物
　　　　１：お化け屋敷（13）　　　　２：お化け映画（12）
　　　　３：たこ焼き屋（15）
〈例２〉遠足の行き先
　　　　１：東京ディズニーランド（13）　２：東京ディズニーシー（12）
　　　　３：豊洲でバーベキュー（15）
〈例３〉修学旅行の行き先
　　　　１：北海道（13）　　　　　２：沖縄（12）
　　　　３：台湾（15）
〈例４〉次回の授業
　　　　１：お菓子を持ち込んでカフェ形式（13）
　　　　２：自由（12）　　　　　３：いつも通り（15）
　　　　　　　　　　　　　　　※（　）内は 40 人の内訳案
```

解説）多数決を体験し，その問題点をまとめさせる。多数決の体験は〈例１〉～〈例４〉まで示したが，どの多数決が「盛り上がる」かは生徒の実態によって変わってくるため，工夫してほしい。条件は，票の割れが起こりやすいもの（例えば〈例１〉～〈例４〉のように，３つの選択肢のうち２つは類似しているなど）で，結果的に「えー，ずるい！」，「先生，仕組んだんじゃない？」などと不満が出るようにすることである。

139

〈例1〉の場合，表のような結果になるのが理想である。しかし，たとえどのような結果になっても，教員が架空の結果を書き込むことで，疑問や問題点を感じさせることが重要（実際は想定通りにいかないため，筆者も急遽"先生票"を追加したり，挙手をしていない生徒の票を好きなところに入れて集計したりして工夫している）。

項目	票数
1 お化け屋敷	13 票
2 お化け映画	12 票
3 たこ焼き屋	15 票←ここに決定⁉

(発問) (思考) 今の多数決は何か問題がありましたか？

(解説) 集計結果や発問を工夫して，多数決に問題がなかったかどうか，生徒の発言を引き出す。多数決の問題点について，ペアワークやグループワーク，生徒の発言を引き出すなどして，例えば以下のように整理する。

・教員が表を操作し，不正を働いた
・そもそも票が3に流れるよう選択肢が設定されていた
・投票者は多数決や選択肢を十分に吟味していなかった
・話し合いが不十分である　など

なお，学習指導法は，【展開2】で『ソクラテスの弁明』や哲人政治をどの程度扱うかによって調整可能である。

展開2

(発問) (知識)・(思考) 次の資料を読んで，以下のことについて考えましょう。

（1）かつてアテネで，民衆の多数決によって死刑判決を下された人を知っていますか。
（2）ソクラテスの死と多数決にはどのような関係があるでしょうか。（既習の場合）
（3）民衆は本当に正しい判断ができたのでしょうか。
（4）ソクラテスの弟子であったプラトンは，この判決をどう受け止めたと思いますか。

(資料)『ソクラテスの弁明』

（略）弁明のかいなく，いや，弁明をしたからか，ソクラテスには有罪の判決が出ます。陪審員の281人が有罪，220人が無罪の投票をした結果です。この人数には，少し異同があるかもしれません。『弁明』の中に「もう30票も無罪の方に流れていたら，無罪になっていた」という記述があります。30票では，まだ251：250ですからね。280：221といったところでしょうか。いや，もう少し無罪の方が多いかもしれません。（略）

ソクラテスの有罪は確定しました。このあともう少し裁判が続きます。どういう罰則にするかを，再び陪審制度で決めます。原告側のメレトスは「死刑」を要求します。それに対し，ソクラテスはどんな罰がいいのかを，自ら述べます。その内容は，ソクラテスは金がないので，友人たちが出してくれる形ばかりの罰金を払うということが，まず一つ。そして，オリンピア祭り，いわゆるオリンピックですね。その勝者が祝勝会の食事に招待されるのですが，それよりも豪華な食事会でもてなされるという罰則です。

> この文脈わかりにくいでしょ？ 罰なんかではありませんね。褒美を要求しているのです。これが，陪審員の反感を買ったのは間違いありません。「死刑」対「罰金少々＋食事会」は，361票：140票と，先ほど「無罪」とした人まで，大きく死刑に流れます。（略）
>
> ※ホームページ「ギリシア哲学への招待状 第10講 ソクラテスの弁明」
> http://philos.fc2web.com/socrates/apology.html より引用して編集

解説 ソクラテスの死と多数決の関係，プラトンが哲人政治を構想するに至った背景について，説明し，プラトンの哲人政治とその背景を理解させる。

「ソクラテスの死」は実に多くの気づきを生徒に与えてくれる。しかし，多くの高校生にとって，その善さをわかるのには時間がかかり，原典資料を扱うにはハードルが高い場合もある。ここでは授業のねらいを達成するために，『ソクラテスの弁明』に関する簡単な資料を用いて，民衆の多数決によって有罪が確定し，死刑となった経緯のみを確認する。

その後，プラトンの哲人政治の概要を説明する。プラトンが国家を三階級に分け，哲学者が統治者となるか，統治者が真に哲学をする哲人政治を理想国家としたのは，アテネの民衆への不満や衆愚政治への批判によって生まれたことを理解させる。

展開3

解説 プラトンとアリストテレスの「国制論」を理解させる。

プラトンとアリストテレスの国制論の比較は，生徒の状況と授業時間の配分によっては，原典資料に当たらせてもよいが，難しい場合はある程度図式化して比較させる。

資料 プラトンの国制論

（1）全国民にまず「節制」の教育を施す。
　　→庶民階級
（2）すぐれた者にはさらに「勇気」の教育を施す。
　　→兵士階級
（3）なかでもすぐれた者には「知恵」の教育を施す。
　　→支配階級
（4）そのなかでも特に優れた者が，
　　知恵の中の知恵である哲学を学び，
　　最も優れた者が支配者＝哲人王となる。

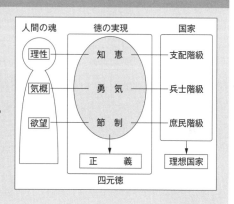

発問 思考 このプラトンの考え方について，気づいたことや思ったことを述べてください。

解説 なるべく生徒の回答を拾いながら，次のようなことを述べる。

・これは，アテネの民主制ではないね。民主制では，国民すべてが普段は庶民であり，戦争になれば兵士となり（平和主義の日本国憲法ではここは違うが），国に対しては，みなが均しく政治参加する。「国民主権」とは，国民がみな均しく支配者ということだ。

・しかしそのためには，国民＝主権者すべてが，「節制」「勇気」「知恵」をもたないといけない。それで初めて「正義」の国となる。ところが，「ソクラテス裁判」はどうだったか。ここに，

民主主義の落とし穴がある。
・それでは国民の中から最も優れた人を選び出して（プラトンは哲人王のイメージを誰に描いていたのだろうか？ソクラテス！），その人に政治を任せてしまうことをどう思う？

資料 アリストテレスの国制論

（1）最も優れた人の支配が最も優れている
　　　→王制
（2）少数の特に優れた人々による支配が，
　　　その次によい→貴族制
（3）多数のやや優れた人々による支配は，
　　　三番目になる→共和制
（4）しかし，現実には王制は最悪の独裁者
　　　による政治に→僭主制
（5）貴族制は少数の利権目当ての人々に
　　　よる政治に→寡頭制
（6）共和政は多数の知恵のない人々による
　　　政治に→衆愚制

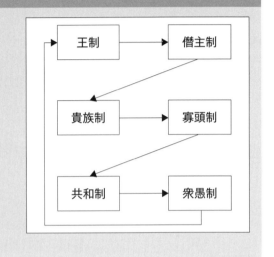

（発問）（思考）どの制度にも，よいあり方と悪いあり方がある，とアリストテレスは指摘しています。そのことを踏まえて，あなたならどういう制度をとろうと思いますか。理由をつけて説明してください。（挙手で多数決，それぞれについて1人ずつ理由を聞いてもよい）

（解説）なるべく生徒の回答を拾ったうえで，アリストテレスはこう考えた，と以下を説明する。
・アリストテレスは，何でも調査する人だった。当時のギリシア諸国の歴史や政治を徹底的に調べたので，理想の「王制」や「貴族制」は実在せず，現実には「僭主制」や「寡頭制」しか存在しないことを知っていた。
・だから，選択すべき国制は共和制となる。なぜなら，「悪くなる程度が一番少ないから」だという。せいぜい，衆愚制どまりなら，寡頭制や僭主制よりはましだ，という。

（発問）（思考）プラトンとアリストテレス，どちらの国制論を，どのような理由で支持しますか。
（ワークシートに書かせ，グループで話し合わせるとよい）

まとめ

【展開2】までで終わる場合
　「皆さんは，愚かな民衆に任せるより，哲学者が統治者となった方がいい！というプラトンの主張に賛成ですか？」「統治者，防衛者，生産者のどれになりたいですか？」「（クラスの）この列が統治者，この列は防衛者，生産者…だったらどうでしょう？」などと具体的に示すことで，民主主義の原理を考える契機としたい。そのうえで，アリストテレスの国制論に簡単に触れて，現実主義としての民主主義の意義を考えさせる。

【展開３】まで扱う場合

　国制論についての意見を発表し合い，意見を聞いたうえで，「理想の民主主義とはどのような
ものだろうか」について，自分の考えをまとめさせる。

■ 道徳・公民・倫理との関連

・中学校「特別の教科　道徳」Ｃでは，主として集団や社会との関わりに関することで，遵法精神
や公徳心について学んでいる。それを受けて，民主主義のあり方や課題について考えさせる。

・「公共」Ｂで法や規範の意義および役割，司法参加の意義について学ぶときに，ここでの学習を
振り返り，「法や規範には従えばよいのか？」「司法参加の心構えは？」といった指摘をして考え
させ，深い学びにつなげる。また「政治・経済」のＡでも同様の振り返りが効果的である。

・「倫理」で源流思想を学ぶときに復習させる。

■ 他の授業例など

　なぜ民主主義において「少数意見の尊重」が大切で，軽々に「多数決」をとってはならないのか
ということは，公共性や人権の観点からだけでなく，「集合知」の観点からも裏付けられる。多数
派か少数派かが問題なのではなく，できるだけ多様な意見を出し合う中から，よりよい（よりまし
な）解決方法が見出せる可能性があるからである。

　以下の資料を読んで，自分の経験から思いあたることがあれば発表させ，それについて話し合わ
せる。または，何か実際的な問題を設定してブレインストーミングやグループ討議をさせ，異なっ
た視点からの意見を出し合うことが，よりよい（よりましな）問題解決につながりやすい（しかし
必ずしも成功するとは限らないが試みる価値がある）ことを体験させるとよい。

参考資料

『「多様な意見」はなぜ正しいのか』

　問題解決における認識的な多様性の恩恵は，実際の世界にも，また入念な学問研究にも見出
せる。重要で単純な事実として，社会が難しい問題——人類の月着陸，病気治療，新製品の設
計，税制改革——に直面したとき，我々は多様な人々のチームを作る。（略）経験に基づく入
念な研究から，認識的な多様性にもこのような恩恵が存在することが分かる。多様な訓練や経
験を持つ人々のチームはたいてい，より一様なチームよりよい成績を示すのだ。（略）1901 年
から 1910 年まで，ノーベル物理学賞は 14 人に授与された。ほとんどが白衣を着た一匹狼の天
才だ。しかし 1995 年から 2004 年までには，その二倍の人が賞を受賞している。賞ひとつあた
り平均 2.8 人という値は，ノーベル賞が最高三人にしか与えられないことを考えればますます
驚くべき事実と受け取れる。（略）最も賢い最高の人でも，正念場では他人に頼るものなのだ。
（スコット・ペイジ著　水谷淳訳『「多様な意見」はなぜ正しいのか　—衆愚が集合知に変わるとき』日経 BP
社，2009）

（塙枝里子）

事例17

男らしさ，女らしさとは？
―男女が対等に参画する社会―

指導要領【公共】A（3）

（3）ア（イ）人間の尊厳と平等，個人の尊重，民主主義，法の支配，自由・権利と責任・義務など，公共的な空間における基本的原理について理解すること。

指導のねらい

①日本国憲法第24条に規定される「両性の本質的平等」をふまえ，現代の諸課題のひとつである「男女共同参画」について理解させ，性別役割分業にとらわれない態度を育てる。
②公共的な空間における基本的原理である「人間の尊厳と平等，個人の尊重」を「男女共同参画」の理念を通じて多角的に考察させ，理解させる。

学習内容・授業方法等の概説

・「人間の尊厳と平等，個人の尊重」については，男女が共同して社会に参画することの重要性にも触れること。（内容の取扱い（3）オ（オ））
・日本国憲法に規定される「両性の本質的平等」の下で，公共的空間を作り出していく倫理的主体として個人を尊重し，社会の対等な構成員として男女の平等な活動を実現させる「男女共同参画」という基本原理について，歴史的・文化的背景をふまえながら理解し，対話的手法を通じて多角的に考察することをねらいとするものである。

学習指導案

	授業内容	備考
導入	イラストを見て，「男女共同参画」の観点から問題点を考えさせる。 （10分）	電子黒板や拡大資料で提示する。
展開	男らしさ，女らしさをイメージさせる。　　　　　　　　　　（20分） 1．ジェンダーとセックス（男性，女性，LGBTQ） 2．男女共同参画に至る歴史的・文化的背景 　・明治民法下での家族制度・家父長制＝家（イエ）制度 　・日本国憲法第24条「個人の尊厳と両性の本質的平等」 　・1960〜70年代のウーマンリブ（女性解放）運動 　・1985年女性差別撤廃条約の批准，男女雇用機会均等法の制定 　・1999年男女共同参画社会基本法の制定 女性管理職の割合をあらかじめ30％に設定したうえで，社員の昇進人事を決定している企業Xのやり方に賛成か，反対か。　　　（10分）	・発問は ワークシート に記入して配布し，全体で共有する。 ・ペアワーク，またはグループワークを行い発表させる。
まとめ	ワークシート 裏面に授業を通じて考えたことをまとめる。　（10分）	ワークシート を回収する。

事例17 男らしさ，女らしさとは？

授業展開 ◆男らしさ，女らしさとは？
―男女が対等に参画する社会―

導入

(発問)(思考) イラストを見て，「男女共同参画」の観点から問題点を探しましょう。(ワークシート
記入)

(解説) 日常生活で目にしているイラストや漫画などを男女共同参画の視点から眺め，男らしさ・女
らしさなどを固定化させる表現があることに気づかせる。「男女共同参画」については【展
開】で触れるため，ここでは詳しく説明しない。

　資料は広告など，生徒が身近に感じられる実例を使うのがよい。埼玉県県民生活部男女共
同参画課『男女共同参画の視点から考える表現ガイド』も活用できる（男性をあしらった公
務員募集のポスター→女性を排除している，男性医師・若い女性保育士・男性警察官のイラ
スト→職業を特定の男女・老若と結びつけている，女性の文系学生・男性の理系学生→女性
＝文系，男性＝理系というイメージの固定化，女性受付係・男性課長→男性受付係や女性管
理職もいる）。

展開

(発問)(思考) 男らしさ，女らしさをイメージしてみましょう。

(解説)「男らしい」「女らしい」とされる振る舞い・イメージを考えさせる。生徒に，「男らしくな
い」「女らしくない」と言われた経験を挙げさせてもよい。「力が強い女性」「料理好きな男
性」「専業主夫」もおり，「男は外で働く」「家庭を守る良妻賢母」といった男らしさ，女ら
しさは文化的・社会的に形成された性差＝ジェンダーであるとわかる。

　教育現場におけるジェンダー・フリー思想の行き過ぎた実践（男女同室で着替えさせる）
などにより揺り戻しが来ている現状もあるが，ジェンダーを相対化し，性別役割分業の固定
化を打ち破ることが，男女共同参画のまず第一歩であろう。

　本指導案は1時間構成だが，時間に余裕があれば発問を膨らませたり，発問に対するペア
ワーク・グループワークを重視して，2時間構成にすることもできる。また，性を扱う際に
は男・女という二項対立に回収されない「LGBTQ*」という多様な性の形にも触れたい。
ただし，「LGBTQ」という名付けが新たな差別を生む点には留意すべきであり，該当する生
徒への配慮も欠かせない。わが国では2023年にLGBT理解増進法が制定され，その多様性
に関する国民の理解を深めることが目指され，さらに最近はSOGI（Sexual Orientation
and Gender Identity）という表記で，全ての人の性的指向や性自認の権利を認めようとす
る動きもあるなど，多様な性を尊重する動きも見られるようになってきた。

＊LGBTQ…レズビアン［Lesbian］（女性同性愛者），ゲイ［Gay］（男性同性愛者），バイセ
　クシュアル［Bisexual］（両性愛者），トランスジェンダー［Transgender］（性同一性障害
　など生まれた性にとらわれない），クエスチョニング［Questioning］（性自認・性的指向を
　模索している人）・クィア［Queer］（規範化された異性愛に違和感がある人）

145

発問 **知識** 少子化の理由は何だと思いますか。（ ワークシート 記入）

解説 少子化を女性の社会進出「だけ」で説明できるか，本時の問題と結びつけて考えさせたい。

発問 **思考** 夫婦（婚姻関係にある男女）の，お互いの呼び方にはどのようなものがありますか。
（ ワークシート 記入）

解説 この発問は，性別役割分担に気づかせるための補助的なもので，こうした具体的な発問をいくつか用意しておくとよい。他には漫画や歌に描かれる性別役割分担，スポーツや入学試験における差別などが考えられる。

解説 （1）ジェンダーとセックス（男性，女性，LGBTQ）
生物的な性差＝セックスについては，「生物学的な性差が存在するのはなぜか」を考えさせるのも面白い。様々な環境に適応できる子孫を残すため，という理由も一つあるだろう。男女共同参画に至る「歴史的」・文化的背景を取り上げるのは過去から学ぶべきものは多いと考えるからである。

（2）男女共同参画に至る歴史的・文化的背景
男性中心の家制度は，大陸の父系血縁制度や儒教に由来するが，武家社会の跡継ぎ中心の家族観として広く定着していった。女性は家の女＝嫁，箒の女＝婦人として位置づけられ，家事という無報酬労働（アンペイド・ワーク）に縛られることになった。

　日本国憲法第24条を起草したベアテの原案は，単に女性の地位向上にとどまらず広範な人権保障を目指したものであった。高度経済成長期における耐久消費財の普及も，女性を家事労働から解放させる役割を担った。また，ベティ・フリーダンの『女らしさの神話』に端を発する1960〜70年代の女性解放運動が「The personal is political（個人的なことは政治的なこと）」の精神，すなわち一人ひとりの女性が抱えている問題は，その個人が解決する問題ではなく，問題を共有する人々の力を合わせて解決すべき政治的な問題であるという考え方で，社会を大きく変えた。

発問 **思考** 企業Xでは，女性管理職の割合をあらかじめ30%に設定したうえで，社員の昇進人事を決定しています。あなたはこのやり方に賛成ですか，反対ですか。その理由もあわせて書き，発表しましょう。（ ワークシート 記入）

解説 1999年に男女共同参画社会基本法が制定され，政府はポジティブ・アクションを推進しているが，授業の最後はクオータ制（quotaとは，「割り当て，分配，分け前」の意味で，政治や行政において国民の構成割合を反映させようとするもの）の賛否について意見交換し，公共的空間を作り出していく倫理的主体として，「男女共同参画」を実現する一方策について考察させたい。

資料 「企業に女性幹部クオータ制　先進ノルウェーに聞く」

（クオータ制発祥のノルウェーでは，2002年に世界で初めて企業にクオータ制を義務付け，「08年までに取締役会の4割を女性にしない大企業（主に上場企業）は強制的に閉鎖する」とした。最初は猛反対にあったが，）

「結局期限の08年1月までには，すべての対象企業が条件を満たし，強制閉鎖される企業はなかった。反対の立場を貫き自ら上場廃止を選ぶ企業もあったが，それは5社ぐらいだったと記憶している。ビジネスの面では，女性役員により情報開示や法令順守対応が進んだなど様々

146

事例17 男らしさ，女らしさとは？

な検証結果が出ているが，導入前と変わらずというのが大方のところだ。それ以上に社会全体が変わったことが大きい。女性が働くことや，男性も仕事と家庭を両立させることが当たり前になった。出生率もトップクラスになった。今のオスロではいたるところで子守をする男性の姿を見るが，それはこの10年ぐらいの話だ」（企業多様性センター代表マリット・ホエル）

「企業に女性幹部クオータ制　先進ノルウェーに聞く」2014/6/28 NIKKEI STYLE WOMAN SMART

まとめ

解説 **ワークシート** の裏面に授業の感想を書かせて回収する。全体的な記入の内容以外に，話し合いや発表を経て，どれくらい他人の意見や感想を考慮しているかを，評価に活用する。

■ 学習内容のまとめと評価

・ワークシート（穴埋めが完成しているか，裏面の授業の感想が書けているか）と定期試験（主にワークシートの穴埋めに相当する知識問題，授業の発問を中心とした記述問題）で評価する。

・小論例文を課すなら，

「自分が住む自治体の首長となったとして，男女共同参画社会を実現するための方策を具体的に考えよ」

「男性解放を進めるための方策を，女性解放の歩みを参考にして考えよ」

「イスラーム社会は女性差別といえるか，日本社会と比較しながら考察せよ」などが考えられる。

■ 他の授業例など

・夫婦別姓の是非を考える

　戦後民法に残存した家制度の名残りである夫婦同姓を改め，夫婦別姓を導入する議論は，同姓・別姓いずれかを強制するのではなく，夫婦が自ら決定する自由を認める「選択的夫婦別姓制度」が議論されるようになってきた。結婚して姓を変えたとき，アイデンティティを失ったと感じる女性は90%を超えるといわれ，討論すると盛り上がるテーマである。

・与謝野晶子と平塚らいてう（雷鳥）の母性保護論争

　晶子が依存的な立場にあった女性の経済的自立を訴え，母性愛のみならず父性愛も必要だと述べたのに対し，らいてうは，生命の源泉である母が子を産み育てるには国庫補助が必要であるとして母性の保護を訴えた。経済的自立と母性の発揮は両立できないとした後者は共働きの時代にあって，生徒に受け入れられるだろうか。エレン・ケイとウルストンクラフトに触れるのもよい。

・ロールズの正義論（アファーマティブ・アクション）

　選択倫理で学習するジョン・ロールズの『正義論』，とりわけ格差原理に触れるとともに，アファーマティブ・アクション（日本ではポジティブ・アクションと表記）を紹介する手もある。

〈参考資料〉

　・埼玉県県民生活部男女共同参画課『男女共同参画の視点から考える表現ガイド』（2018）

　・内閣府男女共同参画局ホームページ（http://www.gender.go.jp/index.html）

（石浦昌之）

ワークシート

男らしさ，女らしさとは？　―男女が対等に参画する社会―

◎男らしさ，女らしさをイメージしてみよう。

男らしさ
　　（例）力が強い，外で働く，ズボンをはいている，短い髪，理性的，（身に着けるものは）青や黒，
　　　　理系

女らしさ
　　（例）か弱い，家庭を守る，家事をする，化粧をする，料理が得意，子どもを育てる，スカー
　　　　トをはいている，長い髪，感情的，（身に着けるものは）赤やピンク，文系

・（1　ジェンダー　）［gender］… 社会・文化的に形成された性差（男らしさ，女らしさ）
　　　　　　　　　　　　　「人は女に生まれない，女になるのだ」（ボーヴォワール『第二の性』）

・セックス［sex］…生物学的な性差（オス／メス）

※性的マイノリティとして（2　LGBTQ　）
…レズビアン［Lesbian］(女性同性愛者)，ゲイ［Gay］(男性同性愛者)，バイセクシュアル［Bisexual］(両性愛者)，
　トランスジェンダー［Transgender］(性同一性障害など生まれた性にとらわれない)，クエスチョニング
　［Questioning］(性自認・性的指向を模索している人)・クィア［Queer］(規範化された異性愛に違和感がある人)

※心の性別（性自認）「男性」「女性」「それ以外」，体の性別「男性」「女性」，性的指向「男性」
　「女性」「両方」「なし」の組み合わせだけでも 24 種類（3×2×4）ある
　　　　　　「男性」−「男性」−「女性」あるいは「女性」−「女性」−「男性」は 24 分の 2 の性のかたちにすぎない…

〈男女共同参画に至る歴史的・文化的背景〉　　　　　　　　　寺子屋教育に影響。巻五「女子を
・戦前の（3　家制度（イエ　家父長制　））（旧民法に規定）　教える法」が江戸中期に『女大学』
　　　　　　　　　　　　　　　　　　　　　　　　　　　　　として編集された。女性は「父の
…財産，家名，家業を継承させる共同体「イエ」　　　　　　　家にいては父に従い，夫の家に
　家長（戸主）の地位（家督）は長男（いない場合は養子）が相続　いっては夫に従い，夫が死んでか
　　　　　　　　　　　　　　　　　　　　　　　　　　　　らは子どもに従う」…
※朱子学（儒教）に基づく，男尊女卑的な価値観　（例）三従の教え（貝原益軒『和俗童子訓』）

・戦後の日本国憲法（1947 年 5 月 3 日施行）第 24 条・個人の尊厳と（4　両性の本質的平等　）
　第24条①　婚姻は，（5　両性の合意　）のみに基いて成立し，夫婦が（6　同等　）の権利を
　　　　　　有することを基本として，相互の協力により，維持されなければならない。
　　　②　配偶者の選択，財産権，相続，住居の選定，離婚並びに婚姻及び家族に関するそ
　　　　　の他の事項に関しては，法律は，個人の尊厳と（7　両性の本質的平等　）に立脚して，
　　　　　制定されなければならない。
※GHQ 民政局の（8　ベアテ・シロタ・ゴードン　）［1913-2012］が起草
　　　　　　　アメリカ合衆国憲法にも規定されていない男女平等を新生日本に託した…
・1960 〜 70 年代のウーマンリブ（女性解放［Women's Liberation］）運動

事例17 男らしさ，女らしさとは？

◎少子化の理由は何か？
　　（例）女性にとって以前より働きやすい環境になり，女性の社会進出が進んだから。働きながら子育てをする人が増えたため，一生に産む子どもの数が減っているから。

・1985年（9　男女雇用機会均等法　）制定 ← 日本が女性差別禁止条約を批准したことを受けて…
…職場での男女平等（募集・採用，配置・昇進，定年・解雇）をめざす
　　2006年には男女双方の差別禁止，妊娠・出産を理由とする不利益取り扱いの禁止，セクハラ防止義務が追加。2017年にはLGBTへのセクハラ防止義務，マタハラ防止義務が追加。
・1999年（10　男女共同参画社会基本法　）制定
…男女が互いに人権を尊重する，豊かで活力のある社会を実現する
※（11　男女共同参画　）（ジェンダー平等［gender equality］）社会
…男女が，社会の対等な構成員として，自らの意思によって社会のあらゆる分野における活動に参画する機会が確保され，もって男女が均等に政治的，経済的，社会的及び文化的利益を享受することができ，かつ，共に責任を担うべき社会（男女共同参画社会基本法第2条）。
・2018年（12　男女候補者均等法　）制定
…政党に国政選挙などの候補者の男女比率を均等にする努力義務を課す
→とはいえ法律が変わっても，人々の意識はすぐに変わらない

◎夫婦（婚姻関係にある男女）の，お互いの呼び方にはどのようなものがあるか？

男性
　　（例）旦那，主人，亭主，夫，名前（ファーストネームや愛称）

女性
　　（例）嫁，奥さん，妻，家内，かみさん，名前（ファーストネームや愛称）

・（13　積極的差別是正措置（　ポジティブ・アクション　）　）の実施
…社会的・構造的な差別によって不利益を被っている者に対し，一定の範囲で特別の機会を提供することなどにより，実質的な機会均等を実現する措置
※2017年の女性管理職の割合は平均6.9％，女性の管理職がいない企業は49.2％。
　　政府は2020年までに，指導的地位に女性が占める割合を30％程度にする目標を掲げ，ポジティブ・アクションを実施！
　　（帝国データバンク「女性登用に対する企業の意識調査」）

◎企業Xでは女性管理職の割合をあらかじめ30％に設定した上で，社員の昇進人事を決定している。あなたはこのやり方に賛成か？反対か？その理由もあわせて書こう。

　　賛成　　反対　　（○をつけよう）

理由
　　（例）女性が活躍できる機会が増えるから。男性中心の社会の中で女性は不遇な立場に置かれているため，人々の意識を変えるためにはこうした政策が必要だから。

自分と違う意見
　　（例）自由競争を妨げ，企業の発展につながらないから。女性が優遇され，同じ能力の男性が不遇になり，逆差別にあたるから。このような急進的な政策をとらなくても，自然に男女平等の意識は定着すると思うから。

Column

思考実験

思考実験と学習指導要領

「思考実験」は，平成30年版高等学校学習指導要領で初めて示された。公民科「公共」2内容　A公共の扉（3）公共的な空間における基本的原理という項目の中で言及されている。

よって「思考実験」は「公共的な空間における基本的原理について考察するための手段」として利用することが想定されている。「思考実験」自体の具体的事例は示されていないものの，「個人と社会の関わり」に応用できることが望ましいと読み取れる。さらに「個人と社会の関わり」の中でも「幸福，正義，公正」などに関連させることが望ましいとも示されている。

ここで気をつけておきたいことがもう1つある。この「思考実験」が置かれているのは，公民科「公共」の内容A「公共の扉」だという点である。平成30年版高等学校学習指導要領は，A→B→Cの順で取り扱うこととされている。年度末にじっくり思考させるというわけにはいかないのである。したがって「思考実験」は高等学校低学年の第一学期で取り扱うことになり，授業づくりにあたっては，生徒の知識状況などを考慮していかなければならない。特にトロッコ問題のように，生徒を他者の生死を決定する立場に立たせるものがあり，低学年実施の観点に立って内容をよく検討し，慎重に取り組む必要がある。

ボルダルール	10冊
共有地（コモンズ）の悲劇	6冊
哲学対話	6冊
トロッコ問題	6冊
最後通牒ゲーム	5冊
囚人のジレンマ	4冊
ヤマアラシのジレンマ	4冊
ジョハリの窓	2冊
論理学実験	2冊
トリアージ	2冊
無知のヴェール	2冊
席譲り	2冊
水槽の中の脳	1冊
ルビンの杯	1冊
ダイヤモンドランキング	1冊
中古車販売ゲーム	1冊
水になったぶどう酒	1冊
ヴァイオリニストと私	1冊

公民科「公共」教科書における「思考実験」の取り扱い

高校現場では令和4年度から，新科目「公共」がスタートし，令和4年度以降使用教科書として12冊，令和5年度以降教科書として1冊，合計13冊が発行された。そこに取り扱われた「思考実験」を分析した。哲学・倫理学で一般的に使われる「狭義の思考実験」，哲学以外でも汎用的に使われていたり，一般的には思考実験としては扱われないものの「広義の思考実験」と言えるもの，本格的な思考実験を助ける「思考の技法」を含めたものを左記に列挙する。

「思考実験」は物理学や数学におけるものもあり，「ガリレオ・ガリレイの船」「ニュートンの万有引力の法則」「ラプラスの悪魔」はその事例である。公民科「公共」教科書では取り上げられてはいなかった哲学における「思考実験」としては，「テセウスの船」「ヘンベルのカラスのパラドックス」「メアリーの部屋」「スワンプマン（沼男）」などがある。

3 新しい手法を用いた授業事例集

　高等学校学習指導要領（平成30年3月告示）の中では「主体的・対話的で深い学び」いわゆるアクティブ・ラーニングという新しい教育手法の導入が示されました。そして学習活動を通して「見方・考え方」を働かせることが目標とされました。

　第2章で紹介した授業事例集の中でも，この考え方を踏襲した提案を数多くおこなってきましたが，特に本章では，顕著な形で「新しい手法」を用いる事例を紹介いたします。学習指導要領にも明記された「哲学対話」のほか，「サイレントダイアローグ」「コンセンサスゲーム」「最後通牒ゲーム」「哲学ウォーク」など，ユニークな手法を取り入れた授業事例の数々です。「公共の扉」の展開にあたっての動機づけ，あるいは最後のまとめに使えるような事例集です。

事例A

一人はみんなのために？（哲学対話入門）

指導要領【公共】A（2）

内容 （2）イ（ア） 倫理的価値判断，個人や社会全体の幸福・公正，解決のための思考実験，多面的・多角的考察・表現

内容の取扱い （2）ア【道徳】（3）ウ　現実社会の諸課題の具体的事例
　　　　　　　（3）エ　論拠を基に自分の意見を説明・論述　（3）オ（エ）　生命倫理

指導のねらい

①生活の中にある不思議や疑問から問いを作り，他者とともに考えながら，哲学的な見方・考え方を育成する。
②社会全体の幸福と個人の幸福について考える中で，「道徳性」を認識させる。
③多数派のために犠牲となる少数派について考えさせる。

学習内容と「新しい授業手法」

・対話に慣れていない生徒に与える第一段階として，他者とともに問いについて考える**「サイレントダイアローグ」**の手法を用いる。
・第二段階として，現実社会の課題の一つをテーマとして与え，人間と社会の在り方についての見方・考え方を働かせることを促し，社会的課題についての理解を深めさせる。
・グループでのアクティブ・ラーニングで**「哲学対話」的思考実験**の体験をさせ，論拠を基に自分の意見を説明・論述させたりすることにより，思考力，判断力，表現力等を養う。
・このような準備を経て，生徒の状況から「哲学対話」の授業ができそうな見通しが持てるようであれば，第1章の論考（→ p.22）を参考に，自由な対話を試みるとよい。基本的には，生徒たちから出された「これについて話し合いたい」といういくつかのテーマの中から，話し合いで一つを選び（多数決でもよい），順番に，あるいはボールなどを回しながら，そのテーマについて自由に話していく。
・なお「哲学対話」の原点は，「子どものための哲学」（Ｐ４Ｃ　philosophy for children）である。子どもに哲学的な思考を身につけさせるための教育であり，アメリカ出身のマシュー・リップマンや，彼が設立した「子どものための哲学推進研究所」（IAPC, Institute for the Advancement of Philosophy for Children）がその活動の中心となっている。日本では河野哲也らによって積極的に紹介され，子どものための哲学教育研究所も活動している。（→ p.189）

事例A 一人はみんなのために？（哲学対話入門）

学習指導案

〈1時間目〉

	授業内容	備考
導入	自らの生活を振り返って，日常生活や学校生活についての疑問や不思議を「問い」の形にする。　　　　　　　　　　　　　　　　　　（10分） ・自由な発想を開かせるため問いの制限はないことが望ましいが，後に続く内容につなげるため，「幸福」をキーワードとしたり，さらにワークシートで実施する「反論」の出やすいテーマを提示したりすることも考えられる。	・ ワークシート ・6〜7人程度のグループワーク
展開	対話的思考実験の訓練を行う。　　　　　　　　　　　　　　　（30分） ・ ワークシート を回して，【導入】で生徒の立てた「問い」に対する反論や，それをふまえての意見を記入させる。 ・反論することが難しい場合もある。教員の机間指導による支援が重要。 ・時間が来たら次へ。	
まとめ	他者の意見を踏まえ，改めてはじめの問いに戻り，もう一度，自分の考えを記述させる。　　　　　　　　　　　　　　　　　　　　（10分） ・特に「第二の生徒」による反論に対しての回答を書かせる。 ・ ワークシート の評価基準を確認する。 ・本時の授業の意味（サイレントダイアローグ）の確認と，次時の対話的学び（「哲学対話」的思考実験）の予告。	

〈2時間目〉

	授業内容	備考
導入	なにかを決めるときに，なぜ多数決で決めるのか。　　　　　　（5分） ・学校生活の中で頻繁に行われる多数決は，「より多くの人が望むことを全体の決定にする」という考え方に基づいた決め方である。この決め方が正しいとするならば，次のようなケースはどうなるか。 ・前時ですでに，多数決を問いとして取り上げたグループがあった場合は紹介する。	・ ワークシート
展開	より多くの人が満足できることを選ぶのが正しいとするならば，サバイバル・ロッタリーの導入はどう考えるか。 ・サバイバル・ロッタリーについて説明する。　　　　　　　　（5分） ・ ワークシート を配布し，自分自身の意見を記入させる。　　（5分） ・グループ内で順番に，自分の意見を発表させる。　　　　　（10分） 　※一人が話し終わるまで発言しないことを徹底させる。 ・他の生徒の意見の中でよいと思った意見を ワークシート に記入させる。　　　　　　　　　　　　　　　　　　　　　　　　　　（5分） ・グループ内で司会者（リーダー）を決めた上で，ディスカッションさせる。　　　　　　　　　　　　　　　　　　　　　　　　　　　（10分） 　※順番に話すのではなく，出された意見について，自分の意見を述べさせる。 ・ディスカッションの中でよいと思った意見を記入させる。　　（5分）	・個人ワーク ・6〜7人程度のグループワーク
まとめ	最終的な自分の意見を記入させる。　　　　　　　　　　　　　（5分） ・時間があれば，授業の最初と最後に賛成・反対の数を挙手させて調べ，クラス内の意見の動きの有無も把握させる。	・回収後に集計し，次時に報告してもよい。

153

授業展開 ◆一人はみんなのために？（哲学対話入門）

〈1時間目〉

導入1

(発問) (思考) まずはＡさん（「第一の生徒」）は自分の生活を振り返りながら，日常生活や学校生活についての疑問や不思議を「問い」の形にして，ワークシートに書いてみましょう。また，この「問い」を立てた理由と今の考え（考えＡ）も書きましょう。

解説 本時は「哲学対話」に向けた前段階である。また，新しい学習指導要領で示された**「社会的見方・考え方」**を養うための**「問い」**を要求する新しい手法をとっている。その問いを立てた理由や，現在の考えもしっかり書かせることで，論理構築をさせる。これにより，対話に慣れていない生徒の思考の過程を導いていく。つまり会話なしのサイレントな状態でも，**「対話的で主体的な深い学び」**を実践させようという指導案である。

展開1

(発問) (思考) ワークシートをグループ内で回し，Ｂさん（「第二の生徒」）はＡさんの「問い」に対する考え（考えＡ）にあえて反論しましょう（考えＢ）。

(発問) (思考) Ｃさん（「第三の生徒」）は，これまでの意見（ＡさんとＢさんの意見）を踏まえ，自分の意見を記述しましょう（考えＣ）。その他の人（「第四〜第七の生徒」）は以上を踏まえて一言コメントを書き，最初に「問い」を立てたＡさんにワークシートを戻しましょう。

解説 本格的**「哲学対話」**の入門編。特に，「第二の生徒」（Ｂさん）に「第一の生徒」（Ａさん）にあえて反論させることで，対話的思考実験の訓練を行う。ワークシート記述型なら，話すのが得意でない生徒でも意見表明しやすい。さらにワークシートの場合は，評価への考慮から何らかの記述がなされる場合も多く，意見表明自体の苦手な生徒にもきっかけを与えられる可能性が大きい。

まとめ

(発問) (思考) Ａさんはこれまでの他の人の意見を踏まえて，改めてはじめの問いに戻り，もう一度，自分の考えを記述しましょう（考えＡ'）。

解説 グループ内で出た意見に応答する形で書かせる。特に「第二の生徒」（Ｂさん）からは反論が出されているはずなので，それに対しては必ず回答するように指導する。

事例A 一人はみんなのために？（哲学対話入門）

ワークシート（1時間目）

「サイレントダイアローグ」で日常を哲学する

年　　　組　　番　氏名

1. 自らの生活を振り返りながら，日常生活や学校生活についての疑問や不思議を「問い」の形にしてみよう。

2. この問いを立てた理由と最初の考え（考えA）

3. あえての反論（考えB）　　　　氏名

4. 考えA・Bを読んで考えたこと（考えC）　氏名

5. 一言コメント

氏名

氏名

氏名

氏名

6. 以上を踏まえて考えたこと（考えA'）

155

〈2時間目〉

導入2

(発問) 思考 私たちは何かを決めるときによく多数決を行うが，なぜ多数決で決めるのでしょうか？

(解説) 多数決というのは，何かを決める（選ぶ）ときにはできるだけ多くの人が満足できる方がよいという考え方である。少数の人の意見が通ってしまうと，多くの人は不満を持つことになるからである。なお，これは哲学的には「功利主義」という思想に基づく考え方である。しかし，多数決がつねに最良の決定方法というわけではない。犠牲となる少数派のことも考えねばならない。

展開2

(発問) 思考 何かを決めるときには，より多くの人が満足できることを選ぶのが正しいとするならば，次のようなケースはどう考えればよいのでしょう？

(解説) 臓器移植の技術が向上し，臓器移植を受ければ完全に病気が治るようになった社会を想定する。この社会における問題は，臓器移植以外に助からない患者が多数いるにもかかわらず，ドナー(臓器提供者)が簡単には見つからないことである。そのため，次のような制度「サバイバル・ロッタリー」の導入が検討されている。この制度の導入に賛成か反対か考えさせる。

資料 **サバイバル・ロッタリー**

（1） 社会のメンバーのうち，健康な者すべてに抽選番号を与える。

（2） その上で，脳死患者が現れず，必要な臓器がどうしても入手できない場合は，医師がコンピューター・プログラムでランダムに数字を選び臓器提供者を決定する。

（3） その数字の当選者は，自分のすべての臓器を，移植を必要としている患者に提供しなければならない。

　この制度の導入によって，1人の犠牲によって10人以上の患者を助けることができ，現在よりもはるかに多くの人が健康で長生きできるようになる（ただし，例えば煙草の吸いすぎで肺癌になった者など，不節制で病気になった人は自業自得だから対象外とする）。

　この制度では，すべての人に当選する可能性があると同時に，すべての人に臓器移植が必要な際の「移植手術を受ける権利」が与えられる。なお，当選者から臓器を摘出してその人が亡くなっても医師は罪に問われない。このため社会全体からみれば，この制度はすべての人が安心して生活ができ，より多くの人が幸福になる制度である。

(H.T. エンゲルハート，H. ヨナス『バイオエシックスの基礎 —欧米の「生命倫理」論』東海大学出版会，1988)

(発問) 思考 まず，誰にも相談しないで賛成か反対かと，その理由を ワークシート に記入しましょう。

(発問) 表現 では，前の時間につくったグループで，順番に自分の意見を発表しましょう。
　他の生徒の考えを聞いて，よいと思った意見を ワークシート に記入してみましょう。

156

事例A　一人はみんなのために？（哲学対話入門）

（発問）（表現）それでは，グループ内で司会者（リーダー）を決めてから，今度は順番ではなく自由にディスカッションしましょう。ただし，一つだけルールがあります。それは，一人が話し終わるまでは発言してはならないということです。では始めて。

（発問）（思考）はい，話し足りないグループもあるかもしれないけれど，ここまで。それでは，各自 ワークシート に，今のディスカッションの中でよいと思った意見を記入してみましょう。

まとめ

（発問）（主体）それでは，最終的な自分の意見を ワークシート に記入しましょう。

（解説）グループの全員が同じ結論になっても構わない。論拠の違いに注目させればよい。
　　ワークシート記入の時間やワークシートの記入欄の大きさについては，生徒の実態に応じて適宜調整する。

ワークシート（２時間目）

「一人はみんなのために？（サバイバル・ロッタリー）」

年　　　組　　　番　氏名

【自分の意見】　〔　賛成　・　反対　〕　→　○印をつける

【グループの人が順番に発表した中でよいと思った意見】

【ディスカッションの中でよいと思った意見】

【最終的な自分の意見】　〔　賛成　・　反対　〕　→　○印をつける

157

■学習内容の評価

ワークシート（1時間目）

（1）他人に投げかける「問い」の形になっているか。

（2）反論の形になっているか。

（3）問いと反論をまとめた論ができているか。

（4）他人のコメントを受けて，それについてのコメントが返せているか。特に反論に対して回答ができているか。

ワークシート（2時間目）

（1）理由・根拠を示しながら意見を述べているか，それが賛否の論理とマッチしているか。

（2）自分の意見と同じであってもなくても，よいと思われる他の生徒の意見も記入されているか。

（3）他人の意見を踏まえて，最終的な自分の意見を構築できたか。

などの観点により，5段階（A〜Eまたは5〜1）で評価する。可能ならばディスカッション時の発言回数もカウントする。当然ながら，意見の是非については評価しない。

■他の授業例など

　このような「哲学対話」を高校で実施することや，評価することの条件や困難さは，第1章の論考にも触れられているが，子どもたち自身に問いを発せさせることが難しいと，出だしから躓くことになるので，比較的入りやすい導入方法を紹介する。

（1）教員が，キーワードを用意する

　　シンプルなキーワードをいくつか提示して，その中から選ばせる。というと，生命，真理，愛，正義などが浮かびやすいが，これらのテーマはあまりにも哲学の匂いが強すぎる。むしろ，色（あるいは具体的に赤，青など），服，土，窓（天井，壁なども）といった，直接に道徳に結びつかないキーワードのほうが，自由に話しやすい。

（2）教員が，テーマを用意する

　　これもキーワードの場合と同じで，話しやすさを優先して選ぶ。とはいえキーワードよりは方向性が出やすい分，自由度が下がり，展開が行き詰まりやすいともいえる。また対立点が生まれて平行線にもなりやすい。なぜチョコレートはおいしいか，音楽の楽しみはどこにあるか，朝焼けや夕焼けが美しいのはなぜか，など。

（3）話し合うきっかけとなる絵本，物語，事件，ニュースなどを用意する

　　子どものための哲学では，創始者のリップマンはじめ，よく使われる方法である。これも昔話を使ったり，ユーモラスなできごとを取り上げたりするとよい。『桃太郎』や『かぐや姫』はやや教訓めくが，「子どものころ昔話を聞いてどのようなことを考えたか」「パンダの赤ちゃんを好きな人が多いのはどうしてだろうか」などとすると，話題が広がりやすい。

　いずれの方法をとっても，話が盛り上がらなかったり，対立が生じたりすることはありえるが，そういう場合は様子を見て，意見を書かせる形に持っていくか，サイレントダイアローグ（→ p.22）に展開することも可能である。なお，哲学絵本のシリーズとしてオスカー・ブルニフィエによる『哲学すること』『愛すること』『生きる意味』（いずれも世界文化社）などがある。これらはむしろ哲学の概念を前面に打ち出しており，本書で取り上げた哲学対話とは視点が異なるが，高校「倫理」の教材としては使えるであろう。

事例A　一人はみんなのために？（哲学対話入門）

■選択科目「倫理」との関連

　この思考実験は，「最大多数の最大幸福」を基本原理としている「功利主義」という考え方に対するジョン・ハリスからの問題提起である。功利主義は19世紀のイギリスで有力となった思想で，代表的な思想家としてはベンサム（Jeremy Bentham）やミル（John Stuart Mill）がいる。功利主義の基本原理は次のとおりである。

（1）全ての個人を平等に一単位として扱う。「何人も一人と数え，一人以上とは数えない」

（2）立法者の任務は国家における幸福の総量をできるだけ増加すること。

　　　「最大多数の最大幸福（the greatest happiness of the greatest number）」＝「功利性の原理（the principle of utility）」

（3）快楽そのものを与えることはできないから，快楽そのものではなく，快楽の手段（＝貨幣）を人々に与えること。「貨幣は苦痛や快楽の量を測る手段である」

　当時の国王や貴族，庶民という階級差のある社会においても，一人を一人以上と数えることなく，また，特定の個人の幸福量を増大させるよりも，一人一人の幸福量を増大させることで社会全体の幸福量の増大を目指すという，きわめて平等主義的な思想である。この思想が多数決の根拠ともなっている。しかし，人間の命という問題になると，功利主義の思想だけでは解決ができない。また，沖縄米軍基地問題や原発問題などを考えると，少数派となる人々の苦痛の大きさも考慮しなければならなくなるため，やはり功利主義の思想だけでは解決ができないのである。

〈参考資料〉
- 得居千照「高校公民科「倫理」における哲学対話の可能性　―書くことに着目した対話の試みを通して」『中等社会科教育研究』第34号，中等社会科教育学会，2015，p.35-46
- 新田孝彦『入門講義　倫理学の視座』世界思想社，2000
- 貫成人『図解雑学　哲学』ナツメ社，2001
- 竹内洋一郎・杉山晃太郎他『図解雑学　身近な哲学』ナツメ社，2004
- H.T.エンゲルハート，H.ヨナス『バイオエシックスの基礎　―欧米の「生命倫理」論』東海大学出版会，1988

（得居千照，村野光則）

事例B

思考実験

コンセンサスゲームで「対話による合意」を考える

指導要領【公共】A（1）

内容 （1）イ（ア）　他者との協働，当事者として国家・社会などの公共的な空間を作る存在であることを自覚するための多面的・多角的考察・表現

内容の取扱い （3）ア　生徒が他者と共に生きる生き方に関わる主体的・対話的考察・構想

（3）エ　公共的空間における基本的原理，資料の読み取り

（3）オ（ウ）　生徒の自発的・自治的活動，現実社会の事柄・課題に関連

指導のねらい

①日常での物事の決め方を見直して，多数決以外の方法を考えさせる。

②人間は多様な考えをもち，対話により利害を調整できる存在であることに気づかせる。

③対話の条件を見いだし，現実の社会的合意との異同を考察させる。

学習内容と「新しい授業手法」

・この授業では「コンセンサスゲーム」という手法を用いて，①日常での物事の決め方を見直し，多数決の正しさをあえて疑わせる，②コンセンサスゲームの体験から対話の条件を見いだす，③現実の社会的合意について考察する，という学習過程をたどる。②③では，個人の尊重や意見の公平な扱い，より論拠が妥当な判断に同意するなど，コミュニケーションの中で合意形成がなされることに注目させる。活動と振り返りを通して，学習指導要領における「公共的な空間における基本原理」として，諸原理を扱う単元の導入に位置づけることのできる学習内容である。

学習指導案

	授業内容	備考
導入	・現代社会での物事を決め方とは？　　　　　　　　　　　（10分） ・多数決のメリット・デメリット ・ボルダルールにもデメリットがある	
展開	・コンセンサスゲーム（多数決をとらずに決めよう）「砂漠からの脱出」で，順位付けを行わせる（時間制限を設ける）。 ・グループごとに発表し，クラス全体で答え合わせをする。 ・グループでコンセンサスゲームの振り返りのディスカッションを行わせる。 　①対話をせずに特定の人が決める場合の問題は何か？ 　②対話により合意するためにはどのようなコミュニケーションが必要か？ 　③対話により決定できないことや場合はあるか？ ・グループごとにまとめ，クラス全体に発表する。 ・発表内容を黒板にまとめるとともに，条件を整理する。　（35分）	・グループで話し合う活動を中心とする。 ・ゲームの正誤だけでなく，対話のプロセスに注目させる。

| まとめ | ・コンセンサスゲームは授業中の体験としての合意に過ぎないが，現実にも通じる「対話による合意」の条件であり，公共空間の基本原理にもつながる。
・環境問題，生命倫理などの社会的合意はどのようにして行うべきかについて，条件の考察から意見を書かせる。　　　　　　　　　（5分） | |

授業展開 ◆コンセンサスゲームで「対話による合意」を考える

導入

（発問）（思考）クラスで物事（文化祭の出し物など）を決めるときにどうしていますか。

（発問）（思考）完全に票が割れ，多数決が機能しなかったらどうしますか。

（発問）（思考）そもそも，これらを決めるときに大事にしていることは何でしょうか。

→最大多数の最大幸福であり，選択の良し悪しを判断できているかどうかわからない。

（解説）多数決の問題を補う方法として，上位2者で決選投票をする方法，投票用紙に2位以下も記入し加重スコアリングを付ける方法（ボルダルール）がある。「1位に3点，2位に2点，3位に1点」のように順位に配点するボルダルールは，広く支持されるものが選ばれ，民主的であるといわれるが，組織票に弱い面もある。

ボルダルールの例

6人の有権者がX，Y，Zの3つから選択した場合

	3人	2人	1人
1位（3点）	X	Y	Z
2位（2点）	Z	Z	Y
3点（1点）	Y	X	X

・多数決なら，1位票を3人獲得してXが勝利。
・ボルダルールなら，Xは12点，Yは11点，Zは13点を獲得。Zが勝利。
　→有権者は細かく意思表示ができるので，票割れが起きない。

展開

資料　コンセンサスゲーム　―砂漠からの脱出―

　夏のある日，午前10時ごろに飛行機トラブルで砂漠に不時着したうえ，飛行機が炎上してしまったが，機内から取り出せたものは以下の6アイテムであった。助かった人たちでこの中から，重要度の高い順に第1位から第6位までの順位をつけることにした。

①懐中電灯（乾電池4つ入り）
②『食用に適する砂漠の動物』という本
③1人1着の軽装コート
④1人につき1ℓの水
⑤化粧用の鏡
⑥ガラス瓶に入っている食塩（1,000錠）

（発問）（技能）6～7人のグループをつくり，まず自分の考えをまとめます。次にグループで話し

合って，順位をつけていきましょう。ただし，多数決で決めるのではなく，必ず「対話」して決定すること。

★集計表の例

	個人の順位	グループの順位	模範解答の順位
第1位			
第2位			
第3位			
第4位			
第5位			
第6位			

解説 多数決をとらずに決めることをルールに設けて，積極的な対話を促す。

　　このゲームの模範解答は次の通りである。この解答を導くには専門的知識が必要で，「公民科」で解説するレベルを超えている。近くの町まで歩くのではなく，その場で助けを待ち，長期戦ではなく，短期戦で救助が来るのを待った方が生存確率が高いとされる。しかし，本時の狙いはあくまで対話のうえで1つの結論を導くこと，その過程にこそ意味があるのであって，模範解答に近づくことが目的ではない。したがって，生徒から強く求められたときにのみ示し，こちらから積極的に示す必要はないと考える。

【サバイバル論的模範解答】
　第1位　⑤化粧用の鏡…光を反射させて遭難を知らせる。
　第2位　③1人1着の軽装コート…直射日光から体を覆い，脱水を防ぐ。
　第3位　④1人につき1ℓの水…脱水状態にならないための必需品。
　第4位　①懐中電灯（乾電池4つ入り）…近くにきた捜索隊に場所を知らせる。
　第5位　②『食用に適する砂漠の動物』という本
　　　　　…動物の肉を食べることにより，タンパク質を消化させるため多くの水が
　　　　　　必要になる。
　第6位　⑥ガラス瓶に入っている食塩（1,000錠）
　　　　　…血液中に塩分が増えると，脱水を促進することになる。

発問 思考 振り返りのディスカッションで，対話の条件を考えましょう。

解説 プリント のように質問し，グループで話し合わせる。

①については，「選択について十分に理解されず，納得できない」などの問題が挙げられ，民主的な決定の必要性について自覚させることができる。

②については，「選択の影響が及ぶ範囲の人が対話に参加していること，みなが納得できる

事例B　コンセンサスゲームで「対話による合意」を考える

ように説得し，事実や論拠が妥当であるようなコミュニケーションが必要である」などが挙げられる。

③については，利害を超えた価値観や個人の尊厳の問題などに視点を持っていく。さらに，道徳的・倫理的判断には善悪の基準が必要になる場合もある。これらにより，対話の条件をまとめる。

プリント　　　対話の条件を考える（体験を深める Question）

①対話をせずに特定の人が決める場合の問題は何か？

②対話により合意するためにはどのようなコミュニケーションが必要か？

③対話により決定できないことや場合はあるか？

まとめ

(発問) (思考) 対話により合意することが目指していることはなんでしょうか。

(発問) (思考) 環境問題，生命倫理などの社会的合意はどのようにして行われているでしょうか。また，どのようにして行うべきでしょうか。

(解説) たとえば，原子力発電所の事故以来，我々は科学技術が大きなリスクを伴うものであることを改めて思い知ることとなった。さらに原発の存続は，科学者あるいは専門家に問うことはできるが，科学者あるいは専門家のみで答えることのできないという問題（トランスサイエンスな問題）である。原子力がどのような影響を環境や人体に与えるのかについて，科学者が説明することはできる。しかし，そのリスクを受け入れた上で原発を稼働させるかどうかは，市民の価値観にもとづく社会的決定による。このように，現代社会の諸問題は科学技術と社会的決定の間にある。判断の難しい問題の答えを誰かに任せてしまうことが，最良の結果につながるとは限らない。他者と協働し，自らの価値観を深めながら，模索することについて考える機会を与えたい。

〈フィッシュボーン情報整理法〉

　情報整理には KJ 法や MECE などさまざまな手法があるが，情報整理，問題解決，思考の視覚化に役立つ1つの手法として「フィッシュボーン」がある。東京大学名誉教授の石川馨氏が開発したこの手法は，使いやすくわかりやすいので，多くの企業で活用されている。

【活用法】
①魚の頭　　テーマを紙の中央の左端に書き，□（または○）の枠で囲む（これが魚の頭）。
②魚の背骨　魚の頭に向かって，右から太い横線（矢印付き）を引く。
③魚の大骨　テーマを3〜8個ぐらいのサブテーマに分類し，背骨の周りに配置して□（または○）の枠で囲み，そこから背骨に向かって斜めに矢印を引く。
④魚の中骨　各サブテーマから出ている大骨（矢印）の周りに詳細化した内容を配置し，大骨に向かって矢印を引く。
⑤魚の小骨　中骨の周りにさらに詳細化した内容を配置し，中骨に向かって，矢印を引く。
⑥魚の孫骨　詳細化する必要があるところまで，骨の周りに項目を配置し，矢印を引く。

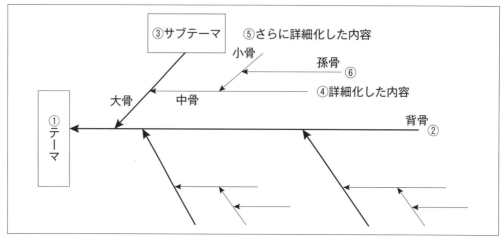

（参考：駒井伸俊著『フィッシュボーンノート術』フォレスト出版，2009）

■学習内容のまとめと評価
・評価方法
　授業の様子やプリント記述，テストにおける論述課題など
・試験問題例（基礎・応用・発展など）

■公共の他分野・選択科目「倫理」との関連
　本指導案は，B「自立した主体としてよりよい社会の形成に参画する私たち」の社会参画論につなげることができる。人間は，対話を通してお互いの様々な立場を理解し，お互いに高め合うことのできる社会的な存在であることについて理解する。人間の尊厳と平等，個人の尊重，民主主義，法の支配，自由・権利と責任・義務など，公共的な空間における基本原理についての理解にあたって，まさに"扉をひらく"「公共のA」らしい側面を持っている。
　ハーバーマスは，コミュニケーション的合理性のもとでの議論を理想としている。対話の条件がそもそも正しい判断への価値観を含んでしまっているという批判もあるが，十分に議論し，納得す

るためにも，個人の尊厳や平等，民主主義を擁護しており，公共的な基本原理についての社会哲学を提供している。

資料

　　コミュニケーション的合理性の概念もさまざまな意味を含んでいるが，それらは究極的には，強制なしに一致して合意を樹立する議論の力という中心的な経験に帰着する。こうした議論においては，様々な参加者たちが彼らのさしあたりは単に主観的にすぎない見解を克服し，理性的に動機づけられた確信の共通性のおかげで，客観的世界の統一性と彼らの生の連関の相互主観性とを同時に確保するのである。

　　　　　　　　　　　　　（ユルゲン・ハーバーマス『コミュニケイション的行為の理論』未来社，1985）

■他の授業例／発展的な授業例

〈より内容を深める授業展開例〉

・本章の事例C，Dを組み合わせることで，意思決定のためのコミュニケーションの経験が積めるので，最終的にそれぞれで求められていた学びが深まり，効果的と思われる。

■レポート・小論文課題例／ディベートテーマ例

〈レポート・小論文課題例〉

①多数決などの決め方と対話による決め方について，それぞれが前提としている考え方について簡単にまとめなさい。

②①の整理を参考に，環境問題，生命倫理などの社会的合意はどのようにして行うべきかについて，あなたの考えを自由に述べなさい。

〈ディベートテーマ例〉

「対話に限界はあるか，対話に限界はないか」

　　　　　　　　　　　　　　　　　　　　　　　　　　　　　　　　　　　　　　（杉浦光紀）

⌐ Column ─

多数決主義と全会一致主義

　多数決主義に対するものとして，全会一致主義があげられる。

　これは，集団において反対論者を1人も出さずに意見をまとめ，採択することであり，ある意味では理想的な議決法である。第一次世界大戦後にできた「国際連盟」総会ではこの全会一致主義が採用されていた。そのため，1国でも反対すれば重要な事項であっても何も決められず，国際社会の課題に迅速に有効な対応が取れなかった。その失敗の経験から，第二次世界大戦後の国際連合総会では，多数決主義がとられるようになった。

　例えば1933年，国際連盟がリットン調査団の報告書に基づき，満州国の不承認・日本軍の撤兵を求める勧告を総会において全会一致で採択すると，日本は国際連盟の脱退を宣言し，結果として，第二次世界大戦へ突き進む選択をすることになったのである。国際平和の実現を担う組織としての欠陥を示していたといえるだろう。

　　　　　　　　　　　　　　　　　　　　　　　　　　　　　　　　　　　　　　（坂口克彦）

事例C

最後通牒ゲームと独裁者ゲームからさぐる公平性と利他性

指導要領【公共】A（2）（3）

内容　（2）イ（ア）倫理的価値判断，個人や社会全体の幸福・公正，解決のための思考実験，多面的・多角的考察・表現
　　　（3）ア（ア）意見・利害の公平・公正な調整，尊厳・平等・協働の利益と社会の安定性の確保

内容の取扱い　（2）ア【道徳】（3）ウ　現実社会の諸課題の具体的事例
　　　　　　　（3）エ　公共的空間における基本的原理
　　　　　　　（3）オ（ウ）生徒の自発的・自治的活動　現実社会の事柄・課題に関連

指導のねらい

①状況により判断されない義務感の存在に気づかせる。
②最後通牒ゲームなどを通じて，公平性を求め，利他的な行動をとることに気づかせる。
③公平性や利他性について心理実験や人類進化から読み解き，現代社会を問い直す。

学習内容と「新しい授業手法」

・生徒2人で編成する「ペアワーク」と4〜7人で編成する「グループワーク」を組み合わせる。
・幸福，正義，公正などに着目させるための手法として「最後通牒ゲーム」と「独裁者ゲーム」という2種の思考実験を用い"分かち合い"の起源を考え，現代社会の諸相の考察も目指す。
・学習指導要領においては，内容（2）および（3）について，いずれもイ（ア）として「思考実験など概念的な枠組みを用いて考察する活動を通して」「多面的・多角的に考察し，表現すること」とある。このような学習活動は，BおよびCにも応用される。

　この思考実験について，学習指導要領解説では，（2）においては「共有地の悲劇」が（p.44），（3）においては「囚人のジレンマ」が（p.48），それぞれ例として示されている。「共有地の悲劇」は，牧羊民のだれもが自分の利益を最大化しようとして共有地の牧草が枯渇するということから，環境問題としても，また安売り競争のような経済問題としても応用できる。「囚人のジレンマ」は，共犯者が自分の罪をそれぞれ自白した場合には罰は軽くなるが，いずれか一方のみが自白した場合，自白しなかったほうの罰が最大化するという仮定のもとで，自己利益を最大化するためにどのような行動をとればよいかを考えさせるもので，こちらもさまざまなバリエーションが設定されている。ここでは，これらの方法から一歩進んだ，2つの思考実験を紹介している。

　ところで，思考実験を授業で行う場合，前提となる条件の下で考えさせないと成り立たなくなることも多いのだが，予想されている以外の方法を考え出す生徒もいる。趣旨からいえば，そういう発想も汲み取って展開することが望ましいので，積極的に紹介して活用するとよい。

事例C　最後通牒ゲームと独裁者ゲームからさぐる公平性と利他性

学習指導案

	授業内容	備考
導入	次の状況で道路に一万円札が落ちていたら，どうするか？ ①誰も見ていない　②知らない人が見ていた ③友達が見ていた　④警察官が見ていた 状況に左右されない義務感がどこから来るのか実験しよう。　（5分）	
展開	生徒をペアにして「与えられた1万円を2人で分け，受け取る」ゲームを行わせる。条件Aは金額と同意または拒否かを，条件Bでは金額を ワークシート に記入させる。　（5分） ①条件A（最後通牒ゲーム）　　　　　　　　　　　　（10分） 「あなたが決めた金額に相手が同意した場合はお金を受け取ることができるが，拒否した場合はどちらももらえない」 ②条件B（独裁者ゲーム）　　　　　　　　　　　　　（10分） 「あなたが決めた金額通りにお金を受け取ることができ，相手は拒否することができないものとする」 ③アクティビティの振り返りディスカッション　　　（10分） ・自己利益の最大化を考える（合理的な判断の）場合，条件Aでは9,999円と1円，条件Bでは10,000円と0円でも同意することになることを説明する。（経済合理性） ・そうならないのはなぜかを話し合わせ，発表させる。	・2人1組のペアをつくらせる。 ・おもちゃの一万円札を用意し，生徒が想像しやすいようにする。 ・4～7人程度のグループ編成にする。
まとめ	公平性を求めたり，損をしてでも不公平を罰する心理や，相手を意識した利他性が心理実験からも確認され，人類進化の過程で生じた人間特有の行動ともいわれることを説明する。 「現代社会において，人間特有の"分かち合い"の行動は役割を果たしているだろうか」について意見記述する。　（10分）	・NHK スペシャル『ヒューマン なぜヒトは人間になれたのか』を参照する。

授業展開　◆最後通牒ゲームと独裁者ゲームからさぐる公平性と利他性

導入

発問　思考　道路に一万円札が落ちています。①～④の場合，あなたはどうしますか。

① 誰も見ていない　② 知らない人が見ている

③ 友達が見ている　④ 警察官が見ている

A　状況による

B　必ず交番に届ける

解説　「状況によっては届けないかもしれない」と答える生徒もいれば，「必ず届ける」という生徒もいる。

167

(発問)(思考)「必ず交番に届ける」という判断は，帰結主義でしょうか。動機主義でしょうか。
(解説)落とし主からの感謝や謝礼を期待するのではなく，義務感からの判断をする場合は，カントの道徳法則（動機主義）に近いことを補足しておく。

(発問)(思考)では，このような義務感は誰にでもあるといえるのでしょうか。
(指示)（「分からない」という反応に対して）今日はそのことを実験から考えていきましょう。

展開

(指示)2人1組のペアをつくってください。おもちゃの一万円札を配布するので，相手と相談せずに0円〜10,000円の幅で分配する金額を決めてください。
(解説)条件A（最後通牒ゲーム）についてペアでやり取りをさせ，提案した金額と，相手が同意したか拒否したかを ワークシート① に記入させる。
(解説)条件B（独裁者ゲーム）についても考えさせ，お互いが提案した金額を ワークシート① に記入させる。

(解説)"合理的な"判断では，条件Aでは9,999円と1円，条件Bでは10,000円と0円でも同意することになることを説明する。

条件A（最後通牒ゲーム）

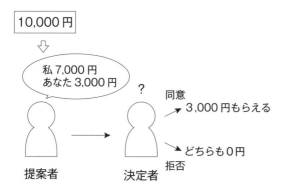

・2人1組で，役割を替えて1回ずつ行う。
・提案者役の人は，10,000円を2人でいくらずつ分けるか，相手と相談せずに決める。
・決定者は，提案者の決めた金額に同意するか，拒否するか決める。
・決定者が同意した場合はそのままの金額がもらえ，拒否した場合は2人ともお金はもらえない。

条件B（独裁者ゲーム）

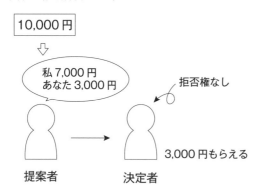

・2人1組で，役割を替えて1回ずつ行う。
・提案者役の人は，10,000円を2人でいくらずつ分けるか，相手と相談せずに決める。
・決定者は，提案者の決めた金額に対して拒否権を持たない。

事例C　最後通牒ゲームと独裁者ゲームからさぐる公平性と利他性

(発問) (表現) 「条件によってなぜ違ったのか」「"合理的な" 判断にならなかったのはなぜか」を自分で考えて記入しましょう。さらに，4〜7人のグループをつくって話し合い，まとめた意見を発表しましょう。[ワークシート②-【2】]

(解説) ここでの合理性とは，自己利益の最大化を考えるという経済合理性である。条件A（最後通牒ゲーム）における合理的判断は，9,999円と1円である。なぜなら最大の利益を得られるし，相手も1円でも得をする判断を"合理的"にするはずだからである。また，条件B（独裁者ゲーム）は相手に拒否の余地がないので，10,000円と0円と提案して，自己利益を追究するはずだからである。

(解説) 経済学は，合理的経済人をモデルに学問を発展させてきた。しかし近年，心理学のアプローチを取り入れた行動経済学の研究が進んでいる。アマルティア・センが『合理的な愚か者』でも取り上げたように，人間はすべての行動を計算ずくで選択できているわけではない。今までの合理的経済人モデルでは説明できない人間の判断について，限定合理性の下での心理的なバイアスを考慮することで説明可能にしようとしている。

まとめ

(解説) ここでは，生徒の発表内容を受けつつ，最後通牒ゲームや独裁者ゲームの結果についての通説やそうした行動，すなわちモラルの起源について補足説明をする。それにより，誰も見ていなくても一万円札を交番に届ける人がいることを踏まえ，現代社会の前提となっている合理的経済人について問い直す。最後に「現代社会において人間特有の"分かち合い"の行動は役割を果たしているか」について生徒に意見を記述させる。([ワークシート②-【3】])

　条件Aは最後通牒ゲームと呼ばれる。このゲームからは，他者が拒否することを意識して公正・公平を求める心理が働くこと，及び損をしても不公平を罰したいという心理が存在することがわかる。相手からの提案を断らなければ，たとえ1円であってもプラスはプラスである。しかし，公正・公平を求める心理からそのような提案は拒否されてしまうのである。また，条件Bすなわち独裁者ゲームで思考実験すると，一方的に決定できるにもかかわらず，2〜3割は相手に渡すことが多いとされる。そこから，相手に対する利他行動を説明するものとされる。

　このような現代人の行動の起源は，歴史的産物としての心の問題に行き着く。人間は協力することにより生存競争に打ち勝ってきた。チンパンジーと人間の遺伝子は1％程度しか違わない。しかし，チンパンジーは助けることはできても，助け合うことはできない。相手からの要請に応えて道具を貸すなどの行動はできるが，相手の状況がわかっていても自ら協力し合うことはないのだという。また，くじでランダムに「貧乏」と「お金持ち」を振り分け，報酬を追加した時の反応を調べたところ，「お金持ち」は自分の報酬が追加された時よりも，格差が少なくなった時の方が喜びの反応を示すという脳神経学の実験もある（NHKスペシャル『ヒューマン　なぜヒトは人間になれたのか』より）。人間を人間たらしめる行動としての"分かち合い"があることに気づかせたい。

169

■学習内容のまとめと評価

・評価方法
　プリントにきちんと自分の意見を書いているか
・試験問題例（基礎・応用・発展など）

■他の授業例／発展的な授業例

〈体験的な授業例〉

　・グループで作業をさせる→その成果に応じて労働報酬→お金をどう分配するか
　　→ピケティ『21世紀の資本』を読ませ，富の分配の問題を討論（スーパー経営者の賃金の妥
　　当性）

〈より内容を深める授業展開例〉

　・「偶然手に入ったお金の場合と労働の対価として手に入れたお金の場合，分配率にどのような
　　変化があるだろうか？」（ヘリコプターマネーとの違い）

〈さらに深める授業展開案〉

　・「共有地の悲劇」，公共財ゲーム，フリーライダー問題

〈原理に注目した応用例〉

　・企業の収入を資本家と労働者で分け合う。産業別労働組合は最後通牒ゲームの原理が働くのに
　　対して，企業別労働組合や労働組合がない場合には，独裁者ゲームの原理が働く。さらに，労
　　働報酬の分配のあり方を批判したものに「剰余価値説」（マルクス）がある。

〈別テーマでの授業〉

　・正義論から考える「無知のベール」
　　10万円を2人で分けてみよう。しかし，どちらがどれだけもらえるかは「無知のベール」の
　　ため，分からない→平等に分ける＝「公正としての正義」

■レポート・小論文課題例／ディベートテーマ例

〈レポート・小論文課題〉
　「現代社会の経済合理性を前提としない社会とはどのような社会か？」
〈ディベートテーマ例〉
　「全ての職業の給料が毎月クジで決まるとしたら，どうだろうか？」

（杉浦光紀）

事例C 最後通牒ゲームと独裁者ゲームからさぐる公平性と利他性

ワークシート①

【1】皆さんはどう分配しますか？　実験してみよう！

前提：あなたは，10,000円を与えられます。相手といくらずつ分けるか，0円〜10,000円の間で決めてください。ただし，相談をして決めてはいけません。

条件A　あなたが決めた金額に相手が同意した場合は，お金を受け取ることができます。
　　　　しかし，相手が拒否した場合はどちらもお金をもらうことができません。

あなたの提案	自分： 円 相手： 円	相手の判断	同意 ・ 拒否
相手の提案	自分： 円 相手： 円	あなたの判断	同意 ・ 拒否

条件B　あなたが決めた金額通りにお金を受け取ることができ，相手は拒否することができません。

あなたの提案	自分： 円 相手： 円
相手の提案	自分： 円 相手： 円

ワークシート②

【2】実験結果から考える（体験を深めるQuestion）

合理的な判断…

　「条件Aでは（　　　　）円と（　　　　）円，条件Bでは（　　　　）と（　　　　）円」

①条件Aと条件Bで違ったのはなぜ？　　②上記のような結果にならなかったとしたら，なぜ？

自分の意見

グループの意見・発表内容

【3】授業の振り返り

「現代社会において人間特有の"分かち合い"の行動は役割を果たしているだろうか」

この問いについて，あなたの意見や感じたこと，考えたことを授業内容も踏まえながら書こう！

171

事例D

| 思考実験 |

協力するってどんなこと？
―なぞの宝島―

指導要領【公共】A（1）

内容　（1）イ（ア）社会参画する自立した主体，様々な集団の一員として他者との協働，
　　　　当事者として公共的な空間を作る，多面的・多角的考察

内容の取扱い　（3）エ　事実を基に多面的・多角的に考察し公正に判断する力を養うとと
　　　　もに，考察，構想したことを説明したり，論拠を基に自分の意見を説
　　　　明

指導のねらい

①自分の持っている情報をわかりやすく他者に伝えられるようにする。
②解決すべき課題に協働して取り組めるようにする。
③多くの情報を整理・総合して，課題を解決していく力を身につけさせる。

学習内容と「新しい授業手法」

・一見，「公民科」の内容とは関係ないように見える課題を提示しつつも，その課題解決をする中
　で対話・協働を体験させる「なぞの宝島」というグループワーク・トレーニングの手法を用い
　る。新学習指導要領では課題解決をうたっているが，「公民科」で取り扱う現実的課題はあまり
　にも大きすぎて，課題「解決」を体験させることは難しい。しかし，この教材であれば「解決」
　までの達成感も与えることができるうえ，本課題は「解答が一つではない」という新学力観にも
　通じるものである。

・社会に参画する自立した市民を育てるためには，異なる価値観を持つ他者と協働していく力と，
　そのための対話力を身につけなければならない。しかし，いきなり何らかの課題を与えて話し合
　わせてもなかなかうまくいくものではない。まずは課題解決のトレーニングとして，グループ
　ワーク・トレーニング「なぞの宝島」を利用して，それぞれの持っている情報を出し合い，それ
　らを整理・総合して課題を解決していくことを体験させる。こうしたグループワーク・トレーニ
　ングは多くの素材が開発されているので，それらを目的に応じて活用し，生徒の協働する力と対
　話力を養っていきたいものである。

事例D　協力するってどんなこと？

学習指導案

	授業内容	備考
導入	市民として社会に参画していくうえでは，限られた時間の中で，各自が持っている知識・情報を出し合いながら，協働して問題を解決していく力が必要である。この授業では，ゲームを通じてその力を培っていくことを説明する。　　　　　　　　　　　　　　　　　　　（5分）	
展開	1．4〜7人のグループをつくらせる。　　　　　（全体で40分） 2．「なぞの宝島」「続・なぞの宝島」の目的とルールを説明する。 3．各グループに「グループへの指示書」「情報カード」が入った封筒，宝島の地図を配布する。 4．宝のありかまでたどり着くルートが分かったグループは，教員にそれを見せて説明する。 5．正しくない場合は戻って再考させる。 6．正しいルートの場合は，「続・なぞの宝島」のセット（「グループへの指示書」「情報カード」の入った封筒，遺跡の地図）を渡す。 7．遺跡の中のルートが分かったグループは，教員にそれを見せて説明する。 8．正しくない場合は戻って再考させる。正しいルートの場合は，ふりかえりシート を渡して話し合わせる。	・グループは前時までに決定しておいた方が効率的。 ・自分がもらった「情報カード」を他のメンバーに見せないよう注意する。 ・「なぞの宝島」の「情報カード」は必ず封筒に戻させる。 ・本時の目的は ふりかえりシート の作成にあり，時間を見て判断する。 ・封筒，宝島の地図，遺跡の地図を回収する。
まとめ	全グループに ふりかえりシート に記入させる。限られた時間の中で，グループで課題を解決していく際に大切なことは何かを確認する。 　　　　　　　　　　　　　　　　　　　　　　　　　　　　（5分）	・他のクラスの生徒に正解を漏らさないよう注意する。

※「なぞの宝島」は早いグループだと20分ほどで終了する。しかし，「続・なぞの宝島」を続けて行うと，今度は時間内に終わらないグループが出る可能性がある。グループワークは各個人の振り返りと，全体で気づきを分かち合って日常生活で活かせそうなことを出し合う時間（一般化）がひじょうに重要である。それを念頭に置き，生徒の状況に合わせて時間配分する。

※p.176-181に掲載の図版等は，『協力すれば何かが変わる　―続・学校グループワーク・トレーニング』（遊戯社，1994，p.27-30，32-34，36-39）より引用。

授業展開 ◆協力するってどんなこと？ ─なぞの宝島─

導入

指示 今日は限られた時間の中で，それぞれが情報を出し合って問題を解決していくためには何が大切かを実際にゲームをしながら考えていきましょう。今日行うゲームは「なぞの宝島」というゲームです。これからルールを説明するのでよく聞くこと。

展開

指示 まず，グループに封筒と宝島の地図を配布します。封筒には，「グループへの指示書」と25枚の「情報カード」が入っているので確認してください（生徒に実物を示す）。

「情報カード」は裏返しにしてメンバーに配布します。「情報カード」の情報はその人しか知らないという前提なので，そのカードは絶対に他のメンバーには見せずに声に出して伝えます。ゲームの内容はすべて「グループへの指示書」に書かれています。指示書の指示は必ず守るように。なお，地図に書かれている線はポイントを示すものなので，その線の上を通る必要はありません。

遺跡までのルートがわかったら，地図を持って，私（教員）に説明しに来ること。正しければ，次に遺跡の中の地図を渡す予定です。できるだけ早くその宝物を見つけるのが今回の目的です。では，始めましょう。

解説 ゲームの内容についてはすべて「グループへの指示書」に書いてあるので，生徒に質問された場合は「指示書をよく読みなさい」と言えばよい。教員は巡回し，「情報カード」を他のメンバーから見えないようにするよう注意する。

遺跡までのルートを記入した地図を持って来たら，そのルートについて説明させ，正しければ「続・なぞの宝島」セットを渡す（カードが混ざらないように，「なぞの宝島」の「グループへの指示書」と「情報カード」を封筒に戻してから始めるように指示する）。正しくなければ「ここに遺跡はない」「ここに洞窟はない」等と指摘し，再度情報を確認するよう指示する。なお，遺跡までのルートを説明させるのは最初の数グループのみで，あとは地図のチェックだけでよい。

「続・なぞの宝島」についても同様に進める。正解したグループには，ふりかえりシートを渡して話し合わせたうえで記入させる。「グループへの指示書」と「情報カード」を封筒に入れさせて回収する。

事例D　協力するってどんなこと？

まとめ

(発問) (思考) 今日は限られた時間の中で，それぞれが情報を出し合って問題を解決していくためには何が大切か，ゲームを通して学びました。早くできたグループはなぜ早くできたのかを分析してみましょう。早くできなかったグループはどうすればよかったのかを分析しましょう。早くできたかどうかではなく，ふりかえりシートでどれだけ分析できたかで評価します。

(解説) このゲームを効率よく進めるためには，関連する情報を出し合っていくことがポイントである。また，「グループへの指示書」をしっかりと確認することも大切で，それができていないと教員のチェックをクリアすることができない。

また，ふりかえりシートについては，生徒の実態に合わせて教員が独自に作成してもよい。

■学習内容のまとめと評価

・評価方法

ふりかえりシートの記述内容で３段階（とてもよく考えている・分析が不十分である・回答不十分または論理不明解）で評価する。

■今後の授業との接続

本時の内容は，Ｂ「自立した主体としてよりよい社会の形成に参画する私たち」にも，Ｃ「持続可能な社会づくりの主体となる私たち」にも応用可能性がある。社会参画，社会づくりの主体であることを認識させる本思考ゲームは「公共」という科目全体の導入素材として適している。生徒自身からも「なぜ，この授業をやったのか」を問われる可能性のある素材だが，それに応える形で「公共」という科目全体を見通すことに寄与できるものと考える。

〈参考資料〉

・坂野公信監修，横浜市学校GWT研究会著『協力すれば何かが変わる　―続・学校グループワーク・トレーニング』遊戯社，1994（図書文化社，2016）

・大阪グループワーク研究会編著『たのしいグループワーク』遊戯社，2004

・星野欣生・津村俊充『バスは待ってくれない』（人間関係トレーニング・マニュアル集203），プレスタイム，2001

(村野光則)

175

第一指示書

グループへの指示書

[なぞの宝島]

ついに，「なぞの宝島」の地図と情報が見つかったのです。
ぜひみなさんで情報を出しあい，力をあわせて道順を考えて，
宝島の地図を完成させ，宝物を手に入れてください。

[地図の書き方]　1．場所の名前は，鉛筆で書いてください。
　　　　　　　　　2．宝のある場所には，赤鉛筆で◎をつけてください。
　　　　　　　　　3．宝のありかまでたどり着くための道を，赤鉛筆で書いてください。
[約　　束]　カードに書かれている情報は，言葉で伝えてください。友だちの〈情報カード〉を見たり，自分の〈情報カード〉を友だちにわたしたり，見せたりすることはできません。
[ヒ ン ト]　ポイントは，地図の　○　のあるところです。
[時　　間]　時間は，20分間です。

第一情報カード

情報カード

[なぞの宝島]

1．宝島には，北の入り江から上陸することができる。

2．洞窟には，宝の箱を開けるカギが，かくされている。

15．草原は，滝の西へ2ポイント，南へ1ポイントのところにある。

16．城は，北の入り江から1ポイント東南にある。

3．遺跡の扉を開ける呪文は，柱の広場の柱にきざまれている。

4．宝のかくされている遺跡は，バウボの木と城をむすんだ線上にある。

17．バウボの木は，草原の中央に生えている。

18．センプ島は，魚の形に似ている。

5．入りこんだら生きては帰れない「悪魔の森」は，ポイント3と4の間にある。

6．遺跡の中の案内図は，滝のそばのほらあなの中にえがかれている。

19．柱の広場は，城の西2ポイントのところにある。

20．滝は，王の岩場から東へ4ポイント，南へ2ポイントのところにある。

7．遺跡の中に，宝物がかくされている。

8．滝は，ケーキ山の東南にある。

21．宝物の箱は，カギがなければ，開かない。

22．遺跡の扉は，呪文を唱えなければ，開かない。

9．島にあるすべての川には，ピラニアが住んでいて，わたることはできない。

10．悪魔の森は，入ったら生きては出られないので，通ることはできない。

23．ケーキ山は，火山で火をふいている。

24．遺跡の中の案内図がないと，宝物の箱にたどり着くことができない。

11．ケーキ山は，城の南2ポイントのところにある。

12．王の岩場は，「ら」の1番のポイントにある。

25．悪魔の森は，「カ」と「じ」のポイントの間にある。

13．遺跡は，王の岩場と，センプ島のポイントをむすんだ線上にある。

14．バウボの木は，洞窟の1ポイント東にある。

176

事例D 協力するってどんなこと？

第一ワークシート

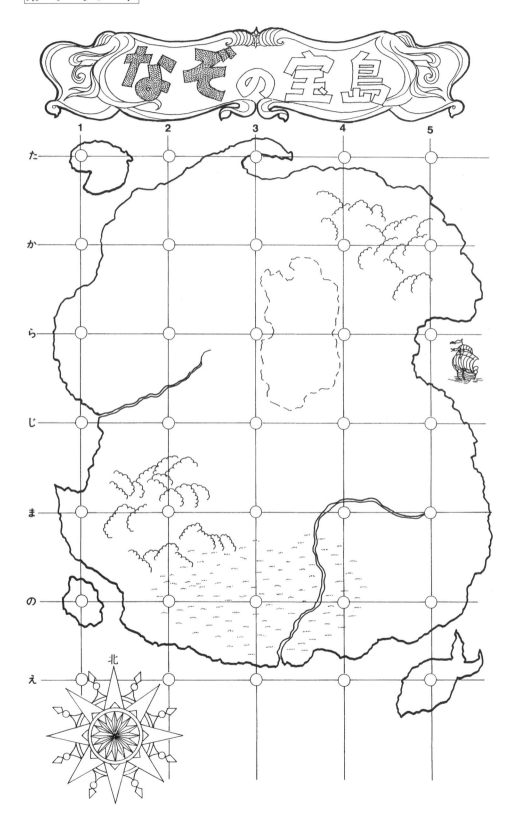

［正　解］

　なぞの宝島の北の入り江から遺跡までの道順を決めるのは，実はコンセンサスです。正解は，いくつかあります。

1. 「悪魔の森」を通っていないこと。
2. 川を通っていないこと。
3. 柱の広場，ほら穴，洞窟によってから遺跡に行く。
　　この３つのポイントがみたされていれば正解です。

正答例①

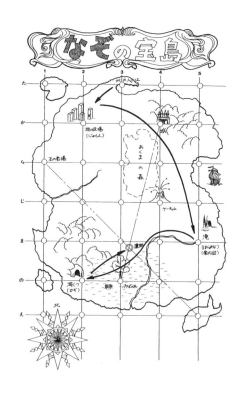

正答例②

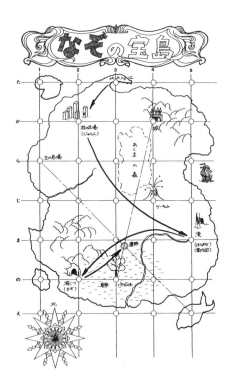

正答例③

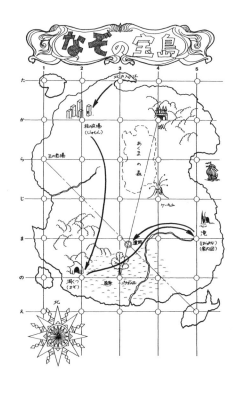

事例D　協力するってどんなこと？

第二指示書

［続・なぞの宝島］

グループへの指示書

この指示書をよく読んでください。
あなたたちのグループは，「なぞの宝島」に上陸し，宝があるといわれている遺跡の前にきました。
今，あなたたちの手には，
・ある扉を開ける呪文　　　　・宝の箱を開ける鍵
・遺跡の中の地図
があります。
これから，配られたカードの情報をよく読み，遺跡の中にどこから入るか，どのような経路をたどって宝にたどりつくか，そして，どのように遺跡から脱出するかを話しあってください。
なお，自分のもらったカードは，人に見せてはいけません。
カードに書かれた内容は，グループの人に言葉で伝えてください。
制限時間は，読みおえてから，20分間です。

第二情報カード

情報カード
［続・なぞの宝島］

1．サイカの扉を開けると，光の間がある。

2．キャスコの扉を開けると黄金の間がある。

3．アッカの扉を開けると祈りの間がある。

4．ピンゼルの扉を開けると時計の間がある。

5．部屋から部屋へ移るには，2分かかる。

6．一度開けた扉は，20分後にしまってしまう。

7．泉の間には，サイカの扉を開ける鍵がある。

8．光の間には，アッカの扉を開ける鍵がある。

9．悪魔の間には，キャスコの扉を開ける鍵がある。

10．悪魔の間は，呪われていて，一度入ったら出られない。

11．女王の間に宝の箱がある。

12．眠りの間に入ると，3分間眠ってしまう。

13．黄金の間は，毒蛇の間，鏡の間，女王の間に通じている。

14．鏡の間は，黄金の間，祈りの間，泉の間に通じている。

15．光の間は，眠りの間と時計の間に通じている。

16．あなたたちの呪文は，朝日のあたる扉だけを開けることができる。

17．ピンゼルの扉には朝日があたる。

18．光の間と毒蛇の間は，以前通じていたが，今は通れない。

19．扉は，内側からは，鍵があっても開かない。

20．今まで遺跡の中に閉じこめられてしまった人は，5人いる。

179

第二ワークシート

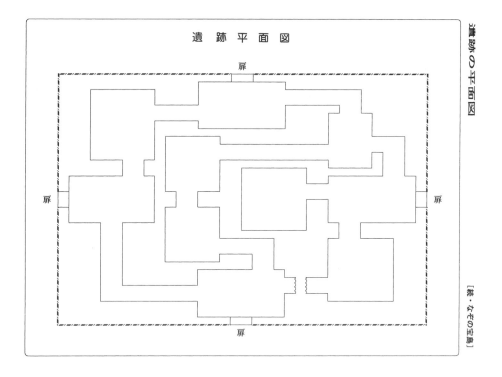

正答例

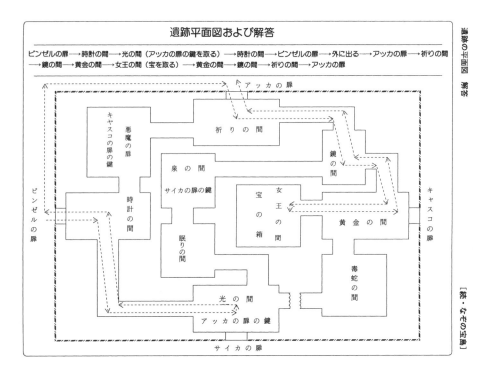

事例D　協力するってどんなこと？

第三ワークシート

ふりかえりシート

［なぞの宝島］

　　　年　　月　　日　　　年　　組　グループ名　　　　　　　　名前

　　　　　なぞの宝島が始まってから，おわるまでの自分のグループの様子を思い出して，つぎの質問に答えましょう。

1．グループの中で，あなたにはわかりやすく情報をいえましたか。
　　①よくいえた　　②いえた　　③あまりいえなかった　　④いえなかった

2．あなたは友だちの情報を，すすんで聞こうとしましたか。
　　①よく聞けた　　②聞けた　　③あまり聞けなかった　　④聞けなかった

3．あなたは遺跡を探しだすまでの話し合いがよくわかりましたか。
　　①よくわかった　　②わかった　　③あまりわからなかった　　④わからなかった

4．あなたは，道順を決めるときに，自分の考えをいえましたか。
　　①よくいえた　　②いえた　　③あまりいえなかった　　④いえなかった

5．あなたは，グループで決めたことに満足していますか。
　　①とても満足している　②満足している　③あまり満足していない　④満足していない

6．あなたは，今度，こういうことをするときには，どうしたらよいと思いますか。

7．なぞの宝島をやって，思ったことを書きましょう。

181

事例E

哲学ウォーク
―哲学者・思想家の言葉とともに世界を歩く―

> 指導要領【公共】A（1）
>
> 内容 （1）ア（イ）個人の相互尊重，対話を通した互いの立場理解，自らの価値観形成と他者の価値観の尊重
> 内容の取扱い （3）オ（イ）古今東西の先人の取組，知恵に触れる

指導のねらい

①哲学者や思想家の言葉とともに，「歩くことと立ち止まること，沈黙することと話すこと，自分自身との対話と他者との対話」を交互に行いながら，哲学的な見方・考え方を育成する。
②自らの立場だけでなく，他者の考え方や立場を理解し，尊重する姿勢を身につける。

学習内容と「新しい授業手法」

・古今東西の先人の言葉をキーワードにして哲学対話を試みることが基本的な学習内容。
・思考や対話の場所を教室だけでなく，屋外に求めながら，「歩きながらの発見」もポイントとして加える**「哲学ウォーク」**の手法を用いる。
・哲学者が考案し，世界各国で実践がなされている。通常，「哲学ウォーク」は，次の9つのステップで行われる。
　①準備（ファシリテーターである教員は，哲学者や思想家の「言葉」を選定し，歩く道順の計画を立てておく）。
　②6〜7人のグループをつくり，参加者へルールを伝える（基本的なルールは，「歩く」か「話す」かのどちらかであるということ）。そして，「言葉」のカードが配布される。
　③参加者は，一人ひとりそれぞれの「言葉」のカードを手に持ち，ルートを歩く。
　④自分が持つ「言葉」を表していると思われる場所を見つけたら，「ストップ」をかけ，そこで立ち止まる。
　⑤立ち止まった人は，自分が持っていた「言葉」を参加者に開示し，なぜこの場所で立ち止まったのかを話す。他の参加者は，質問を投げかける。この時，立ち止まった人は質問に答えてはいけない。
　⑥立ち止まった人は，もっともよいと思った質問を選ぶ。
　⑦立ち止まった人は，自分が選んだその場所で，その場所を示すメモを作成するか，写真を撮影する。
　⑧再び，黙ったまま歩き始める。
　⑨スタート地点または教室に戻ってきたら，歩く中で得た問いや全体を振り返って対話を行う「哲学ウォーク発表会」を実施する。

事例E 哲学ウォーク

学習指導案

〈1時間目〉

	授業内容	備考
導入	・事前に6～7人のグループをつくっておく。 ・ワークシートを配布し，本時の流れと「哲学ウォーク」のルールを確認する。 ・1人1枚ずつ，哲学者や思想家の「言葉」カードをくじ引き等で選ぶ。 (10分)	・教員がすべてのグループの引率はできないため，歩くルートのヒントをワークシート内に示しておく。
展開	・生徒は，自分が持っている「言葉」を表すのにふさわしい場所を探しながら歩く。 ・「ここだ」と思った場所に来たら，「ストップ」と言い，全員を止める。 ・「ストップ」をかけた生徒は，その場所を示すメモを作成するか写真を撮り，自分が持っている「言葉」を他の生徒に説明する。 ・その後，2～3人の生徒から質問を受け付け，もっともよい質問と思ったものをメモして，再び歩き始める。 (30分)	・もともとの手法としては，歩く際は「沈黙」が必要だが，教員引率でない以上，困難。哲学的内容の会話だけは制限すると伝える。 ・教員は巡回して，適切な場所が見つからない生徒を支援する。
まとめ	・生徒昇降口等で集合。 ・教員は，各グループで場所や質問が揃っているかの確認を行い，欠落があれば支援。 (10分)	・その場で質問が浮かんだ場合，取り上げてもよいものとする。

〈2時間目〉

	授業内容	備考
導入	・教室等に集合。 ・ワークシート等が揃っているか確認。 ・後半の展開についての流れを説明。 (5分)	
展開	第一段階 グループ内で対話。自分が持っている「言葉」，その「言葉」についての自分の解釈，なぜその場所でストップしたのか，他者からもらった質問についての解答をワークシートにまとめる。 (15分) 第二段階 「哲学ウォーク発表会」。各グループから，7つの「言葉」についてどう対話したかを報告発表。各グループからの発表をメモするためのワークシートを配布。 (25分)	・あとで「発表会」で紹介できるべく準備しておくように伝えておく。 ・1つの「言葉」ごとに進めた方が効率的。 ・他のグループとの考え方の違いの有無を認識させる。
まとめ	・本時の展開についての意味を再確認。 ・ワークシートを回収し，本時の評価方針を確認。 (5分)	・外に出て「発見」を要求する特殊な授業形態だったことも再認識させる。

183

授業展開 ◆哲学ウォーク
―哲学者・思想家の言葉とともに世界を歩く―

導入

(発問) (思考)・(技能) 各グループに配布したカードには，哲学者・思想家の「言葉」が書いてあります。今から屋外に出て，手元にあるカードに書かれている「言葉」に関連していると思われる場所で立ち止まり，同じグループの人にカードの「言葉」を紹介してみましょう。

(解説) 一般的な**「哲学対話」**であれば，「言葉」自体の紹介から入るところであるが，本指導案の特色は，「言葉」を生徒が自分なりに理解したうえで，屋外での関連場所を探索し「発見」して**「社会的見方・考え方」**を養うという一段階深い思索を要求している点である。

資料 哲学者・思想家の「言葉」カード

カードA：パスカル 人間はひとくきの葦に過ぎない，自然の中で最も弱いものである。だがそれは考える葦である。だから我々の尊厳のすべては考えることの中にある。	**カードB：マルティン・ルーサー・キング** 疑わず最初の一歩を登りなさい。階段の全てを見なくてもいい。とにかく最初の一歩を踏み出すのです。	**カードC：アリストテレス** 一羽のツバメが来ても夏にはならないし，一日で夏になることもない。このように，一日もしくは短い時間で人は幸福にも幸運にもなりもしない。
カードD：ゲーテ 前進しないものは，後退してゆく。	**カードE：フランシス・ベーコン** 人生は道路のようなものだ。一番の近道は，大抵一番悪い道だ。	**カードF：ジョージ・ハーバート〔英国詩人，1593～1633年〕** 嵐は，樫の木をより強く成長させる。
カードG：アインシュタイン 人生は自転車に乗るようなものだ。倒れないためには，走り続けなければならない。		

184

展開1

(発問)(思考)・(技能) 自分が持っているカードの「言葉」を表していると思われる場所を見つけたら,「ストップ」をかけて,そこで立ち止まります。そこで自分の持っている「言葉」カードを参加者に見せ,なぜこの場所で立ち止まったのかを話します。他の参加者は,質問を投げかけます。

(解説) ただしこの時,立ち止まった生徒は質問に答えてはいけない,歩いている最中は会話してはならないなど,**「哲学ウォーク」**考案者ピーター・ハーテローは「沈黙と会話」の対比も大切なキーワードとしているが,必修科目「公共」では生徒全員が履修するため,40人程度の集団を6つ程度に割ることとなり,ファシリテーターたる教員による全行程引率は不可能であって,生徒だけで動く以上,この「沈黙」条件を担保することはできない。それでも「歩くことと立ち止まること」,「自分自身との対話と他者との対話」の対比という十分な意義は見い出せる。

(解説) 哲学者・思想家の「言葉」は学校の敷地または近隣の状況,あるいは生徒の実態(学年配当を含む)によって相応しいものを,「言葉」で立ち止まれる場所を想定したうえで選定する。

展開2

(発問)(思考) 屋外の場所で立ち止まったときに投げかけられた質問に答えましょう。ただし,このあとクラス全体に発表できるような形でワークシートにメモしていくこと。

(解説) 質問が複数出ている場合も,そのうちの1つに限定して,その分,深い思索をさせる。

(発問)(技能) カードAから順に,各グループで出た意見を「解説・質問・回答」の順に発表していき,ワークシートにメモしていきましょう。

(解説) 6グループ分の意見が出てくることになる。自らの立場だけでなく,他者の考え方や立場を理解できる機会とすることができる。

ワークシート

「哲学ウォーク」で言葉とともに歩く

年　　組　　番　氏名　　　　　　　　　　　

1．哲学者・思想家の言葉とともに歩き，立ち止まる

立ち止まった場所	引いた言葉
	この場所を選んだ理由

言葉に対する意見・考えたこと

「哲学ウォーク」で出た質問（もっともよいとして選んだ質問に〇を）

もっともよかった質問に対する自分の考え

2．「哲学ウォーク発表会」で他の人の意見を聴く

1班	2班
カードA	カードA
カードB	カードB
カードC	カードC
カードD	カードD
カードE	カードE
カードF	カードF
カードG	カードG

3班	4班
カードA	カードA
カードB	カードB
カードC	カードC
カードD	カードD
カードE	カードE
カードF	カードF
カードG	カードG

5班	6班
カードA	カードA
カードB	カードB
カードC	カードC
カードD	カードD
カードE	カードE
カードF	カードF
カードG	カードG

3．自分たちのグループの意見と他のグループの意見の違い

印象に残った言葉

印象に残った他のグループの意見とそれに対する自分の意見

■学習のまとめと評価

　一般に哲学対話は，それ自体の評価ができないとの指摘がある。対話自体の中身を判断することの客観的困難さ，スピーキングの巧拙により判断することの客観的困難さなどが主因となっている。そのために現実的にはワークシートの記述状態での評価というパターンが多いようである。しかしながら，本指導案の場合，生徒が屋外で「言葉に合う場所を探索する」という作業がある。したがって，①これを自力でできた者，②生徒同士の協力でできた者，③教員の支援でできた者などというルーブリックを構造化でき，評価項目に加えることができる特色を持っている。

■今後の授業との接続

　生徒が「哲学ウォーク」中に行う哲学者や思想家の言葉の解釈は，教員の視点からすれば間違っていると思えるものもあるかもしれない。しかしここで大切なのは，正解を求めることよりも，自らの頭でその言葉を捉えてみるということであり，他人の考え方を理解し比較することである。

　「哲学ウォーク」で取り上げる哲学者・思想家の言葉は，今回は筆者の勤務校の環境を意識して，生徒が場所を見つけやすいことを優先して選定したが，もちろんそのような視点ではなく，今後の授業展開につながる内容論から選定することも望まれる。「公共」または「倫理」の授業で取り上げる可能性があるものを設定することによって，授業内でしっかりと解説しながら補足することもできるよう，教員が用いやすいように自由に設定することができよう。

■参考文献と応用可能性／発展的な授業例

　哲学者ピーター・ハーテローの「哲学ウォーク」に基づいて，数々の実践が大学生や一般社会人対象に行われている。そこでは数時間単位の時間が与えられ，「言葉」の選定もより自由度を高めた形で実施されているようだ。下記の参考文献では神奈川県の江の島で2013年に実施された「哲学ウォーク」の実践例が紹介されている。「ウォーク」だけになんと2時間をかけ，そのあとにディスカッションを実施している本格的実践である。これを高校生にも応用し，少人数の希望者対象に，より長時間をかけた「哲学ウォーク」イベントを開催したり，遠足の際の小グループ対象に実施することも考えられる。時間的制約が外れれば，参加者による自由な発想によって立ち止まる場所の選定が行われたり，思索範囲も広げられる可能性が高まる。ただし，大学生や社会人対象とは異なり，「言葉」と「立ち止まる場所」の事前設定はしておかないと，イベント自体が成立しなくなってしまう危険性が伴う。神奈川県江の島は遠足地としてよく利用されていることもあり，2013年の実践を参考にしながら，高校生向けにアレンジするなどの工夫は可能と考えられる。

河野哲也（監訳），西山渓・渡邉文（訳）「哲学ウォーク　ピーター・ハーテロー著」『立教大学教育学科研究年報』第57号，2014，p.107-114.

■レポート・小論文課題例

　カードA～Gに示された「言葉」の話者である哲学者・思想家の生涯と生きた時代を調べよう。そのうえで，なぜそのような「言葉」を発したのか，1つずつ推測してみよう。

解説 「哲学ウォーク」当日には哲学者・思想家のプロフィールは敢えて与えず，「言葉」そのものと屋外の景色に集中させることが好ましいが，時代背景や人物に注目することで「公共」のBやCにつなげることもできる素材にすることができる。

（得居千照・坂口克彦）

子どものための哲学

「子どものための哲学」あるいは「哲学対話」を紹介する最良の資料は，映画『ちいさな哲学者たち』(2010年，フランス，ジャン＝ピエール・ポッツィ，ピエール・バルジエ監督)であろう。

© Ciel de Paris productions 2010.

フランス，セーヌ地方のジャック・プレヴェール幼稚園で，3歳から5歳の子どもたちに実施された哲学教育の記録である。車座に座った子どもたちが，先生が灯すろうそくの火を囲んで，先生が投げたきっかけの言葉を拾って，次々と話をしていく。時にはケンカになりそうなこともある。先生はファシリテーターとしてそういう子どもたちをなだめたり，うまく質問をしたり，確認をしたりしていく。子どもたちは家に帰って家族と話題にすることも増え，そこでの話がまた幼稚園での話につながっていく。

この映画を見て最初に感じるのは，どうしても子どもたちのかわいさであり，子どもたちの発想の自由さや素朴さ，時には飛躍であったり，大人の影響であったりする。一方で，この時期の子どもたちの心理的な発達の速さを考えると，そこで繰り広げられているのが哲学教育の成果によるものなのかどうかは見極めにくい。しかし，またそういう年齢にある子どもたちであるからこそ，先生が見守る中で友人や家族，愛や死について語り合う場があることの意義は大きいともいえる。

参考文献としては，
理論面では，マシュー・リップマン著，河野哲也他訳『探求の共同体 —考えるための教室』(玉川大学出版，2014)，
方法については，マシュー・リップマン他著，河野哲也他訳『子どものための哲学授業：「学びの場」のつくりかた』(河出書房新社，2015)などがある。

(和田倫明)

Column

評価の観点

文部科学省の求める学習評価

　①知識・技能，②思考・判断・表現，③学びに向かう力，人間性等の3観点が示された。学習評価について高校教員の多くは「生徒の学習度合いを客観的に測定するため…」と考えてしまうが，文部科学省は「学習評価を通して，『教師が指導改善を図る』『生徒が自らの学習を振り返って次の学習に向かうことができるようにする』」としている。「教師の指導改善のため」を先に論じている点に注目したい。

　もう1つポイントとされたのが「主体的・対話的で深い学び」である。「あれっ，アクティブラーニングではなかったの？」という教員も多かったはずだが，学習指導要領にこの用語は入らなかった。研究指定校などで「グループによる形式的活動が優先されて内容が深まらない」事態が続出したためである。では，本当に深い学びをするにはどうしたら良いのか。それを文部科学省は，「問い」の設定だとした。勤務校生徒の実態に合わせた良い教材を選び，3観点に対応できるような「問い」を単元指導計画，学習指導案の中に入れていくと良いとした。特に公民科は「問い」が導入しやすく，本書はまさに「問い」にこだわった編集方針としている。

対話的な活動と「主体的な学び」

　文部科学省教科調査官は，「一般的なイメージである生徒同士の協働でも良いが，教職員や地域の人との対話でも良いし，『先哲』の考え方を手掛かりに考える，つまり<u>文献を通して哲学者や思想家，歴史家，学者と対話するという方式でも「対話」と言える</u>」（下線筆者）と，教員対象研修会で明言した。公民科としては，まさにこの手法を用いていくことが教科特性であるとも言え，自信をもって教材開発していきたい。

　3観点の中で，高校現場で一番困惑しているのは「学びに向かう力，人間性等」である。文部科学省が提示したのは，「科目学習過程の中で主体的に学ぶための動機付けや方向付けを与える」ことであり，「振り返りの場面を設定し，表現させること」，具体的には「課題抽出⇒課題解決・構想」を求めている。この点，公民科は親和性が高く，本書でも「発展的授業例」「レポート・小論文課題例」を数多く紹介している。

生徒の自己評価「ルーブリック評価法」

　本書では【事例7】で紹介しているが，「生徒が自らの学習を振り返って次の学習に向かうことができるようにする」を実現する方策の1つとして注目されている。本書の事例のような使い方であれば問題ないが，「深い学び」でもない内容で実施したり，毎回のように実施したり，これをそのまま成績評定に組み込むことについては危険性が懸念されている。例えば，ルーブリックが事前提示される場合，教員側の狙いがわかってしまい，教員側の誘導に引きずられたり，優秀な生徒ほど謙遜して自己評価が低くなるなどの点である。この評価法の良い点を生かし，適切に活用したい。

付　録

　　ここでは，高等学校学習指導要領（平成30年3月告示）の
公民科「公共」の部分を掲載します。ここまでの事例の中で
も，学習指導要領の「内容」や「内容の取扱い」との関連につ
いては触れていますが，本書と学習指導要領の対照表を掲載
し，ここで具体的な学習指導要領の原文に立ち返っていただけ
るようにしました。

本書と高等学校学習指導要領（平成30年3月告示）との対照表

				2．「公共の扉」授業事例集																		3．新しい手法を用いた授業事例集				
事例				1	2	3	4	5	6	7	8	9	10	11	12	13	14	15	16	17	A	B	C	D	E
				あなたの自我のエネルギーバランスは？	青年期の課題	あなたにとっての美とは何か？	伝統や礼の意義	宗教と食文化をめぐって	さまざまな死生観と人生	働くということはどういうことか？	公共性と人権について考える	文化祭を成功させるには？	多くの人を救うために一人の人間を殺してもよいか？	比べられる世界と比べられない世界	情報化社会を生きる	自然と人間は共生できるか？	グローバル社会の倫理	ホールケーキの分け方から公平・公正を考える	多数決への問いから始める民主主義の基本原理	男らしさ、女らしさとは？	一人はみんなのために？	コンセンサスゲームで「対話による合意」を考える	最後通牒ゲームと独裁者ゲームからさぐる公平性と利他性	協力するってどんなこと？	哲学ウォーク
内容	A(1) ア	(ア)		●	●																				
		(イ)				●	●	●	●																●
		(ウ)								●	●														
	A(1) イ	(ア)										●										●		●	
	A(2) ア	(ア)											●	●											
		(イ)													●	●									
		(ウ)							●						●	●									
	A(2) イ	(ア)											●								●		●		
	A(3) ア	(ア)															●	●							
		(イ)								●									●	●					
	A(3) イ	(ア)															●								
内容の取扱い	3(2) ア					●	●					●									●		●		
	3(3) ア				●	●	●	●	●	●	●	●	●	●	●	●		●				●			
		イ						●		●		●													
		ウ			●	●			●		●	●	●	●	●	●	●								
		エ			●	●	●	●	●	●	●	●	●	●	●	●	●	●	●	●	●	●	●	●	●
		オ (ア)																●				●		●	
		(イ)			●	●	●		●		●										●		●		
		(ウ)		●	●			●													●		●		
		(エ)											●	●		●						●			●	
		(オ)			●								●								●					●

> 付　録

```
┌─────────────────────────────┐
│ 高等学校　学習指導要領        │
│ 公民科　公共                  │
│ （平成 30 年 3 月 31 日告示）  │
└─────────────────────────────┘
```

1　目　標

　人間と社会の在り方についての見方・考え方を働かせ，現代の諸課題を追究したり解決したりする活動を通して，広い視野に立ち，グローバル化する国際社会に主体的に生きる平和で民主的な国家及び社会の有為な形成者に必要な公民としての資質・能力を次のとおり育成することを目指す。

(1)　現代の諸課題を捉え考察し，選択・判断するための手掛かりとなる概念や理論について理解するとともに，諸資料から，倫理的主体などとして活動するために必要となる情報を適切かつ効果的に調べまとめる技能を身に付けるようにする。

(2)　現実社会の諸課題の解決に向けて，選択・判断の手掛かりとなる考え方や公共的な空間における基本的原理を活用して，事実を基に多面的・多角的に考察し公正に判断する力や，合意形成や社会参画を視野に入れながら構想したことを議論する力を養う。

(3)　よりよい社会の実現を視野に，現代の諸課題を主体的に解決しようとする態度を養うとともに，多面的・多角的な考察や深い理解を通して涵養される，現代社会に生きる人間としての在り方生き方についての自覚や，公共的な空間に生き国民主権を担う公民として，自国を愛し，その平和と繁栄を図ることや，各国が相互に主権を尊重し，各国民が協力し合うことの大切さについての自覚などを深める。

2　内　容

A　公共の扉

(1)　公共的な空間を作る私たち

　公共的な空間と人間との関わり，個人の尊厳と自主・自律，人間と社会の多様性と共通性などに着目して，社会に参画する自立した主体とは何かを問い，現代社会に生きる人間としての在り方生き方を探求する活動を通して，次の事項を身に付けることができるよう指導する。

ア　次のような知識を身に付けること。
　(ア)　自らの体験などを振り返ることを通して，自らを成長させる人間としての在り方生き方について理解すること。
　(イ)　人間は，個人として相互に尊重されるべき存在であるとともに，対話を通して互いの様々な立場を理解し高め合うことのできる社会的な存在であること，伝統や文化，先人の取組や知恵に触れたりすることなどを通して，自らの価値観を形成するとともに他者の価値観を尊重することができるようになる存在であることについて理解すること。
　(ウ)　自分自身が，自主的によりよい公共的な空間を作り出していこうとする自立した主体になることが，自らのキャリア形成とともによりよい社会の形成に結び付くことについて理解すること。

イ　次のような思考力，判断力，表現力等を身に付けること。
　(ア)　社会に参画する自立した主体とは，孤立して生きるのではなく，地域社会などの様々な集団の一員として生き，他者との協働により当事者として国家・社会などの公共的な空間を作る存在であることについて多面的・多角的に考察し，表現すること。

193

(2) 公共的な空間における人間としての在り方
生き方
　　主体的に社会に参画し，他者と協働するこ
とに向けて，幸福，正義，公正などに着目し
て，課題を追究したり解決したりする活動を
通して，次の事項を身に付けることができる
よう指導する。

ア　次のような知識及び技能を身に付けるこ
と。
　(ア)　選択・判断の手掛かりとして，行為の
結果である個人や社会全体の幸福を重視
する考え方や，行為の動機となる公正な
どの義務を重視する考え方などについて
理解すること。
　(イ)　現代の諸課題について自らも他者も共
に納得できる解決方法を見いだすことに
向け，(ア)に示す考え方を活用することを
通して，行為者自身の人間としての在り
方生き方について探求することが，より
よく生きていく上で重要であることにつ
いて理解すること。
　(ウ)　人間としての在り方生き方に関わる諸
資料から，よりよく生きる行為者として
活動するために必要な情報を収集し，読
み取る技能を身に付けること。

イ　次のような思考力，判断力，表現力等を
身に付けること。
　(ア)　倫理的価値の判断において，行為の結
果である個人や社会全体の幸福を重視す
る考え方と，行為の動機となる公正など
の義務を重視する考え方などを活用し，
自らも他者も共に納得できる解決方法を
見いだすことに向け，思考実験など概念
的な枠組みを用いて考察する活動を通し
て，人間としての在り方生き方を多面
的・多角的に考察し，表現すること。

(3) 公共的な空間における基本的原理
　　自主的によりよい公共的な空間を作り出し
ていこうとする自立した主体となることに向
けて，幸福，正義，公正などに着目して，課
題を追究したり解決したりする活動を通し
て，次の事項を身に付けることができるよう
指導する。

ア　次のような知識を身に付けること。
　(ア)　各人の意見や利害を公平・公正に調整
することなどを通して，人間の尊厳と平
等，協働の利益と社会の安定性の確保を
共に図ることが，公共的な空間を作る上
で必要であることについて理解するこ
と。
　(イ)　人間の尊厳と平等，個人の尊重，民主
主義，法の支配，自由・権利と責任・義
務など，公共的な空間における基本的原
理について理解すること。

イ　次のような思考力，判断力，表現力等を
身に付けること。
　(ア)　公共的な空間における基本的原理につ
いて，思考実験など概念的な枠組みを用
いて考察する活動を通して，個人と社会
との関わりにおいて多面的・多角的に考
察し，表現すること。

B 自立した主体としてよりよい社会の形成に参画する私たち

自立した主体としてよりよい社会の形成に参画することに向けて，現実社会の諸課題に関わる具体的な主題を設定し，幸福，正義，公正などに着目して，他者と協働して主題を追究したり解決したりする活動を通して，次の事項を身に付けることができるよう指導する。

ア 次のような知識及び技能を身に付けること。

(ア) 法や規範の意義及び役割，多様な契約及び消費者の権利と責任，司法参加の意義などに関わる現実社会の事柄や課題を基に，憲法の下，適正な手続きに則り，法や規範に基づいて各人の意見や利害を公平・公正に調整し，個人や社会の紛争を調停，解決することなどを通して，権利や自由が保障，実現され，社会の秩序が形成，維持されていくことについて理解すること。

(イ) 政治参加と公正な世論の形成，地方自治，国家主権，領土（領海，領空を含む。），我が国の安全保障と防衛，国際貢献を含む国際社会における我が国の役割などに関わる現実社会の事柄や課題を基に，よりよい社会は，憲法の下，個人が議論に参加し，意見や利害の対立状況を調整して合意を形成することなどを通して築かれるものであることについて理解すること。

(ウ) 職業選択，雇用と労働問題，財政及び租税の役割，少子高齢社会における社会保障の充実・安定化，市場経済の機能と限界，金融の働き，経済のグローバル化と相互依存関係の深まり（国際社会における貧困や格差の問題を含む。）などに関わる現実社会の事柄や課題を基に，公正かつ自由な経済活動を行うことを通して資源の効率的な配分が図られること，市場経済システムを機能させたり国民福祉の向上に寄与したりする役割を政府などが担っていること及びより活発な経済活動と個人の尊重を共に成り立たせることが必要であることについて理解すること。

(エ) 現実社会の諸課題に関わる諸資料から，自立した主体として活動するために必要な情報を適切かつ効果的に収集し，読み取り，まとめる技能を身に付けること。

イ 次のような思考力，判断力，表現力等を身に付けること。

(ア) アの(ア)から(ウ)までの事項について，法，政治及び経済などの側面を関連させ，自立した主体として解決が求められる具体的な主題を設定し，合意形成や社会参画を視野に入れながら，その主題の解決に向けて事実を基に協働して考察したり構想したりしたことを，論拠をもって表現すること。

C 持続可能な社会づくりの主体となる私たち

持続可能な地域，国家・社会及び国際社会づくりに向けた役割を担う，公共の精神をもった自立した主体となることに向けて，幸福，正義，公正などに着目して，現代の諸課題を探究する活動を通して，次の事項を身に付けることができるよう指導する。

ア 地域の創造，よりよい国家・社会の構築及び平和で安定した国際社会の形成へ主体的に参画し，共に生きる社会を築くという観点から課題を見いだし，その課題の解決に向けて事実を基に協働して考察，構想し，妥当性や効果，実現可能性などを指標にして，論拠を基に自分の考えを説明，論述すること。

3　内容の取扱い

(1)　**内容の全体にわたって，次の事項に配慮するものとする。**

ア　内容のA，B及びCについては，この順序で取り扱うものとし，既習の学習の成果を生かすこと。

イ　中学校社会科及び特別の教科である道徳，高等学校公民科に属する他の科目，この章に示す地理歴史科，家庭科及び情報科並びに特別活動などとの関連を図るとともに，項目相互の関連に留意しながら，全体としてのまとまりを工夫し，特定の事項だけに指導が偏らないようにすること。

(2)　**指導計画の作成に当たっては，次の事項に配慮するものとする。**

ア　第1章第1款の2の(2)に示す道徳教育の目標に基づき，この科目の特質に応じて適切な指導をすること。

(3)　**内容の取扱いに当たっては，次の事項に配慮するものとする。**

ア　この科目の内容の特質に応じ，学習のねらいを明確にした上でそれぞれ関係する専門家や関係諸機関などとの連携・協働を積極的に図り，社会との関わりを意識した主題を追究したり解決したりする活動の充実を図るようにすること。また，生徒が他者と共に生きる自らの生き方に関わって主体的・対話的に考察，構想し，表現できるよう学習指導の展開を工夫すること。

イ　この科目においては，教科目標の実現を見通した上で，キャリア教育の充実の観点から，特別活動などと連携し，自立した主体として社会に参画する力を育む中核的機能を担うことが求められることに留意すること。

ウ　生徒が内容の基本的な意味を理解できる

ように配慮し，小・中学校社会科などで鍛えられた見方・考え方に加え，人間と社会の在り方についての見方・考え方を働かせ，現実社会の諸課題と関連付けながら具体的事例を通して社会的事象等についての理解を深め，多面的・多角的に考察，構想し，表現できるようにすること。

エ　科目全体を通して，選択・判断の手掛かりとなる考え方や公共的な空間における基本的原理を活用して，事実を基に多面的・多角的に考察し公正に判断する力を養うとともに，考察，構想したことを説明したり，論拠を基に自分の意見を説明，論述させたりすることにより，思考力，判断力，表現力等を養うこと。また，考察，構想させる場合には，資料から必要な情報を読み取らせて解釈させたり，議論などを行って考えを深めさせたりするなどの工夫をすること。

オ　内容のAについては，次のとおり取り扱うものとすること。

(ア)　この科目の導入として位置付け，(1)，(2)，(3)の順序で取り扱うものとし，B及びCの学習の基盤を養うよう指導すること。その際，Aに示した事項については，B以降の学習においても，それらを踏まえて学習が行われるよう特に留意すること。

(イ)　Aに示したそれぞれの事項を適切に身に付けることができるよう，指導のねらいを明確にした上で，今まで受け継がれてきた我が国の文化的蓄積を含む古今東西の先人の取組，知恵などにも触れること。

(ウ)　(1)については，アの(ア)から(ウ)までのそれぞれの事項との関連において，学校や地域などにおける生徒の自発的，自治的な活動やBで扱う現実社会の事柄や課題に関わる具体的な場面に触れ，生徒の学習意欲を喚起することができるよう工夫

すること。その際，公共的な空間に生き
る人間は，様々な集団の一員としての役
割を果たす存在であること，伝統や文
化，宗教などを背景にして現代の社会が
成り立っていることについても触れるこ
と。また，生涯における青年期の課題を
人，集団及び社会との関わりから捉え，
他者と共に生きる自らの生き方について
も考察できるよう工夫すること。

㋓ (2)については，指導のねらいを明確に
した上で，環境保護，生命倫理などの課
題を扱うこと。その際，Cで探究する課
題との関わりに留意して課題を取り上げ
るようにすること。

㋔ (3)については，指導のねらいを明確に
した上で，日本国憲法との関わりに留意
して指導すること。「人間の尊厳と平等，
個人の尊重」については，男女が共同し
て社会に参画することの重要性について
も触れること。

カ 内容のBについては，次のとおり取り扱
うものとすること。

㋐ アの㋐から㋒までのそれぞれの事項は
学習の順序を示すものではなく，イの㋐
において設定する主題については，生徒
の理解のしやすさに応じ，学習意欲を喚
起することができるよう創意工夫した適
切な順序で指導すること。

㋑ 小学校及び中学校で習得した知識など
を基盤に，Aで身に付けた選択・判断の
手掛かりとなる考え方や公共的な空間に
おける基本的原理を活用して，現実社会
の諸課題に関わり設定した主題につい
て，個人を起点に他者と協働して多面
的・多角的に考察，構想するとともに，
協働の必要な理由，協働を可能とする条
件，協働を阻害する要因などについて考
察を深めることができるようにするこ
と。その際，生徒の学習意欲を高める具
体的な問いを立て，協働して主題を追究
したり解決したりすることを通して，自

立した主体としてよりよい社会の形成に
参画するために必要な知識及び技能を習
得できるようにするという観点から，生
徒の日常の社会生活と関連付けながら具
体的な事柄を取り上げること。

㋒ 生徒や学校，地域の実態などに応じ
て，アの㋐から㋒までのそれぞれの事項
において主題を設定すること。その際，
主題に関わる基本的人権の保障に関連付
けて取り扱ったり，自立した主体となる
個人を支える家族・家庭や地域などにあ
るコミュニティに着目して，世代間の協
力，協働や，自助，共助及び公助などに
よる社会的基盤の強化などと関連付けた
りするなどして，主題を追究したり解決
したりできるようにすること。また，指
導のねらいを明確にした上で，現実の具
体的な社会的事象等を扱ったり，模擬的
な活動を行ったりすること。

㋓ アの㋐の「法や規範の意義及び役割」
については，法や道徳などの社会規範が
それぞれの役割を有していることや，法
の役割の限界についても扱うこと。「多
様な契約及び消費者の権利と責任」につ
いては，私法に関する基本的な考え方に
ついても扱うこと。「司法参加の意義」
については，裁判員制度についても扱う
こと。

㋔ アの㋑の「政治参加と公正な世論の形
成，地方自治」については関連させて取
り扱い，地方自治や我が国の民主政治の
発展に寄与しようとする自覚や住民と
しての自治意識の涵養に向けて，民主政治
の推進における選挙の意義について指導
すること。「国家主権，領土（領海，領
空を含む。）」については関連させて取り
扱い，我が国が，固有の領土である竹島
や北方領土に関し残されている問題の平
和的な手段による解決に向けて努力して
いることや，尖閣諸島をめぐり解決すべ
き領有権の問題は存在していないことな
どを取り上げること。「国家主権，領土

197

（領海，領空を含む。）」及び「我が国の安全保障と防衛」については，国際法と関連させて取り扱うこと。「国際貢献」については，国際連合における持続可能な開発のための取組についても扱うこと。

(ｶ) アの(ｳ)の「職業選択」については，産業構造の変化やその中での起業についての理解を深めることができるようにすること。「雇用と労働問題」については，仕事と生活の調和という観点から労働保護立法についても扱うこと。「財政及び租税の役割，少子高齢社会における社会保障の充実・安定化」については関連させて取り扱い，国際比較の観点から，我が国の財政の現状や少子高齢社会など，現代社会の特色を踏まえて財政の持続可能性と関連付けて扱うこと。「金融の働き」については，金融とは経済主体間の資金の融通であることの理解を基に，金融を通した経済活動の活性化についても触れること。「経済のグローバル化と相互依存関係の深まり（国際社会における貧困や格差の問題を含む。）」については，文化や宗教の多様性についても触れ，自他の文化などを尊重する相互理解と寛容の態度を養うことができるよう留意して指導すること。

(ｷ) アの(ｴ)については，(ｱ)から(ｳ)までのそれぞれの事項と関連させて取り扱い，情報に関する責任や，利便性及び安全性を多面的・多角的に考察していくことを通して，情報モラルを含む情報の妥当性や信頼性を踏まえた公正な判断力を身に付けることができるよう指導すること。その際，防災情報の受信，発信などにも触れること。

キ　内容のＣについては，次のとおり取り扱うものとすること。

(ｱ) この科目のまとめとして位置付け，社会的な見方・考え方を総合的に働かせ，Ａで身に付けた選択・判断の手掛かりとなる考え方や公共的な空間における基本的原理などを活用するとともに，Ａ及びＢで扱った課題などへの関心を一層高めるよう指導すること。また，個人を起点として，自立，協働の観点から，多様性を尊重し，合意形成や社会参画を視野に入れながら探究できるよう指導すること。

(ｲ) 課題の探究に当たっては，法，政治及び経済などの個々の制度にとどまらず，各領域を横断して総合的に探究できるよう指導すること。

おわりに

　東京都高等学校公民科「倫理」「現代社会」研究会は,「現代社会」が廃され「公共」が必修となったために, 会の名称を東京都高等学校「倫理」「公共」研究会と改めた。

　本研究会の前身となる東京都高等学校「倫理・社会」研究会は昭和37年11月, 科目「倫理・社会」創設に先立って発足した（ちなみに会の略称はずっと「都倫研」である）。本書の出版計画も,「公共」の学習指導要領が公になる前からスタートし, 教科書が発行されるより先に公刊された。後追いではなく, 先取りで授業研究に取り組んでいこうとする都倫研の伝統が脈々と引き継がれている。

　それだけに,「公共」の教科書が出揃って実際に授業が始まり, 本書に提示された授業事例がどれほど有効であるか, 気がかりが全くなかったと言えばうそになる。幸いにして本書の売れ行きは衰えず, 都倫研の出版物としてはおそらく初の増刷となり, 今回の改訂版の発行に至ったことは, 冒頭に記したとおりである。

　今回の改訂にあたり, 掲載されている授業事例を再度検討したが, どの事例も差し替えの必要は感じられず, すでに活用いただいている方々に再度ご購入いただくのではなく, 新たにご購入いただく方々により利便性の高いものを提供することを考えての改訂版となっている。

　都倫研にはさまざまな立場や考え方の教員が集まっており, 哲学・倫理思想を深く理解させることに主眼を置く教員もいれば,「哲学対話」のように新しい授業方法の開発に力を入れたいという教員もいる。こうした本研究会のメンバーの多彩な授業実践とこれから先を見据えた構想に基づいて,「公共」でこのような授業をしたい, このような科目に育てたいという具体的な提案が本書である。本書を手に取った方々には, 都倫研の研究例会（公開授業・講演会）や研究協議会（授業実践交流・読書会）にご参加いただき, ご自身が取り組む新しい授業事例を紹介いただければと思う。

　最後に, 本書の出版に多大なご尽力をいただいた清水書院の皆様に感謝申し上げる。

　　　　　　　　東京都高等学校公民科「倫理」「現代社会」研究会　元事務局長　和田倫明

＊都倫研の活動は以下のサイトからご確認ください。
都倫研ブログ　https://torinken.hatenablog.com/

編集委員（50 音順）

坂口　克彦

村野　光則

和田　倫明

執筆者（50 音順）

石浦　昌之

伊藤　昌彦

押谷　由夫

菅野　功治

久世　哲也

工藤　文三

神戸和佳子

古賀　裕也

杉浦　光紀

照井　恒衛

得居　千照

西尾　　理

塙　　枝里子

松島　美邦

村瀬　智之

本文イラスト　赤川ちかこ

公民科「公共」「公共の扉」をひらく　授業事例集　改訂版

2025 年 4 月 20 日　初版発行

編　著　東京都高等学校「倫理」「公共」研究会

発行者　野村久一郎

発行所　株式会社　清水書院

〒102-0072　東京都千代田区飯田橋 3 - 11 - 6

電話 03 - 5213 - 7151

印刷所　広研印刷株式会社

製本所　広研印刷株式会社

定価はスリップに表示

●落丁・乱丁本はお取り替えいたします。

本書の無断複製は著作権法上での例外を除き禁じられています。複製される場合は，そのつど事前に，（一社）出版者著作権管理機構（電話 03-5244-5088，FAX03-5244-5089，email：info@jcopy.or.jp）の許諾を得てください。

ISBN 978-4-389-22610-7 C3037　　　　　　　　　　　　　　　　　Printed in Japan